陈 瑶◎著

CRITICAL THINKING IN EFL INSTRUCTION IN JUNIOR HIGH SCHOOLS:
UNDERSTANDING AND PRACTISING

初中英语教学中的批判性思维：

理解与实践

ZHEJIANG UNIVERSITY PRESS
浙江大学出版社
·杭州·

图书在版编目(CIP)数据

初中英语教学中的批判性思维：理解与实践／陈瑶
著. — 杭州：浙江大学出版社，2022.4
ISBN 978-7-308-22569-4

Ⅰ. ①初… Ⅱ. ①陈… Ⅲ. ①英语课－教学研究－初
中 Ⅳ. ①G633.412

中国版本图书馆 CIP 数据核字(2022)第 067230 号

初中英语教学中的批判性思维：理解与实践

陈　瑶　著

策划编辑	吴伟伟	
责任编辑	宁　檬	
责任校对	陈逸行	
封面设计	石　儿	
出版发行	浙江大学出版社	
	（杭州市天目山路 148 号　邮政编码 310007）	
	（网址：http://www.zjupress.com）	
排　　版	杭州朝曦图文设计有限公司	
印　　刷	广东虎彩云印刷有限公司绍兴分公司	
开　　本	710mm×1000mm　1/16	
印　　张	17.75	
字　　数	282 千	
版印　次	2022 年 4 月第 1 版　2022 年 4 月第 1 次印刷	
书　　号	ISBN 978-7-308-22569-4	
定　　价	58.00 元	

序

让思维品质在初中英语课堂中真实生长

内容、语言、思维、文化，我认为是初中英语教学中务必关注的四个维度。语言能力、文化意识、思维品质、学习能力是英语学科核心素养的四大要素。由此可见，无论是作为教师日常课堂教学的关注点，还是学生通过英语学科学习逐步形成的学科核心素养，思维品质的培养都非常重要。思维品质包括逻辑性思维、批判性思维和创新性思维所表现出的能力和水平，它们的发展有助于提升学生分析和解决问题的能力，使学生能够从跨文化视角观察和认识世界，对事物做出正确的价值判断。因此，陈瑶老师把研究聚焦于三大思维能力之一的批判性思维在初中英语教学中的理解与实践，是一个非常有意义的实践，也是一个令人感兴趣的主题，值得称赞。

与陈瑶老师虽然相识还不过三年，但她给我留下了深刻的印象：非常重视初中英语课堂教学的思维品质培养，非常关注指向核心素养的课程开发与实施，而且最重要的是将自己的研究和实践成果记录下来，这从她 2019 年所著的《课堂·课程：初中英语核心素养培养的实践》一书中已经得到体现。仅隔两年，陈老师的《初中英语教学中的批判性思维：理解与实践》又将面世，在我看来，这是她始终坚持初中英语课堂教学研究之中心，持续聚焦思维品质培养之维度，精准把握课程实践案例之关键的智慧思考成果与扎实研究结晶的集中体现。这是非常令人欣喜的。

"教师自身的批判性思维品质高低决定了学生的思维能力。"非常认同陈老师在书中陈述的这一观点。课堂变革,教师先行。先行的是理论学习与理解,先行的是策略习得与实践,先行的是能力培养与提升,先行的是理念认知与认同。这里的每一个"先行"都是我们一线教师在教学研究过程中需要经历的。陈老师的这本专著,就是聚焦于批判性思维的初中英语课堂教学的四个"先行"的具体理论呈现。

第一个"先行"是对批判性思维理论及初中英语教学中批判性思维培养范式的学习与理解。帮助教师了解批判性思维的研究背景和理论架构,精准定位批判性思维的概念,明确其发展维度及全方位理解其内涵。基于初中英语教学中批判性思维培养现状的分析,提炼出批判性思维培养的情境、冲突和评价等三大要素,分输入理解、表达内化、输出运用等三个英语学习阶段,构建了初中英语教学中批判性思维培养的范式。

第二个"先行"是初中英语教学中批判性思维培养的策略习得与实践。帮助教师掌握初中英语教学中涉及批判性思维培养的情境、冲突和评价等三大要素的教学策略,落实输入理解、表达内化和输出运用等三个英语学习阶段的思维培养目标。针对不同的课型特点、不同的实践路径,帮助教师明了目标设定、文本解读、问题设计和思维可视等四个方面的初中英语教学中批判性思维培养的教学策略,以及考试评价、课堂评价、作业设计等三个维度的评价策略。

第三个"先行"是教师批判性思维能力的培养与提升路径。通过最真实的数据分析,剖析初中英语教师自身批判性思维品质的薄弱点,开展教师批判性思维品质提升的课堂教学改进,同时通过教师工作坊等研修活动开展促进批判性思维培养的实践,为决定学生的思维能力高低的教师自身批判性思维品质的培养与提升提供参考路径。

第四个"先行"是对初中英语教学中批判性思维培养理念的认知与认同。

通过以学习方式、学习内容和学习空间等三大变革为突破口的英语戏剧课程教学案例，以及听说、阅读、语法、写作和拓展性课程等五种课型的教学案例，帮助教师建立起在初中英语教学中培养批判性思维的具体化认知，以最终达成理念认同。于我看来，这是前三个"先行"的最终指向。因为，只有达成对这一理念的认知与认同，其他三个"先行"才有价值。

除上所感，本书还为我们呈现了一线英语教师和教研员进行教学研究的方法、路径和成果转化的优秀案例。我们要思考之，学习之，规划之，实践之，创新之，提炼之。相信，本书给一线英语教师和教研员带来的一定不只是初中英语教学中批判性思维的理解与实践。

李武峰

2022 年 3 月

目 录
Contents

第一章　内涵解读:初中英语教学中的批判性思维理论概述

第一节　批判性思维研究综述 ·················· 003

第二节　批判性思维的概念界定 ·················· 007

第三节　批判性思维的发展维度 ·················· 008

第二章　范式研究:初中英语教学中批判性思维的培养框架

第一节　初中英语教学中批判性思维培养的现状与问题分析 ······ 015

第二节　初中英语教学中批判性思维培养的意义 ·········· 021

第三节　初中英语教学中批判性思维培养的范式建构 ········· 024

第三章　策略提炼:初中英语批判性思维培养的实践操作

第一节　指向批判性思维培养的目标设定 ·············· 033

第二节　指向批判性思维培养的文本解读 ·············· 041

第三节　指向批判性思维培养的问题设计 ·············· 048

第四节　指向批判性思维培养的思维可视 ·············· 064

第四章　变式突破:不同课型中的批判性思维培养

第一节　阅读教学中的批判性思维培养 ··············· 075

第二节　听说教学中的批判性思维培养 ··············· 088

第三节　语法教学中的批判性思维培养 ··············· 095

第四节　写作教学中的批判性思维培养 ··············· 101

第五章　生长重构:戏剧课程中的批判性思维培养

　　第一节　批判性思维和英语戏剧教学 ……………………… 109

　　第二节　指向批判性思维培养的戏剧学习方式变革 ………… 111

　　第三节　指向批判性思维培养的戏剧学习内容变革 ………… 116

　　第四节　指向批判性思维培养的戏剧学习空间变革 ………… 120

第六章　价值判断:初中英语批判性思维培养的评价策略

　　第一节　指向批判性思维培养的考试评价与教学改进 ……… 125

　　第二节　指向批判性思维培养的课堂评价 …………………… 132

　　第三节　指向批判性思维培养的作业设计 …………………… 142

第七章　师资保障:英语教师的批判性思维培养路径

　　第一节　初中英语教师批判性思维品质培养的必要性 ……… 153

　　第二节　促进教师批判性思维品质提升的课堂教学改进 …… 163

　　第三节　促进教师批判性思维品质提升的工作坊研修 ……… 170

第八章　实践探索:初中英语批判性思维培养案例与评析

　　第一节　听说教学案例 ………………………………………… 179

　　第二节　阅读教学案例 ………………………………………… 200

　　第三节　语法教学案例 ………………………………………… 219

　　第四节　写作教学案例 ………………………………………… 230

　　第五节　拓展性课程教学案例 ………………………………… 244

参考文献 …………………………………………………………… 263

附　录 ……………………………………………………………… 268

后　记 ……………………………………………………………… 274

第一章

内涵解读：初中英语教学中的批判性思维理论概述

批判性思维对于初中英语教学来说是一个全新的概念。本章帮助一线英语教师了解批判性思维的研究背景和理论架构，精准界定其概念，明确其发展维度，并全方位理解其内涵。

第一节 批判性思维研究综述

《普通高中英语课程标准(2017年版)》提出英语学科核心素养主要包括语言能力、文化意识、思维品质和学习能力。思维品质是指思维在逻辑性、批判性、创新性等方面所表现出的能力和水平,它体现了英语学科核心素养的心智特征(教育部,2018)。其中,批判性思维(critical thinking)对一线教师来说是一个全新的概念。

而事实上,国外教育界对于批判性思维的培养已经进行了较长时间的探索与实践,且已积累了较多可以借鉴的成功经验。全方位培养学生批判性思维的基本技能的要求已经渗透美国中学阶段(5—12年级)的教科书中。但这并非意味着每个学科都要实现所有技能的培养,而是应该结合学科特点,在传授知识的同时,恰当地培养学生的批判性思维能力(陈素萍,2015)。

一、批判性思维的国外研究综述

批判性思维最早起源于杜威(Dewey)的"反省性思维",当时它是作为一个技能概念被提出的,其主要内涵是主动、连续和谨慎地思考信息,并且检验支持它的理由以及由其得出的结论。美国教育界早在20世纪30年代就兴起了培养学生批判意识的教学尝试与改革。到了60年代更是兴起了一场全国范围的批判性思维运动,提倡在大学、中学、小学开设与批判性思维相关的课程,以强化学生的批判性思维能力及精神(陈则航,2016)。到了80年代,批判性思维已成为教育改革的核心,也有了很多相关的研究与成果,主要有以下代表人物及观点。作为批判性思维运动的开拓者,罗伯特·恩尼斯(Robert Ennis)阐述了"批判性思维"的概念:"为决定相信什么或做什么而进行的合理的、反省的思维。"而尤尔根·哈贝马斯(Jürgen Habermas)认为,批判性思维等同于"解放性学习"（emancipatory learning），即学会从阻碍人们洞察新趋势，支配自己的生活、社会和世界的那些个人的、制度的或环境的强制力中解放出来（李丽君，2016）。

美国加利福尼亚州立大学索诺漠分校批判性思维与道德性批评中心的理查德·保罗（Richard Paul）是国际公认的批判性思维领域的权威人物，其理论占有重要的地位。他从哲学角度研究了批判性思维的"心智结构"。他认为"心智结构"由三个部分构成，分别是精练的宏观能力、熟练的微观技能和心智特征。保罗的儿童批判性思维的培养理念和方法主要体现在《儿童批判性思维微型指导手册》（*The Miniature Guide to Critical Thinking for Children*）和《批判性思维概念与工具微型指导手册》（*The Miniature Guide to Critical Concepts and Tools*）中。在《批判性思维概念与工具微型指导手册》中，他以美国幼儿园和中小学不同课程的教材为例，系统地示范了教案改编的方法，把批判性思维具体技能和策略融入改编的教案中，并将儿童批判性思维培养与课程学习有机结合起来。保罗指出，要遵循从抽象概念到抽象定义再到直觉理解的教学原则，可通过戏剧、实例和展示人物形象等教学方法让批判性思维更加直观（张志敏，2013）。此外，还应从说教式教学（didactic）转变为批判性教学（critical teaching）。他将标准的教育方法与批判性的教育理论进行对比，并提出批判性思维微观策略，分为情感策略、宏观技能认知策略和微观技能认知策略三大类，共涉及批判性思维的35个维度。直到2009年，美国开始制定中小学教育的共同核心标准，这对批判性思维视角下的教学改进具有里程碑式的意义。

二、批判性思维的国内研究综述

"批判性思维"的概念在20世纪80年代末引入我国，学者们开始对其进行研究，并发表相关著作和论文。值得注意的是，随着官方与民间的呼吁越来越多，研究的力度和密度逐年增强。

最初，国内学者刘儒德（1996）综合了国外不同学者的观点，指出批判性思维就是对所看到的东西的性质、价值、精确性和真实性等方面做出个人判断。钟启泉(2002)认为，批判性思维是指对于某种事物、现象和主张发现问题所在，同时根据自身的思考逻辑做出主张的思考。

近几年来，国内学者对于批判性思维的研究也取得了一些与时俱进、与我国的教育情况相符合的研究成果。例如，董毓(2015)进一步指出，中国的批判性思维应注重培育的基本习性和明辨、发展的能力，并提出批判性思维的培养必须是智育和德育的结合，不可偏颇。谢小庆(2015)则针对批判性思维的教学和评价方法，做出新的探索和研究。他在《关于审辩式思维教学与测试的共识》中提出，作为对认知技能和思维习惯的检测，应该保证测试工具的效度和信度，保证评价的经常性和持续性，既能兼顾诊断性评估又能有终结性评价。

随着我国对学生批判性思维培养的逐年重视，批判性思维相关图书开始在国内陆续出版。与批判性思维教育原理相关的教材有：董毓的《批判性思维原理和方法——走向新的认知和实践》、谢小庆的《审辩式思维》、周建武和武宏志的《批判性思维教程：逻辑推理与论证》、谷振诣和刘壮虎的《批判性思维教程》、吴格明的《逻辑与批判性思维》等。与批判性思维教学实践相关的图书有：余党绪和张广录的《中学语文批判性思维教学案例》、王召强的《唤醒理性的不安：中学生批判性思维培养》、王婧的《小学批判性思维教程》、欧阳林的《批判性思维与中学语文学习》、覃永恒的《从思维结构到批判性思维——理解、表达的策略研究与语文教学实践》等。

有学者对中学生学科教学中批判性思维的培养模式进行了研究。也有学者对高中生英语批判性思维培养策略进行了研究："在自主学习中理解文本信息，在合作分享中拓展文本内涵，在反思评价中发展批判性思维。"总的来看，从初中到高中不同教学阶段，将批判性思维的培养融入学科教学是一种可行的批判性思维培养方式。不同学科的批判性思维有不同的目标，不同的培养策略。然而，从已有文献来看，针对初中英语教学批判性思维培养的研究甚少，亟待深入研究。

三、英语教学与批判性思维的关联性研究

英语教学与批判性思维的关系又是怎样的呢？关于英语教学中批判性

思维能力培养的研究主要集中在"批判性阅读"上。批判性阅读研究起源于20世纪70年代对阅读过程的讨论和追问，因为这些讨论和追问与批判性思维密切相关。许多西方学者在教学中引入了批判性阅读，他们认为批判性阅读不仅可以反映出批判性思维在理解过程中和理解之后的作用，还可以增强想象力和创造力。Hafner(1974)认为，批判性阅读是随着个体学习更有建设性地使用语言，并通过有技巧的提问生成和引导讨论来澄清概念，从而改进思维过程。Spache 和 Berg(1984)将批判性阅读定义为具有分析和判断的阅读能力。批判性阅读被认为是更高层次的阅读。

近20年来，批判性思维受到了人们越来越多的重视，国内学者和英语教学实践者主张在英语教学中融入批判性思维的培养，并将批判性思维的培养应用于英语教学之中。尤其是批判性思维正式写入《普通高中英语课程标准(2017年版)》以后，教育界对批判性思维的研究更进一步。但这些研究不仅大多局限在对理论概念的介绍和对批判性思维重要性的分析上，而且基本集中在大学和高中阶段的英语教学中。针对初中生英语学习中的批判性思维培养的理论和实证研究在我国依然罕见，已有的研究也多停留在浅层次，缺乏深入、系统的实证研究。

第二节　批判性思维的概念界定

批判性(critical)一词最早起源于古希腊语(kritiks),意为对现实保持一种质疑的态度,在哲学中也叫"斗争性"。在《韦氏新世界词典》中,批判性以仔细分析和判断为特征。从最严格的意义上说,批判性是指试图进行客观的判断,以便确定正反两面。现代汉语将"批"界定为:质疑不妥的或错误的言论;"判"即断定;"思维"是个体以概念、判断、推理等形式反映世界的认知活动(褚辉,2005)。

理论界对于批判性思维的定义有很多,分歧也一直比较大。为了达成共识,从 1988 年 2 月到 1989 年 9 月,由 46 名公认的批判性思维研究专家组成的国际小组参与了由兰德公司开发、名为德尔菲法(Delphi method)的研究项目。各位专家来自不同学术领域,包括哲学、心理学、经济学、计算机科学、教育学、物理学和动物学。该研究小组对"批判性思维"的定义进行了合作研究。最后,专家达成共识,在《德尔菲报告》中将"批判性思维"定义为:"We understand critical thinking to be purposeful, self-regulatory judgment which results in interpretation, analysis, evaluation, and inference, as well as explanation of the evidential, conceptual, methodological, criterial, or contextual considerations upon which that judgment is based."即"批判性思维是做出有目的、自我监督的判断的过程,其结果是解读、分析、评价和推断以及对判断所依据的证据、概念、方法、标准和语境的解释"(法乔恩,2013)。这是目前为止理论界公认的批判性思维概念的界定,本书也以此定义为依据,开展研究工作。

批判性思维旨在用自己独立、审慎的思考对观点和行为形成一个合理且公正的判断,明智、正直且诚实地探索真相。它不是否定性思维,不是一味攻击、否定他人的观点来凸显自己观点的正确性,也不是利用所习得的批判性思维方法或技能去捍卫或掩盖那些自知不真实或不正确的信念。对批判性思维概念的界定有助于澄清当前各界对批判性思维的误解。

第三节　批判性思维的发展维度

英语学科思维能力是一个由元思维能力、思维技能和思维情意等要素构成的层级结构（郭宝仙、章兼中，2017）。

初中英语教学中的学生思维培养包括两层含义：一是学生体会语言和文本背后的概念、情感和思想，而学生感悟语言文字的实质就是与作者进行思想的交流、情感的传递和经验的融通，这必将激活学生的思维；二是学习英语本身就是一种有价值的智力训练，因为在英语学习中，学生要将思维对象与语言符号对应起来，掌握一套与母语不同的概念系统，在大脑建立语言区，最后实现语言思维。而教师要培养学生记忆、转换、理解、应用、分析、综合演绎和评价等思维能力，以达成提升批判性思维品质的目的。依据《德尔菲报告》，将英语教学中的批判性思维发展分为"认知技能"和"人格倾向"两个维度。

一、批判性认知技能

Bloom 等按照认知能力层级由低到高将思考过程依次划分为知识、理解、运用、分析、综合和评价六个层级（见图 1-1）；Anderson 和 Krathwohl 后对其进行修订，将最低层级的"知识"改为"识记"，删除"综合"，认为"创造"是最高层级的认知能力（见图 1-2），他们提出的模型将思辨能力中的各项技能进行分级，突出思维技能的过程性和动态性；明确提出"创造能力"，并将其作为思辨能力的最高层级，在一定程度上解释了思辨与创新之间的关系（郭洪洁、宋维华，2019）。认知能力分层理论对学生认知能力的区分具有解释力，对教学过程中学生认知能力的判定具有可操作性，在教育领域得到了普遍的关注和认可。

图 1-1　Bloom 思维认知能力层级

图 1-2　Anderson 和 Krathwohl 思维认知能力层级

批判性思维包括六项认知技能:解读(interpretation)、分析(analysis)、评价(evaluation)、推理(inference)、解释(explanation)和自我监控(self-regulation)(见表 1-1)。其中,解读指理解和表达各种经历、情境、数据、事件、判断、习俗、信念、规则、程序或标准的意思或意义。分析是识别陈述、问题、概念或其他形式的,旨在表达信念、判断、经历、理由、信息或者观点之间的拟推理关系或实际推理关系。评价是评价陈述或其他描述一个人看法、经历、情况、判断、信念或观点的材料;评价陈述、描述、问题或其他形式的描述之间的实际推理关系或拟推理关系的逻辑强度。推理指识别和保证得出合理结论所需的因素,构建推测和假设,考虑相关信息并按照数据、陈述、原则、证据、判断、信念、观点、概念、描述、问题或其他形式的描述,自然推出结果。解释指根据自己得出结论时所依据的证据、概念、方法、标准和语境等方面的考虑,陈述和证明推理过程,以有说服力的形式提出论证。自我监控与元认知相关,是自觉监控自己的认知活动、活动中运用的要素以及推导出的结论,尤其要站在质疑、确认、证实或更正自己的推理或结论的立场,运用分析和评价中的亚能力来审视自己的推理判断。

表 1-1　批判性思维中的认知技能

解读	分析	评价	推理	解释	自我监控
分类； 破译含义； 澄清意义	检查观点； 识别论证； 找出理由和论断	评价推断的可信度； 评价归纳或演绎； 评价论证的质量	查询证据； 推测其他方案； 利用归纳推理或演绎推理得出结论	陈述结果； 证明程序； 提出论证	自我监控； 自我更正

来源：法乔恩.批判性思维，思考让你永远年轻［M］.李亦敏，译.北京：中国人民大学出版社，2013.

　　例如，在阅读教学中，解读即定义特定概念或澄清意义。常见的指向解读技能的提问有：What is…？Why does the author name it in this way？分析是论证的主要步骤，其对象是推理关系。在阅读教学中常见的分析类提问有：What is his/her opinion？What are the reasons？分析技能与推理技能密切相关。分析技能的结构是"opinion－reason"，推理技能则侧重于通过归纳、演绎得出结论，其结构是"reason 1＋reason 2＋reason 3－opinion"或是"opinion－reason 1＋reason 2＋reason 3"。评价即对论证的评估，用于检验阅读题干中依据的可信度，常见的提问方式有：Which one is True/False？解释则强调有说服力地论证自己的结论，常见的提问方式有：What is your opinion？Why do you think in this way？自我监控则是对论证的批判，强调自我更正。在阅读教学中，批判性思维不同认知技能间可以进行组合以及多维互动。

二、批判性情感倾向

　　德尔菲专家小组还提出批判性思维发展的情感倾向，包含以下七种：追求真理（truth-seeking）、思想开放（open-mindedness）、分析性（analyticity）、系统性（systematicity）、自信心（self-confidence）、求知欲（inquisitiveness）以及认知成熟度（maturity）（见表 1-2）。

　　德尔菲模型中认知和情感双维结构清晰直观，得到众多权威专家的一致认可，遂成为本书的基本理论框架。本书以此为基础探讨批判性思维技能培养在英语教学中的具体教学行为，为针对批判性思维培养的研究制定了清晰的分析框架。

表 1-2　批判性思维情感倾向

追求真理	思想开放	分析性	系统性	自信心	求知欲	认知成熟度
渴望探究真理；勇于提问；诚实客观地探究	容忍不同意见；理解他人的意见；考虑自己可能有的偏见	对潜在问题的敏感度；预见后果；充分利用理由证据	能有序地处理复杂的问题；勤于寻找相关信息；注意力聚焦于当下问题	对自己推理能力的自信	广泛的好奇心；消息灵通	评价推理的公正性；改变判断的审慎性；达到所允许的精确性

来源：法乔恩.批判性思维，思考让你永远年轻[M].李亦敏，译.北京：中国人民大学出版社，2013.

语言教学专家针对《德尔菲报告》提出的七种情感倾向，提出具有批判性思维的语言学习者应该具备的相应特点（陈则航、王蔷、钱小芳，2019）。经整合，必备思维习惯如下。

敢于挑战权威。挑战"想当然"的说法，挑战大众认同的观点、价值观和行为准则。

深入思考本源。深入探讨一个行为或事件的社会影响因素、最根本原因及可能的结果。

拒绝被动接受。不被动地接受信息，而是主动积极地思考。

提供充足理由。对自己的判断或结论能够提供充足的理由支持。

充分全面思考。全面看待事情、思考问题；对各种证据进行充分的了解和分析，不急于表明自己的观点态度。

审慎提出结论。对他人的观点不轻易下结论，而是仔细分析之后得出自己的结论。

包容不同观点。知道有些问题没有唯一正确的答案，能够以开放的心态去讨论。灵活考虑不同的选项和观点。认真反思，如发现自己的观点的确需要改变时愿意重新考虑和修正看法。

　　"好的思维"不仅仅是一种"技能"，更重要的是一种"倾向"。教学实践中存在很多"会思考"但"不愿思考"的学生。培养英语学科思维能力能动性的另一个含义就是，培养学生积极开放的心态，帮助学生养成勤于思考、独立思考、质疑探究的习惯，以及将初步掌握科学的"思想方法"作为思维能力的培养目标（郭宝仙、章兼中，2017）。

　　学生在不同课型中的思维情感倾向不尽相同。如在英语阅读教学中，思维情感倾向可分为读前品格、读中品格和读后品格。读前品格包含求知欲、自信心和分析性，要求学生具有强烈的好奇心，对阅读内容和结果有所预测和期待，对自己能得出合理判断满怀信心，并能关注到潜在问题。读中品格包含认知成熟，有系统的阅读思维，并敢于追求真理。在阅读学习中，学生需要以证据为导向，有计划、有条理地运用思维技能，做出不偏颇且明智的决定。读后品格包括思想开明，要求学生能意识到个人不足，积极接受反馈，并在此基础上尝试打破自己的局限性。

第二章

范式研究：初中英语教学中批判性思维的培养框架

通过问卷调查、数据分析，本章分析了初中英语教学中批判性思维培养的现状，聚焦于其中存在的问题，并明确了批判性思维培养的意义。本章提炼出批判性思维培养的三大要素，即情境、冲突和评价；并将英语学习分成三个阶段，即输入理解阶段（understanding），表达内化阶段（expression），输出运用阶段（application）；最后构建出初中英语教学中批判性思维培养的范式。

第一节　初中英语教学中批判性思维培养的现状与问题分析

我国的外语教育一直偏重对学生听、说、读、写、译技能的培养。在语言技能的训练中往往强调模仿记忆,忽略了学生思维能力、创新能力、分析问题并独立提出见解的能力培养。

《德尔菲报告》指出,批判性思维是做出有目的的、自我监督的判断的过程,并提出批判性思维的两个维度:认知技能和情感倾向。这为英语教学提供了有力依据。

为了解初中生英语学习中批判性思维认知技能的运用情况,探索初中生批判性思维培养的有效途径,我们对杭州市上城区八年级、九年级学生进行了抽样调查。本次问卷涉及批判性思维认知技能的六个方面:解读、分析、评价、推理、解释和自我监控,并将学生阅读学习中的批判性思维认知技能作为研究重点(见附录 1)。

本次调查在 2020 年 2 月完成,共收到 1343 份有效问卷。参加调查的男生有 732 人,占总调查人数的 54.50%;女生有 611 人,占总调查人数的 45.50%。研究对象覆盖杭州市上城区不同层次的初中,调查结果基本能反映初中生在阅读学习中运用批判性思维认知技能的情况。

一、基本情况分析

针对"是否喜欢上英语阅读课"这个问题,表示非常喜欢上阅读课的学生占 45.57%,表示比较喜欢的学生占 33.43%(见表 2-1)。总的来说,学生对阅读课较为认可。

表 2-1　是否喜欢上英语阅读课

非常喜欢	比较喜欢	一般	不太喜欢	很不喜欢
45.57%	33.43%	17.20%	1.79%	2.01%

从调查数据看，学生肯定了英语阅读的重要性。有 74.32% 的学生认为英语阅读非常重要，认为一般、不太重要甚至一点也不重要的学生不到 6%（见表 2-2）。

表 2-2　英语阅读的重要性

非常重要	比较重要	一般	不太重要	一点也不重要
74.32%	20.25%	4.02%	0.67%	0.74%

当被问到"教师是否在课堂上教授一些阅读策略"时，大多数学生认为教师在课堂上教授阅读策略的频率较高。表示教师总是教授阅读策略的学生占 62.17%，表示教师经常教授阅读策略的学生占 31.05%（见表 2-3）。

表 2-3　教师在课堂上教授阅读策略的频率

总是	经常	偶尔	从不
62.17%	31.05%	6.18%	0.60%

学生对教师在课堂上提问的启发性也较为认可，表示教师的问题总是有启发性的学生达到 59.94%（见表 2-4）。

表 2-4　教师在课堂上所提的问题的启发性

总是	经常	偶尔	从不
59.94%	30.90%	8.04%	1.12%

在初中阶段，阅读一直是教师和学生关注的重点。从总体数据看，杭州上城区学生较为重视阅读课，对教师在阅读课的提问和策略培养也基本满意。这为批判性思维的研究奠定了一定的基础。

二、批判性思维认知技能分析

(一)解读技能的运用情况

问卷着重调查了学生对批判性思维认知技能的运用情况。其中,"解读"技能要求学生可以清晰、准确地理解概念和语句。问卷设计了两个针对"解读"技能的问题,问题和答题情况如表 2-5 所示。

表 2-5 学生解读技能的运用情况

能在阅读中找出每一段的主题句			
总是	经常	偶尔	从不
40.21%	32.02%	24.64%	3.13%
能在阅读中归纳出每一段的大意			
总是	经常	偶尔	从不
44.97%	31.43%	21.59%	2.01%

从数据看,总是或者经常能在阅读中找出每一段的主题句或者在阅读中归纳出每一段的大意的学生超过总调查人数的 70%,说明学生解读技能的运用情况较好。

(二)分析技能的运用情况

75.13% 的学生在阅读中总是或者经常能识别文章体裁,但能够总是或者经常分析作者所使用的语言以提高自己的语言表达和写作能力的学生比例不高。总的来说,分析技能的运用情况一般(见表 2-6)。

表 2-6 学生分析技能的运用情况

能在阅读中识别文章体裁			
总是	经常	偶尔	从不
47.06%	28.07%	21.74%	3.13%
能分析作者所使用的语言			
总是	经常	偶尔	从不
37.75%	29.41%	29.34%	3.50%

（三）评价技能的运用情况

学生运用评价技能的情况不够理想，仅约半数（50.18%）的学生表示总是或者经常在阅读时写下阅读中遇到的问题及对文章的评论。表示能够总是或经常在阅读中停下来思考作者观点并与自己观点做比较的人数也仅占60.61%（见表2-7）。

表 2-7　学生评价技能的运用情况

阅读时写下阅读中遇到的问题及对文章的评论			
总是	经常	偶尔	从不
31.12%	19.06%	38.43%	11.39%
阅读中停下来思考作者的观点并与自己的观点做比较			
总是	经常	偶尔	从不
35.37%	25.24%	32.76%	6.63%

（四）推理技能的运用情况

大多数学生（82.73%）认为自己在阅读前总是或经常根据标题或副标题预测文章内容。大多数教师能在阅读课引导学生读前预测，帮助学生培养良好的阅读习惯和思维认知技能。能经常在阅读中根据上下文语境猜测生词词义的学生比例也较高（84.67%），这和近几年的中考导向有很大的关系。但总是或经常判断作者的语气和态度，并推测其言外之意的学生占比略低（75.43%）（见表2-8）。

表 2-8　学生推理技能的运用情况

阅读前能根据标题或副标题预测文章内容			
总是	经常	偶尔	从不
51.53%	31.20%	15.11%	2.16%
在阅读中能根据上下文语境猜测生词词义			
总是	经常	偶尔	从不
55.03%	29.64%	13.92%	1.41%

续　表

判断作者的语气和态度，并推测其言外之意			
总是	经常	偶尔	从不
46.91%	28.52%	21.07%	3.50%

（五）解释技能的运用情况

在阅读学习中，总是或经常利用过渡词或其他线索来帮助自己掌握篇章的组织结构的学生占比较高（75.21%）；但还有 40.06% 的学生表示自己只偶尔甚至从不在阅读后回顾文章内容、尝试口头陈述文章梗概或与自己的预测进行比较，可见解释技能的运用情况并不乐观（见表 2-9）。

表 2-9　学生解释技能的运用情况

阅读中能利用过渡词或其他线索来帮助自己掌握篇章的组织结构			
总是	经常	偶尔	从不
44.68%	30.53%	22.41%	2.38%
阅读后会回顾文章内容、尝试口头陈述文章梗概或与自己的预测进行比较			
总是	经常	偶尔	从不
34.48%	25.46%	33.58%	6.48%

（六）自我监控技能的运用情况

对于阅读前是否能先了解文章相关背景知识这一问题，将近一半（43.12%）的学生表示偶尔甚至从不；总是或者经常边读边做笔记或在文章中做标注的学生占比较高（70.44%）；阅读后总结反思所用的方法和策略是一项很有裨益的自我监控技能，但是仍有 30.53% 的学生表示偶尔甚至从不；40.66% 的学生表示自己阅读后很少与同学或老师讨论文章内容。可见，教师急需加强学生自我监控相关技能的培养（见表 2-10）。

表 2-10　学生自我监控技能的运用情况

阅读前会先了解与文章相关的背景知识			
总是	经常	偶尔	从不
32.02%	24.87%	36.48%	6.63%

阅读中边读边做笔记或在文章中做标注			
总是	经常	偶尔	从不
42.07%	28.37%	25.02%	4.54%

阅读后总结反思所用的方法和策略是否有助于文章理解			
总是	经常	偶尔	从不
33.21%	26.14%	35.00%	5.66%

阅读后与同学或老师讨论文章内容			
总是	经常	偶尔	从不
40.51%	28.96%	26.73%	3.80%

三、总体情况分析

从本次调查结果看，初中教师总体都较重视英语阅读教学，在课堂教学中也都运用了一些阅读策略，学生对阅读教学情况也基本认可。在批判性思维认知技能培养方面，很多技能都有一半以上的学生经常运用，这是可喜的方面。但是，仍有不少技能学生表示仅会偶尔运用，部分学生甚至表示从不运用。尤其是在评价和自我监控等认知技能方面，学生运用的情况更不尽如人意，需要教师加以重视和改进。

第二节　初中英语教学中批判性思维培养的意义

初中阶段是学生语言能力提升和思维发展的重要阶段,在教学中培养学生的批判性思维能力有其必要性和可行性。

一、初中英语教学中批判性思维培养的必要性

培养学生创新精神和实践能力的重要性已经被广泛重视,而作为创新精神核心的批判性思维的培养也应引起足够的重视。

(一)提高语言水平

在英语教学中,语言和思维是协调发展的,发展学生的思维品质有助于提升其分析问题、解决问题的能力。只有通过语言、思维与文化相结合的活动学生才能对事物做出正确的价值判断,促进学生深度学习(梅德明、王蔷,2018)。

文秋芳和周燕(2006)也认为提高学生的语言水平,才能够提高学生的思维水平。相应地,当学生的思维能力有所提升时,其语言水平也能够进一步提高。程晓堂和赵思奇(2016)认为语言水平和思维水平是相辅相成的两个能力。教师在教学过程中,要提高学生的语言学习能力和语言使用能力,就必须首先提高学生的思维能力。以思维来促进学生学习,让学生运用语言进行听说、阅读和写作,最终达到提升学生语言能力的目的。

(二)提升反思能力

尽管初中生的语言水平还很低,但越是语言水平低的学生越需要认知上有挑战性的活动。尽可能给予初学者能正常使用自己通常运用的认知能力的机会非常重要(Waters,2016)。没有批判就没有疑问,没有疑问就没有反思,没有反思就没有突破和进步。从某种角度来说,批判性思维是促进学生全面发展、提升思维能力的关键。

(三)培养思维习惯

培养批判性思维的教学方式,对学生的英语学习提出了更高的要求。它不提倡教师单纯灌输知识,而是要求学生不仅要接收知识,还要主动从已有信息中深入思考、质疑,然后主动从已有信息中解决疑问或产生新的思路。学生要在学习过程中,运用批判性思维,提炼出真实的观点和看法。同时,在比较鉴别中学会甄选自己的观点,从而形成良好的思维习惯。

(四)形成创新意识

只有在对已有信息深度思考的基础上,创新才会出现。批判性思维打破了原本英语教学中传统的英语授课方式、传统概念和思想禁锢。我们需要鼓励学生以大胆怀疑的态度去思考和评判,不断在实践中探索和完善,不屈服于权威,不囿于成见,逐步形成独立且具有创新性的良好思维方式和意识习惯。这可以为学生适应学习和工作打下坚实的基础。

因此,师生学习活动的目的不是记住知识本身,而是在课堂中通过思考、分析、交流,获得认知、思维、智慧乃至实现人格的全面发展,以达到真正的教学相长。

二、初中英语教学中批判性思维培养的可行性

通过批判性思维进行英语教学不仅是必要的,也是可行的。认知心理学理论强调,大脑在运用语言和非语言信息对某个事物进行判断、推理、分析的过程,就是对某个事物进行信息加工的思维过程,而这个过程实质上就是人们的批判性思维过程(Goodman,1967)。人们在理解语言信息的过程中,会对该语言信息进行分析、比较、概括、判断和推理,这个过程实质上就是对该语言信息进行处理的全过程。

英语是人文性与工具性相统一的。在初中英语教学中进行思维培养、提升批判性思维能力是切实可行的。教师自身的批判性思维素养,对于学生批判性思维的培养和教育意义重大。因此,在教学中,教师应该避免照本宣科或坚守唯一标准答案的思想。初中生习惯于"仰视"教材,教师可以尝试引导他们以平等的读者身份来审视文本,与作者进行深层次的对话交流。教师还

应该尊重文本的丰富内涵,避免僵化、应试的唯一解读等。如果能让教师群体了解批判性思维的内涵和价值,并有意识地将其应用于课堂教学之中,那么批判性思维教学将会产生惊人的效果。

而作为学习主体的学生,若能在初中阶段习惯教师运用批判性思维解读文本问题的路径设计,并在脑海中形成范式,那么他们也就习得了解读文本的方法,并积累了批判性思维的基本技能。在日常表达自我想法的过程中,学生的兴趣会被培养起来,能力也会不断提升,最终成长为一个能够运用批判性思维的读者。

总之,提高学生的语言能力和培养批判性思维是两个相辅相成的教学目标。二者密不可分,缺一不可。此外,本书旨在通过教学实践,探讨初中生批判性思维能力的提升策略。

第三节　初中英语教学中批判性思维培养的范式建构

一、英语教学中批判性思维培养的要素提炼

批判性思维的要素以一个相互关联的集合形式呈现，包括八种基本要素：产生目的、提出问题、做出假设、赋予意义、使用信息、明确概念、得出结论、体现观点（见图 2-1）。

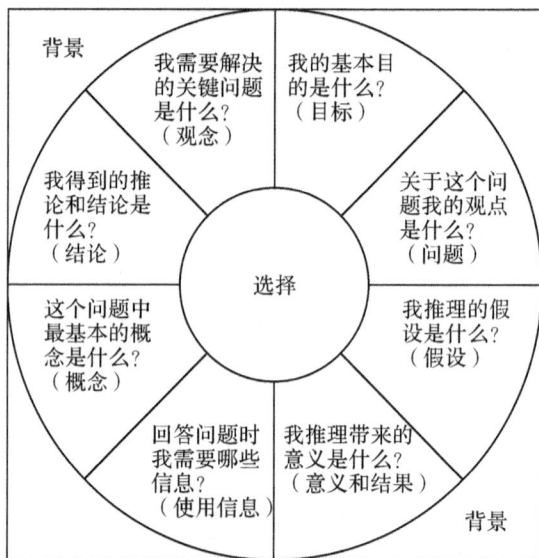

图 2-1　批判性思维的八大要素

来源：保罗，埃尔德.批判性思维工具[M].焦方芳,译.北京：人民邮电出版社,2014.

以批判性思维的八大要素为基础，并结合初中英语教学实践，以下三点是提升学生批判性思维认知技能、培养良好思维习惯的关键。

(一)生动的学习情境

语言的使用是在情境中发生发展的。好的情境是思维发展的依托，可以充分激发学习者的学习动机。为了使学生感知学习和使用英语时体会到真实感、现实感和需求感，教师要为学生创设贴近他们生活经验的情境(王蔷，2016)。因此，教师应结合学生的生活实际设计有效情境，激发学生的学习兴趣，促进其思维生成。在课堂教学中，教师要根据教学目标，联系生活经验和已有知识，设计能够让学生产生认知冲突的"两难情境"，启发学生的积极思维(林崇德、胡卫平，2014)。

如在教授 *Go for it!* 七下 Unit 11 How was your school trip? Section B 2a－2c 时，教师在课前就收集了关于本班学生参加某次学校活动的相关图片和资料，了解具体学生在活动中的所做所想，以便在课堂上与学生深入互动。

在课堂导入环节，教师首先引入 school trip 的话题，用 Where did you go on your last school trip? What did you do on your trip? How was your trip? 等问题，引导学生谈谈学校上一次组织的春游活动的有关内容。学生可以用简单的描述性语言说说感受，也可以谈谈其他同学做了什么。因为创设的场景真实生动，学生的体会和感受也就轻松自然，这样的情境更有利于学生"动脑"和"开口"。他们描述了参与的活动后还加以评价，这可以促进学生解读和解释技能的发展。

(二)激烈的认知冲突

唯物辩证法认为，矛盾是事物发展变化的根本原因。外因是事物发展变化的条件，内因是事物发展变化的根据，外因只有通过内因才能起作用。对学生学习来说，教师、教材和教学环境都是外因，学习者脑中产生的认知冲突是内因。因此，没有认知冲突就没有学习的产生，更不可能有思维的发展。《论语》里"不愤不启，不悱不发"中的"愤"和"悱"精准地刻画了认知冲突产生时学习者的状态——"心求通而未能，口言语而不得"。这种状态能够迅速打开学习者的"自我系统"，并进一步激发其主动思考和建构的能力，促进意义学习的产生。

认知冲突是指认知发展过程中原有认知结构与现实情境不符时，心理上产生的矛盾或冲突。认知冲突能有效激发学生参与学习的欲望。只有存在认知冲突,学生才会真正开始主动学习和积极思考(郑颖,2019)。

如在教授 *Go for it*! 九年级 Unit 7 Section B 的阅读文本 Should I be allowed to make my own decisions? 时,教师充分利用了学生真实生活中的认知冲突。在每个人的成长过程中,都可能经历和文中主人公刘宇相似的烦恼和冲突。有的冲突是因为我们喜欢某事但是家长反对(things we like while our parents don't allow),比如文中刘宇想成为一名职业运动员,但家长认为这个梦想不现实,他还是应该好好学习;有的烦恼则来自家长喜欢而孩子不喜欢的事情(things our parents like while we dislike)。

教师充分利用这些认知冲突引导学生展开讨论。

T:What is the growing pain in your life? Share one or two growing pain in class if possible.

学生的回答极具发散性。

S1:I want to play music,but my parents don't allow me to do.

S2:I want to be a professional pianist,but my father always tells me how important it is to study. He wants me to be a doctor.

教师进一步追问使认知冲突升级。

T:Should we be allowed to make our own decisions?

面对学生不同的回答,教师的回答充满了智慧。

T:Both Liu Yu and his parents are doing the right thing. It's normal to have the problem. Growing pains,growing gains!

(三)有效的评价反思

自我监控能力是学生学习能力的核心,对提升学习效率大有裨益。教师在教学中需要强调师生反思,特别是引导学生对学习内容、学习方法、经验教训等进行总结反思,并培养学生的自我监控能力。

教师的读后设计与学生的批判性思维培养息息相关。教师可以通过创设探究性的情境,设计与文本有关的语言输出活动,使学生发现问题、提出疑问,在互相交流和不同观点的碰撞中,加深对问题的思考,进而培养批判性思维能力。同时,在语言输出活动中有效开展学思结合的评价活动也有助于提升学生的批判性思维能力。教师应充分利用多种课堂评价手段,发动多元评价主体,使课堂评价落地。

如在教授 *Go for it*! 九年级 Unit 4 I used to be afraid of the dark. Section B 2a—2f 时,教师在完成对文本内容和结构的梳理之后,让学生基于文章设想主人公与父母之间的对话内容,并采用 role-play 的方式把情境表演出来,这可以帮助学生体会这一段对话对于主人公的重要意义。教师的任务布置指令如下。

T: What do you think Li Wen and his parents talked about in their conversation? Prepare the conversation and role-play it. We have four characters in these conversation: narrator, Li Wen, Li Wen's mother and Li Wen's father.

Think about possible questions Li Wen might ask his parents, questions his parents might ask Li Wen, and possible answers from Li Wen and his parents.

针对学生的对话表演,教师设计了一个简单的评价量表(见表 2-11),并对学生的读后输出活动进行有效评价。

表 2-11 读后活动评价

Evaluation content	Stars
Possible questions from Li Wen.	☆
Possible questions from his parents.	☆
Possible answers from Li Wen and his parents.	☆
Have a clear logic.	☆
Total	_____☆

教师应调动多元评价主体参与课堂评价。教师评价可以合理地评价学生在课堂中的表现;在学生互评、学生自评中,学生之间的交流能带来丰富的互动,学生可以发表不同观点,在教师的引导下积极开展批判性思维活动。学生也可以与自己互动,评价自己的语言输出,验证新的观点,并提出新的解

决方案。

二、英语教学中批判性思维培养的范式

基于杭州市上城区着力推行的初中英语批判性思维课堂理论实践研究，并结合多年研究成果，总结出的英语教学中批判性思维培养范式如图 2-2 所示。

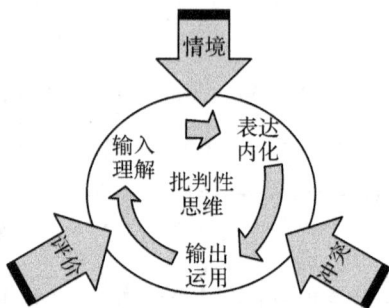

图 2-2　英语教学中批判性思维培养范式

英语学习分为三个阶段：输入理解阶段、表达内化阶段、输出运用阶段。每个阶段涉及批判性思维活动的侧重点不同。在输入理解阶段，学生会运用到分析、推理等思维认知技能；在表达内化阶段，可以重点训练学生的解读、推理和评价等思维认知技能；在输出运用阶段，学生可充分运用评价、解释、自我监控等技能，从而使批判性思维能力得以提升。在这三个阶段的语言学习过程中非常重要的要素有：情境、冲突和评价。

(一)输入理解阶段

在输入理解阶段，有效创设主题情境非常重要。教师应创设与学生生活经验相关的主题情境，使学生感到所学内容与自己密切相关。这可以激发学生进一步探究和解决未知问题的兴趣及动力，同时为他们的思维激活奠定基础。初中英语课堂中常用的情境创设方式有视频导入、图片预测和话题讨论等。在这样的情境输入活动中，学生在分析和推理等方面的思维能力得到了提升。

教师可以同时通过一系列的活动设计帮助学生理解。如在阅读教学中，

教师通过策略讲解、指导操练和自主运用使学生内化阅读策略和方法，在策略的使用中运用解读和分析等批判性思维认知技能。

（二）表达内化阶段

在表达内化阶段，教师通过有效设置问题链，引发认知冲突，引导学生思维深入发展。问题链设计不仅能使学生了解词句意义、预测内容发展，而且能让他们揣摩作者意图、评判文章，从而达到挖掘文本内涵、体会文章深层含义、鉴赏品读文章的目的。学生在利用思辨能力理性地对问题提出自己的看法的同时，他们的批判性思维能力便得到了提升。

可视化是利用大脑之外的媒介作为储存记忆的容器，是分布式认知的一种。可视化降低了大脑中需要同时处理的信息量，减轻了思考的负担（施瓦茨，2018）。在阅读课中，教师引导学生通过思维地图梳理文章的脉络和框架，可以帮助他们更好地把握篇章结构，同时训练概括能力。

（三）输出运用阶段

教师应该强化学生的综合语言运用能力。在输出运用阶段，教师应仔细思考本课思维培养目标，让学生尝试运用所学的语言知识进行对话、演讲等口语活动，预测故事情节的发展主线，编拟一个新的标题，并设计组词成句、写句子等微型写作任务。在和同伴讨论时，学生将同伴传达的信息与自己已有信息进行比较，并运用评级技能思考自己是否认同同伴的观点。向全班汇报时，学生不知不觉也会养成深度分析、解释理由的思维习惯。这些学习活动都能激发学生运用批判性思维思考问题。教师的课堂评价语言要多以鼓励学生表达为主，可多追问一些提示性的问题，如 How do you know that? Why do you think so? Do you agree with him? 等，引导学生运用自我监控的思维技能，从而促进批判性思维培养目标的达成。

教师应结合英语教学中的批判性思维培养三大要素（情境、冲突和评价），并掌握相应的教学策略，以更好地落实英语学习三个阶段（输入理解阶段、表达内化阶段和输出运用阶段）中的思维培养目标。初中英语批判性思维培养的教学策略包括四个方面：目标设定、文本解读、问题设计和思维可视。本章将借助实例，介绍初中英语批判性思维培养的实践操作策略。

第三章

策略提炼：初中英语批判性思维培养的实践操作

第一节　指向批判性思维培养的目标设定

教学目标是教师一切教学活动、学生一切学习活动的出发点和落脚点。教师在备课过程中,不仅要以教学目标为导向进行教材分析与教学设计,而且要把教学目标作为课堂教学实施与教学评价的重要依据。在批判性思维课堂中,思维目标序列的设定非常重要,而目标的设定必须具有可行性和可操作性。

一、精准设定课时批判性思维培养目标

为了规范教学设计、更好地落实批判性思维培养目标,教师团队在梳理了初中三年 *Go for it*！教材中所有课时的基础上,对每个课时制定了批判性思维目标。

教学目标是教学的灵魂,是衡量学习质量的标准,引领着教学的全过程。但是教学目标却常常被教师忽视。很多教师往往会先完成活动设计,然后为了通过学校检查再补充目标。也就是说,教师更多考虑的是完成教学内容,而不是为什么学这些内容,学到什么程度,所以他们的课堂活动并不是基于目标完成的。也有的教师的教学目标中只有语言知识目标。他们认为,英语课应该讲词汇、练语法,教材中的听说和语篇阅读也是为了学习词汇和语法。他们忽略了培养思维品质这一重要的英语教学目标,更不用说批判性思维了。从中我们可以看出,英语教学对批判性思维的关注和培养处于较低水平。

我们认为,批判性思维目标的设定还需要与学生水平相匹配。学习目标应该包括三个因素: (1) performance—What are students expected to do? (2) conditions—Under which conditions should the students perform? (3) criteria—How well do students have to perform in order to satisfy the requirements? 在阅读课中,思维目标序列的设定也必须体现这三个因素,即学习活动、学习条件和学习标准。

教师必须充分分析初中学生的学习条件，设定批判性思维的培养标准，设计相应的学习活动。批判性思维培养的目标设定样例如表 3-1 所示。

表 3-1　*Go for it*！八上阅读课批判性思维培养目标

课时	批判性思维活动设计	批判性思维技能	批判性思维情感倾向
八上 Unit 1 Where did you go on vacation? Section B 2a—2e	谈论节日活动，描述并评价活动。与同伴交流自己最喜欢的节假日活动	评价、自我监控	思想开放、自信心
	能够根据图片猜测文本中涉及的活动，并分析、对比与文本中的不同之处	解读文本、分析问题	分析性、系统性
	能够读懂文本，理解文本内容，归纳出作者对两天活动的见闻，描述她的喜好及原因	解读文本、解释理由	分析性
	对文本深入理解，思考并深度剖析问题：If Jane went to Penang Hill on a sunny day，will she like the trip?	评价、推理	分析性、认知成熟度
	能够利用过去式谈论过去发生的事，并给出自己的评论和观点	评价、自我监控	思想开放、分析性、自信心、认知成熟度

二、有效细化教学环节中的批判性思维培养目标

目标的设定必须遵循目标细化的 SMART 原则。SMART 原则是根据美国马里兰大学管理学兼心理学教授洛克（Locke）等人的"目标设置理论"在实践中总结和发展而来的（牟金江，2011）。结合初中英语课堂的特点，教师在批判性思维教学目标设定中需注意：（1）思维目标必须具体和详细（specific）；（2）思维教学目标是可以衡量的（measurable）；（3）思维教学目标以行动为导向，可操作性强（action-oriented）；（4）思维教学目标实际可行（realistic），既不过高估计学生的条件，制定不合适的无法实现的目标，也不过分强调学生的不足，对目标的实现要求有所降低；（5）思维目标的实现是有时

限性的,需要在规定的时间内完成相应的思维目标和学习任务(time-related)。

为了有效定位教学内容所涉及的批判性思维培养目标,教师还可以将思维目标进行细化,分析相应活动环节的思维培养目标。

如 *Go for it* ! 七下 Unit 12 What did you do last weekend? Section B 2a—2c 是一堂阅读课,讲述的是作者一家去印度乡下游玩的故事。他们在野营时遇到了蛇,在父亲的指挥下,有惊无险地摆脱困境,度过了一个有意义且难忘的假期。文章篇幅不长,内容充满悬疑,一波三折,引发了学生的猜想和联想。本文的阅读有助于学生联系生活实际,培养冷静应对突发事件的能力。在教学中,教师应立足教材,细化批判性思维培养目标,用具体的教学环节以促进学生批判性思维发展。批判性思维培养目标细化示例如表 3-2 所示。

表 3-2　*Go for it* ! 七上 Unit 12 批判性思维培养目标细化

环节	主要内容	批判性思维活动设计	批判性思维技能	批判性思维情感倾向
读前 2a	列举自己害怕的动物并说明理由	学生能谈论自己害怕的动物并说明理由	解释、分析	分析性
读中 2b	能读懂文本并回答问题	学生能对课文中的图片进行描述	解读	分析性
		学生能根据图片和标题预测文本的内容	推理、分析	求知欲
		学生能回答文本相应的问题	解读、分析、解释	分析性、认知成熟度
读中 2c	根据 2b 的文本对事件进行排序并复述故事	学生能正确根据时间顺序将短语进行排序并复述故事	解释	系统性、自信心
读后	人物评价、写作意图分析,并推断自己可能产生的反应	学生能对主人公的父亲进行客观评价,分析作者写作意图,思考如果是自己碰到这样的情况会怎么做	评价、分析、推理、自我监控	分析性、自信心、认知成熟度

三、开展单元批判性思维培养目标设计

单元是承载主题意义的基本单位，单元教学目标是总体目标的有机组成部分。单元教学目标要以培养英语学科核心素养为宗旨，围绕主题语境整体设计学习活动。教师要认真分析单元教学内容，梳理并概括与主题相关的语言知识、文化知识、语言技能和学习策略，并根据学生的实际水平和学习需求确定教学重点，统筹安排教学，在教学活动中拓展主题意义。教学目标应该可达成、可操作、可检测。每个课时目标的设定都要为达成单元整体目标服务，有机整合课程内容六大要素，并根据教学实际需要有所侧重（教育部，2018）。

在单元整体教学设计的思路下，开展单元批判性思维培养目标设计显得尤为重要。单元批判性思维培养目标设计必须考虑到单元的主题情境，目标的设定也需要关注衔接性和延续性。以下为 *Go for it*！九年级 Unit 7 批判性思维培养目标设计的样例（见表 3-3）。

表 3-3　*Go for it*！九年级 Unit 7 批判性思维培养目标设计

序号	课时	批判性思维活动设计	批判性思维技能	批判性思维情感倾向
1	听说课（Section A 1a－2d)	谈论学校的校纪校规	解读	求知欲
		对 1a 呈现的 6 个句子发表自己的观点并简单陈述理由	分析、解释	分析性
		通过分析主题图，预测可能听到的内容	分析、推理	分析性
		完成 1b 听力，追问：What do you think of Anna's mother? Do you agree with her?	评价、解释	分析性
		能结合自身实际谈论是否赞同身边的规则并给出理由	评价、解释、自我监控	追求真理、思想开放

序号	课时	批判性思维活动设计	批判性思维技能	批判性思维情感倾向
2	阅读课 (Section A 3a—3c)	根据标题和图片猜测即将阅读的内容	推理、分析	分析性
		判断文本体裁并给出原因	推理、解释理由	分析性
		能够初步读懂文本,理解每一诗节的大意并分析:How do you know mother loves the writer? Why did the writer talk back?	解读文本、分析并解释理由	分析性
		通过提问 How do you think the writer feels about his mom? 引发对文章的深层次思考	评价、解释理由	追求真理、思想开放
		能够与同伴分享自身经历并感受父母之爱	评价、自我监控	认知成熟度
3	语法课 (Grammar focus 4c)	通过 4b 的练习,谈论:What do you think of living alone? Should teenagers live with parents or move out? Why?	分析、评价、解释	分析性、认知成熟度
4	听说课 (Section B 1a—1e)	听前围绕学校生活的方方面面谈论自己是否曾经出现过 1a 表格里提及的情况,如上课迟到、考试提早交卷、担心考试不及格等	解读	追求真理
		谈论主题图:Who are they? What might happen? Where did it happen?	分析、推理、解释	分析性
		听后讨论:Should Peter be allowed to take the test? Why?	分析、评价、解释、自我监控	追求真理、思想开放
5	阅读课 (Section B 2a—2e)	结合自身经历,与同伴分享在家中是否被允许自己做决定和做何种决定	评价、自我监控	认知成熟度
		对标题的设问进行回答,在组内找到与自己答案一致的人,并在通读文本后思考是否需要改变自己的观点	解读文本、分析问题	分析性、思想开放

续　表

序号	课时	批判性思维活动设计	批判性思维技能	批判性思维情感倾向
5	阅读课（Section B 2a－2e）	使用阅读策略，通过读图分析并预测：What is he doing? What's his hobby? What is his dream job? Do his parents agree with him?	分析、推理	分析性
		能够读懂文本，找出 Liu Yu 的观点和 Liu Yu 父母的观点，并给出相应的论据	解读文本、分析观点、解释理由	分析性
		对文本深入理解，深度剖析问题：Whose opinion do you agree with? Why? If you were Liu Yu, what would you do?	评价、推理、解释理由、自我监控	认知成熟度
		能结合自身实际与同伴分享父母是否支持自己的梦想和如何解决学业与梦想的冲突	评价、自我监控	认知成熟度
6	写作课（Section B 3a－3b）	写前活动。谈论：What rules do you have at home? Do you agree with them? Why? (Describe some rules at your home and show your idea about these rules)	解读、评价、解释、自我监控	分析性
		写后活动。根据给出的 checklist 进行评价	评价、解释、自我监控	认知成熟度

在九年级 Unit 7 的教学目标设定中，教师按照本单元的主题语境"rules"设定了一系列的批判性思维培养目标。在 Section A 的听说课中，教师听前对 1a 的处理不仅要求学生回答是否同意听到的观点，还需要简单陈述理由。这可以帮助学生形成批判性思维，也为后面教学活动开展做好一定的铺垫。通过读图可以培养学生的听说能力，而通过分析人物性格并给出判断依据，可以提升学生的批判性思维能力。听后环节，学生通过对身边规则发表观点并给出理由，可以进一步训练批判性思维，形成正确的价值观。

在 Section A 的阅读版块中，读前学生借助标题、图片进行预测；通过判断体裁，培养阅读策略。读中通过设问帮助学生初步理解文章内容，引导学生在字里行间进行人物分析,感受父母之爱。读后通过分析作者的态度和情感变化,引发学生思考:父母对孩子的爱有没有发生变化? 为什么作者的感受截然不同? 教师通过引导学生自觉监控自己的认知活动,帮助学生形成正确的人生观,同时倡导良性的亲子关系。

在 Grammar focus 部分,通过对 4b 文本的学习,教师引导学生对文本内容进行讨论。对青少年参加工作后是否应该与父母同住给出看法及理由,这在培养学生批判性思维的同时可以培养学生的跨文化意识,帮助学生了解中西方文化差异。

在 Section B 1a—1e 部分的目标设定旨在通过听前活动,帮助学生熟悉话题内容,为听力做好铺垫,并通过读图训练学生的听力技能。听后探讨一个问题:日常生活中经常存在着违反规则但没有被处理的现象,这就需要学生思考法与情孰轻孰重的问题。结合学科育人,可以帮助学生树立正确的价值观。

Section B 的阅读文本是批判性思维培养的好素材,读前可引导学生结合自身经历谈论兴趣爱好并简单发表观点。改变提问的方式,学生的回答从解读变为解释和评价,在提升学生认知技能的同时,为实现学生的评价和自我监控做好铺垫。读中通过引导学生运用阅读策略进行文本解读,教师能够训练学生对精准思维的把控,帮助学生迅速准确理解文本。本文写作脉络清晰,因此在跳读环节,学生通过使用阅读策略便能快速分析语篇内在的逻辑关系并解释文章的结构;通过填表题解读文本、分析两方的观点并找到相应的佐证,有助于培养学生的解读和分析技能。同时,教师通过追问父母和 Liu Yu 双方是否相互理解,引导学生通过分析文中细节解释理由,在追求思维精确性的同时,唤醒了学生批判性思维认知技能的解释维度,这有助于学生更好地理解作者的写作意图。读后环节的提问答案具有开放性,这既需要学生对人物进行评价,并清晰地表达自己的观点,也需要学生假设如果自己是 Liu Yu 会怎么做并给出理由。这样的提问方式对学生的要求很高。由于词汇量的限制,学生可能无法给出充分的理由,但这种开放性的课堂提问有助于培养学生思维的评价技能和解释技能。最后,教师重新抛出学业与梦想的话题,此时意在经过本课的学习,学生能正确看待学业和梦想之间的冲突,理解父母的用心,在充分了解并探讨的基础上,能对之前给出的回答进行自我评价和修正。学生此时使用了自我监控技能，这可以提升学生思维的高度。

　　写作课中，写前教师以复习单元话题和重点句型为基础，让学生谈论自己的 family rules，表达自己的看法并给出原因。这可以引发学生对"rules"这一话题的思考。完成写作任务后运用多维评价手段，可以发展学生的批判性思维。

第二节　指向批判性思维培养的文本解读

在初中英语教学中,利用文本训练和培养学生的思维能力、促进学生综合语言运用能力的提高非常重要。文本解读是教学设计的基础,也是设计课堂活动的重要依据。文本解读的深度决定了教学的深度,也决定了思维的深度。如果侧重学生高阶思维的培养,教师应多挖掘一些文本结构、逻辑关系、情感态度、事实与观点等方面的信息。

一、文本解读的三个视角和三大内容

教师应从三个视角,即教师、学生和编者视角充分开展文本解读。以教师的感知为视角,捕捉文本重点,开启文本解读之门。教师视角是文本解读的第一视角,帮助教师从熟悉的角度把握文本的重点,设定和文本配套的批判性思维培养目标。教师以学生的体验为视角,分析和预估文本中学生思维能力提升的难点,促使解读顺利进行。教师还可以以编者的选材为视角,剖析文本价值,思考编者为什么会选这个篇章,文本有哪些语言价值、文化价值和思维培养价值,以提高文本解读的高度。

葛炳芳(2014)提出英语教学的综合视野,即从内容、思维和语言三方面对文本进行多元解读。因此,初中英语文本多元解读可聚焦三方面的内容:第一,解读文体与文本结构,把握文章内容。通过文本类型,了解体裁特征;通过寻找主题主线来厘清文章脉络、段落结构和主旨大意。第二,解读知识与技能,促进语言内化。教师应通过寻找文本的主题词、句型语法、优美语句来训练学生的阅读策略,以促使学生成为独立的阅读者。第三,解读情感与思想,提升思维水平。通过解读文本的思想情感与文化内涵来升华主题,挖掘文本的深层信息,开展解读、分析、评价、推理、解释和自我监控,使学生走进文本,提升思维能力。

如在教学 *Go for it*! 八下 Unit 7 What's the highest mountain in the world? Section A Reading 时,教师就开展了充分的文本解读,深入剖析文本结构:文本第一段主要介绍基本信息和登山的危险,第二段是有关三个"first"的描述,第三段阐述了登山者为什么不放弃登山和他们永不言败的精神,第一段的说明为第二、第三段的展开做足了铺垫。此外,本文的标题就值得教师进行充分解读,从编者的视角看,作者为什么在标题后加上问号? 而从学生的视角看,学生又会怎样理解标题中的问号? 此外,第二段中,作者为什么选取三个"first"的例子? 第三段中,学生会怎样理解"Humans can sometimes be stronger than the forces of nature."教师通过充分研读和解析文本,可更加明确接下来该如何设定批判性思维培养目标。

二、课堂教学中的文本解读策略

针对初中学生的认知水平,在深度解读教材文本的基础上,可以下策略提升学生的批判性思维能力。

(一)输入理解阶段

1. 引入话题,激活文本

课前教师通过引入话题组织讨论,导入部分目标语言,在这样的活动中,学生的思维被激活,同时,也激发了学生的学习兴趣。

如在教授 *Go for it*! 七下 Unit 3 How do you get to school? Section B Reading 时,教师先提问:How do you get to school? 让学生两人一组问答上学的交通工具,对前面的课时做一个简单的巩固,并用新课的目标语言总结:It's easy for you to go to school. 然后教师出示一张小学生趴在一个废轮胎上过河去上学的图片(见图 3-1),引导学生用目标语言回答:It's difficult for them to go to school. 最后教师呈现教材里的插图(见图 3-2),因为有讨论的基础,学生的思维已经被激活,他们会说:It's difficult for them to go to school. 教师趁热打铁问:Why is it difficult for them to go to school? 在教师引导下,学生会充分地对图片进行解读,并解释理由:The river is running very fast. They are going on the ropeway. It's dangerous. 通过这样的文本

导入活动,学生对新的目标语言有了初步的感知。更重要的是,思维得到了激活,学生在接下去的阅读环节就能更有效地理解课文内容。

图 3-1　学生利用废轮胎过河上学

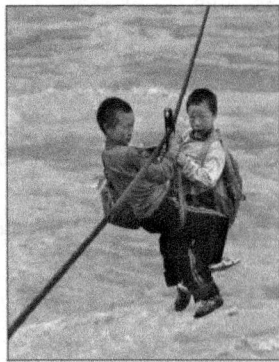

图 3-2　学生利用索道过河上学

又如在教授 *Go for it*！九年级 Unit 7 Teenagers should be allowed to choose their own clothes. Section A Reading 时,课前通过欣赏歌曲 *You Raise me Up*,让学生体会并感激母亲的养育之恩,更重要的是,为文本的话题定下了基调。教师顺势让学生用一句话来描述自己的妈妈,学生的思维是开放的,有的说:Mom takes good care of me. 有的说:Mom is proud of me…

2.培养策略,理解文本

在学习过程中,教师通过活动设计,培养学生预测、推理、判断、猜测词义等微技能,同时训练学生的解读、分析、推理和解释等批判性思维认知技能。

如在教授 *Go for it*！八下 Unit 3 Could you please clean your room? Section B Reading 时,教师组织学生认真阅读教材中有关 skimming 的介绍:Skimming means looking quickly through a piece of writing to find the main idea without reading every word. It is still a good idea to read the first sentence in each paragraph a little more carefully. 并让学生找到其中的关键词:look through, find the main idea, read the first sentence,引导学生了解如何进行 skimming,然后让学生回答问题:What is Ms. Miller's opinion? What is Mr. Smith's opinion? 通过让学生使用阅读微技能,培养其解读和推理的思维能力。

在阅读学习中,掌握猜测词义的阅读微技能很重要,同时,学生在这种微技能的运用中,不知不觉也培养了分析和推理的思维技能。

如在教授 *Go for it*！八上 Unit 4 What's the best movie theatre? Section B Reading 时,教师引导学生根据上下文猜测词组 make up 的意思：Some people think that the lives of the performers are *made up*. For example, some people say they are poor farmers, but in fact they are just actors.

此外,了解代词的指代关系既是很好的阅读策略训练,又是很好的思维训练。

如在教授 *Go for it*！八上 Unit 4 What's the best movie theatre? Section B Reading 时,教师引导学生根据上下文分析画线代词 they 的指代关系：All these shows have one thing in common—— They try to look for the best singers, the most talented dancers, the most exciting magicians, the funniest actors and so on. 学生通过分析得出："They" refers to all these shows.

(二)表达内化阶段

1.厘清脉络,梳理文本

不同体裁的文本有不同的线索和结构,教师通过设计自上而下或自下而上的阅读活动,引导学生梳理文本的脉络和框架,帮助他们更好地把握篇章结构,训练他们的概括思维能力。如在教学 Who's got talent? 时,学生通过分段阅读,对每段大意进行了概括,并对文章结构做出了分析：文本的三个自然段分别从才艺秀的基本介绍、才艺秀的定义和判断标准、人们对于才艺秀的不同看法三个方面展开陈述。

学生在完成文章脉络的梳理过程中,把对具体事件的了解上升为理性的分析,在了解了人们对才艺秀的不同观点的基础上,适时提出自己的看法。通过思考和分析,他们的分析能力和评价能力在潜移默化中得到了训练。

2.挖掘内涵,品味文本

挖掘文本的深层含义,引导学生学会鉴赏品味,培养他们的批判性思维能力,提升批判性思维的情感。探究文本的语言美,引导学生对语言进行赏析和品味；挖掘文本的人性美,对学生进行价值观的渗透；关注文本的文化美,尤其要让学生感受到跨文化的异同。

如在教授 *Go for it*! 七下 Unit 3 How do you get to school? Section B Reading 时,教师引导学生高声朗读文中的语句:But he is not afraid. "I love to play with my classmates. And I love my teacher. He's like a father to me."理解文本中人物 Liangliang 对艰辛的求学之路的感受,虽然很艰难,但他还是对学校、老师、同学和学习生活充满着强烈的爱。教师趁热打铁进行价值观的教育:我们有这么优越的学习条件,又有什么理由不好好学习呢?

又如在教授 *Go for it*! 九年级 Unit 7 Teenagers should be allowed to choose their own clothes. Section A Reading 时,不仅让学生体会到诗歌的韵律和语言的优美,而且让学生通过品读,感受文本中传递的人性美。组织学生高声朗读下面一段。

When I was seven coughing badly, <u>she said no ice-cream for me.</u> But I talked back loudly, "I should be allowed to eat some! Give it to me now!" When I was nine watching scary movies, <u>she said it'd give me awful dreams.</u> But I shouted back angrily, "I should be allowed to watch it! I'm not a baby!" When I was a teen going out with friends, she said, "<u>Please be back by ten!</u>" But I talked back again, "I should not be told what to do! I'm seventeen now!"

引导学生关注画线部分的句子,并提问:Why do you think these three sentences still show mother's love? 并引导学生理解题目的内涵:Why does the writer say Mom knows best? 在教师的带领下,学生一步步体会文本中人物的情感变化:孩子在小时候享受妈妈的爱,到青春期时拒绝她的爱,再到长大成人后理解妈妈的爱;而无论孩子的反应有多么不同,妈妈一如既往地爱孩子。在教师的引导下,学生总结出:Mother's love is lifelong. 学生通过这样的品读和分析,理解文中传递的情感和内涵,分析和推理能力也得到了提高。

(三)输出运用阶段

1. 交流碰撞,质疑文本

设计与文本有关的语言输出活动,通过创设具有探究性的情景,让学生开展迁移评价,发现问题,提出疑问,在互相交流和不同观点的碰撞中,加深对问题的思考,培养批判性思维能力。

如在教授 *Go for it*! 八上 Unit 4 What's the best movie theatre? Section B Reading 时,教师组织学生就文章主题开展讨论:What do you think of talent shows? 引导学生用上课文中的语言:I dislike watching talent shows because the lives of the performers are made up. 或 I like watching talent shows because they are fun to watch and one great thing about them is that they give people a way to make their dreams come true. 学生也可以结合自己的感受提出自己的观点。

又如在教授 *Go for it*! 八下 Unit 7 What's the highest mountain in the world? Section A Reading 时,教师引导学生关注标题中的问号,并提问:Does the writer really think that Qomolangma is the most dangerous mountain in the world? 引导学生寻找文本中的论据来证明作者的真正观点,学生找到文中的句子:We should never give up trying to achieve our dreams; Humans can sometimes be stronger than the forces of nature. 从中可推断出作者并不认同珠穆朗玛峰是世界上最危险的山峰这一说法。教师再适时追问:Would you risk your life to climb Qomolangma? Why or why not? 学生对这个话题有不同的观点,有的认为他们会冒生命危险去挑战珠峰,因为只要不放弃,人类一定能实现梦想;也有的认为他们有更重要的事情要做,不能冒生命危险做一件似乎意义不大的事情。针对这个话题学生有理有据、充满思辨和理性地提出自己的看法,他们的批判性思维能力得到了提升。

2. 迁移运用,延伸文本

英语教学中的读后活动旨在帮助学生反思已学内容,回顾文本内容,深化认知,形成自己的观点并表达思想,进而融合自己的实际生活体验,迁移创新,分享观点并引起情感共鸣。教师可以根据文本设计迁移、模仿、运用的活动,使文本价值得以延伸。

如在教授 *Go for it*! 八上 Unit 2 How often do you exercise? Section B Reading 后,通过 pair work 和 group work 展开两个读后活动,开展迁移运

用。在读后活动一中,学生向搭档阐述对于问题"Are the students at NO. 5 High School healthy? Why or why not?"的见解,并在全班分享观点。本活动立足于对文本的深层解读,让学生结合自己的理解选择性地进行应用实践。在活动二中,教师利用信息技术手段就语篇主题之一"How often do you exercise?"展开调查,并呈现调查结果。学生结合实时生成的数据,并运用本课语言知识,先就问题"Are your classmates healthy? Why or why not?"展开小组讨论,再由组内成员进行班级展示。本活动创设了真实语境,让学生把文本内涵和自身生活结合起来,辩证地看待"锻炼和健康的关系",迁移创新生成个性化理解。

　　初中是学生思维培养的重要阶段,教师要结合英语学科特点,准确把握文本内容和学生已有知识储备和能力水平,有效开展形式多样的课堂教学活动,对学生进行有效的思维训练,鼓励学生独立思考、相互讨论、发表见解。

第三节　指向批判性思维培养的问题设计

问题,作为"脚手架",是启发学生阅读过程中思维的重要工具,能够引导学生的思维从较低层次向较高层次发展,促成学生高级思维能力的形成。目前课堂提问的过程中还存在诸多问题。教师高层级的提问难以引发学生高思维含量的回应,而教师或没有及时发现问题,或缺乏追问引导、推进讨论的能力,出现"高问低答"现象。答问时个别学生虽反应迅速,发言积极,但其余大部分学生可能并没有认真听、仔细想,发言的学生会了并不等于其他学生都会了,造成所谓"一人应答"现象(何晓东、兰良平,2019)。

教师要设计从表层到深层理解的问题,引导学生思维参与。指向批判性思维课堂教学中的问题设计要做好以下几点。

一、使用不同类型问题

常用的问题有以下几类。

(一)定义性问题

例如,在教授 *Go for it*！八下 Unit 9 Have your even been to a museum? Section B 2a－2e 时,学生对书中的 Night Safari 没有具体的概念,教师请学生以自己的理解进行解释,并鼓励其他学生补充或提出不同见解。紧接着,老师通过几张 Night Safari 的图片,让学生体验这个地方的特殊性,并提出问师：How is the Night Safari different from a normal zoo? What does the author think of the Night Safari? Do you want to go to this "strange" zoo? What do you think of this zoo? 这些问题能帮助学生理解 Night Safari 是什么,以及其和一般的 zoo 有何区别。在这些定义性问题中,学生不仅理解了 Night Safari 的概念,也读取了作者对 Night Safari 的观点,还提出了自己的观点,培养了学生的解释、推理和评价认知技能。

（二）证据性问题

例如,在教授 *Go for it*! 八上 Unit4 What's the best movie theatre? Section B Reading,从表面看来作者似乎并没有直接亮出自己的观点,教师引导学生关注文本中的连接词(transitional words,见下文中的画线单词),从字里行间找到线索,找到的作者观点。

<u>However</u>, not everyone enjoys watching these shows. Some people think that the lives of the performers are made up. For example, some people say they are poor farmers, <u>but</u> in fact they are just actors. <u>However</u>, if you don't take these shows too seriously, they are fun to watch. <u>And</u> one great thing about them is that they give people a way to make their dreams come true.

在教师的引导下,学生从文中的连接词可以分析出作者是认同才艺秀的。

教师引导学生从文本中找出各种可靠的证据来支持自己的观点,并鼓励其他学生加以质疑与挑战。

（三）预测性问题

在教授 *Go for it*! 八年级下册 Unit 6 An old man tried to move the mountains. Section B Reading 时,先在读后活动——文本复述这个环节帮助学生熟悉童话故事的要素、重点词汇、主要句型以及故事的发展路线,接着给予小组充分的时间去讨论画外音的后续故事,要求学生根据已知的故事情节和画外音编写后续故事并进行小组汇报,充分培养了学生的推理技能和开放的情感倾向。以下为学生创编的故事结局。

SCENE EIGHT

Hansel：It's me—Hansel. I like your house very much <u>as soon as</u> we see it. I think you're <u>so</u> beautiful and kind <u>that</u> you can make the delicious and wonderful house for people…

The old woman：Haha… you're so sweet, the young boy. But I won't let you go <u>unless</u> you can help me do some things to repair my house.

Hansel：OK, Madam. My sister and I can try our best to do that.

The old woman：Good! I like the honest person. Come in, my children.

SCENE NINE

（after several days）

Gretel：Brother, I want to go home and I really miss our father. What can we do?

Hansel：Don't worry, I will come up with a plan to go back home.

SCENE TEN

（the next day）

Hansel：My dear lady, we had a very great time here. But my parents must worry about and miss us so we want to go back home.

The old woman（thought for a while）：OK, my dears. You can go back home without any help beside some bread. I hope you can go home safely.

Hansel & Gretel：Thank you so much. We'll miss you, dear lady.

（They went back home by following the stones. ）

（四）假设性问题

例如，在教授 *Go for it* ！八上 Unit 10 I've had this bike for three years. Section B 2a－2e 时，文本讲述了主人公 Laura 通过生活中的一系列小事改变了不愿意与父母交流的现状，并从中感悟到与人交流才是解决问题的最佳途径之一。在明确首段段落大意后，教师追问：What's the worst thing to do if you have a problem? 学生可以在文本中找出答案并回答：Some people believe the worst thing to do is to do nothing. 接下来，教师继续提问：What's Laura's opinion? 学生回答：Problems and worries are normal in life, but I think talking to someone helps a lot. Unless we talk to someone, we'll certainly feel worse. 教师再次引导学生思考假设性问题：If we have a problem, what should we do? 当学生完成问题的选择后，教师通过全班调查的方式让学生分享个人观点并进行交流，这也在一定程度上发展了学生的思维能力，尊重与鼓励每个人发表自我观点，并评价他人观点。

（五）价值性问题

例如，在教授 *Go for it* ！八下 Unit 10 I've had this bike for three years.

Section B Reading 时，当学生读到最后一段，教师针对课文中的原句提出如下问题：What things of your hometown have left many soft and sweet memories in your heart? 引导学生使用文章中的目标语言——现在完成时等表达自己的观点，同时激发学生对家乡风土人情的热爱。教师鼓励学生列举事例并结合道德价值观去思考相关答案，让学生从各种角度进行开放性思辨。

二、设计问题链

"问题链"是教师为了实现一定的教学目标，根据学生已有的知识或经验，针对学生学习过程中将要产生或可能产生的困惑，将教材知识转换成为层次鲜明、具有系统性的一连串的教学问题；是一组有中心、有序列、相对独立而又相互关联的问题（王后雄，2010）。它是一个师生双方围绕问题情境，通过探索和发现，解决问题的动态发展过程。

有效的问题链设计不仅可以促进教学目标的实现和课堂效率的提高，更能提升学生的批判性思维能力。在设计问题链时教师需要遵循以下原则。

第一，可行性。学生的认知系统是不完全相同的，教师在设计问题链时需要从学生的认知结构和思维发展水平入手，找到他们的应有水平和最近发展区的结合点，让其思维活动具有一定的可行性，有效激发求知欲。从学生的实际生活出发设计问题，使他们产生亲切感，激发学习意识，让批判性思维发展成为可能。

第二，层次性。问题链的设计要紧紧围绕教学目标展开，同时也要层次分明，讲究广度、难度和深度，使不同程度的学生都能在课堂上达成一定的学习目标。具有层次性的问题链辐射面较大，以点带面，能帮助不同程度的学生得到符合其发展水平的训练。

第三，开放性。课堂教学是一个师生互动的环节，教师再好的课前预设也无法满足课堂全部环节。课堂的及时生成体现了学生对问题的不同看法，它是不断变化发展的，是一个动态的过程。因此，教师在课堂上需要关注学生课堂生成的思维状态，把握好问题链的开放性，能根据学生的课堂生成及时做出调整。

在初中英语阅读教学中，教师常用的问题链类型有：引入式问题链、递进式问题链和探究式问题链，不同的问题链可以在阅读教学不同阶段中运用。

（一）读前设置引入式问题链，提升推论、自我监控技能

引入式问题链，是教师以引入课题、使课内课间平滑连接、为后续教学埋下伏笔，或为唤起学生的注意、使学生产生强烈的求知欲等为主要目的而精心设置的问题链。其目的在于帮助教师引入新知，使学生了解相关的背景知识，为后续的教学做好铺垫。具有一定开放性的引入式问题链没有正误之分，但具有一定的深度和趣味，引导学生在相互交流中自觉监控自己的认知活动，不断调整自己的判断。

如在教授 *Go for it*！八年级上 Unit 7 Will people have robots? Section B Reading 时，教师借助主题图片和标题设计了下列开放性的引入式问题链，帮助学生快速进入文本并且对文本内容产生浓厚的兴趣，同时又在一定程度上打开了学生的思维。

Q1：What do the robots look like and what can they do?

Q2：What do you think of the robots you talked about?

Q3：What do you think of the robots your classmates talked about?

Q4：What can you get from the title?

Q5：What will the passage tell us according to the picture and the title?

教师根据主题图，借助问题"What do the robots look like and what can they do in our life?"和"What do you think of the robots you and your classmates talked about?"激活学生的思维，鼓励学生以生活为切入点对机器人进行探讨，如它们的长相和在日常生活中的用途等，相互交流自己的感受和看法。文章的标题就好比它的题眼，往往跟课文内容紧密相关。因此，教师借助标题，设置问题"What can you get from the title?"将学生引入文本的情境，为其留足想象的空间，激发其强烈的求知欲。最后通过问题"What will the passage tell us according to the picture and the title?"引导学生对其进行预测，促使学生积极、主动、快速地进入文本并为后续的阅读做好铺垫；同时也鼓励学生对自己的推理过程和结果进行质疑、反思、评估和及时纠正。教师利用主题图和标题设计的引入式问题链具有一定的开放性，在阅读前帮助学生打开思维，促使学生在一定程度上不懈质疑、包容异见、力行担责；也为他们积极自主地参与阅读环节奠定基础。

好的提问往往能够促使学生联系自己的人生经验，最大限度地开启他们的思维大门。而思维的发展很难用一个标准答案来界定，具有开放性的引入式问题链不仅能激活学生已有的相关背景信息，顺利进入话题，更为重要的是在一定程度上还能活跃学生的思维并引发学生思维的变化。此外，结合主题图和标题帮助学生推论，继而预测文章的内容，也使阅读更具有目的性和趣味性。

（二）读中设置递进式问题链，提升解释、分析技能

递进式问题链是根据事物之间的必然联系，利用正向或逆向的思维方式提出一连串由浅入深的问题。对于有一定深度和难度的问题，教师应通过层层递进的方式，引导学生进行比较、分析、推理和判断，不断提升学生批判性思维中的解释和分析技能。

在设计八上 Unit 7 Will people have robots? Reading 的读中活动时，教师对文本第一段中的 human servants 进行了生词处理，设计了以下具有推理性的递进式问题链，帮助学生在一步步推理中对生词进行意义解码。

Q1：What can robots do in this paragraph?

Q2：Who do the robots do the jobs for?

Q3：So what can we call these robots?

教师对于生词的处理并非采用直接解释或图片示例的教学方式，而是通过对问题的一步步铺设让学生反复推敲。带有推理性的递进式问题链能有效帮助学生思考，在了解人物的本质特征中理解其含义。在此教学片段中，学生通过教师的问题链对机器人工作有了本质性的了解，以此推测出机器人的服务性质，从而对 human servants 进行正确的意义解码。

在第二段中，教师通过设计以下的递进式问题链，提升学生的分析、解释技能。

Q1：Are you willing to do the jobs that robots are doing now? Why?

Q2：Why are the robots willing to do that?

Q3：Why do you feel bored but why don't robots feel like that?

教师舍弃相对直白的表格式对比教学而采用递进式问题链让学生在一步步推敲中对 people 和 robots 进行区分和归类,从中了解 robots 的特征即文本所提及的"Robots will never get bored."帮助学生了解机器人的本质。通过老师具有推理性的递进式问题链开展文本分析,并结合自己真实的感受,学生逐步意识到二者的区别,提升分析和解释技能。

在第四段的教学中,教师通过设计以下递进式问题链帮助学生进行观点判断,进一步了解作者的观点,提升学生的分析技能。

Q1：What will the robots be like in the future?

Q2：Is it possible for humans to have such kind of robots? Why?

Q3：What's the writer's attitude in the passage in your eyes?

在常规教学中,教师往往会因为时间等问题而忽略或只是简单处理一些需要学生表达观点的问题。在本课例中,教师借助递进式问题链的铺垫,引导学生结合上下文对作者的态度进行推测,在一定程度上鼓励了学生进行自主探究。学生通过互相交流,可提高自己对问题的认知能力,加深对问题的理解,提升分析技能。

(三)读后设置探究式问题链,提升推理、解释技能

读后活动承载了总结文本、拓展思考的任务。探究式问题链是教师为学生自主、独立地发现问题,培养学生的探索精神和创新能力而设计的思考型问题链。在读后活动中,学生在教师搭建的具有拓展性的探究式问题链引导下展开思辨活动,提升推论和阐释技能。

常规的读后教学设计一般采用复述文章的形式,而教师在八上 Unit 7 Will people have robots? Reading 的课后活动中则抓住文本的最后一句话"We never know what will happen in the future."设计了下列具有拓展性的探究式问题链。

Q1：What is the future of the robots?

Q2：If the robots can think like people, what will happen? If not, why?

课堂上教师避免用自己的定向思维禁锢学生对文本的理解和思考,可通

过一系列具有拓展性的探究式问题链，为批判性思维发展创造机会，营造良好的思辨氛围，激发学生的质疑探究，引导学生在深入思考和讨论中产生思维的碰撞。在教师设计的探究式问题链引导下，学生可表达自己的不同见解，推动了批判性思维的提升。学生读后探究式问题链回答情况如表 3-4 所示。

表 3-4　学生读后探究式问题链回答情况

Advantages if robots think and act like human being	Disadvantages if robots think and act like human being
1. People won't need to do the dangerous and hard work.	1. People will be lazier and lazier.
2. People won't need to do the jobs that they don't like to do.	2. People will lose jobs.
3. People will have more time to do what they like to do.	3. The criminal rate will increase because people have too much free time.
4. Robots can help to look after the old people when their children are away.	4. The rich will become richer but the poor will be poorer.
5. Robots will replace humans to do anything.	5. Robots will not follow the people or the rules.
6. Robots can do different jobs.	5. Robots will control the world and humans will die.

三、实施有效追问

教师追问，一般是教师为维持原先话题的讨论而提出的，引导学生对观点进行解释说明，抑或是进一步拓宽思路、发散思维。《汉语大词典》将"追问"定义为寻根究底地问，即在首个问题之后的问题都为追问。Cindy，Catherine，Ashley 等（2014）在研究美国小学教师的课堂追问情况时，将追问定义为在首个问题之后，基于学生回答的提问，主要用以扩充知识、澄清观点，从而发展思维能力。

为了改变传统课堂中常见的低层次思维状况，国外研究者提出了各种强调思维含量的课堂讨论活动，如责任性谈话（accountable talk）、富有成效的讨论(productive discussion)、诱导式思考(prompted student thinking)等,其共同点是学生回答后,教师通过后续问题深入了解其思考过程,将讨论推向更深层次,并且注重鼓励全体学生参与,以提升课堂讨论的活力。该师生互动模式简称 IRQA(initiate, respond, question, answer)(何晓东、兰良平,2019),这些后续问题就是课堂中有效的追问。

(一)教师追问的现状分析

为了更好地研究教师追问的现状,以彼得·法乔恩(Peter Facione)的分类框架为依据,通过课堂观察,对英语课堂上出现的教师追问进行分类和研究。

以一堂英语阅读公开课中教师追问的情况为例,分析教师追问的现状。案例选自 *Go for it*！八下 Unit 8 Have you read *Treasure Isand* yet? Section B 2a—2c,话题是乡村音乐。语篇主要讲述了一个远在异地他乡的姑娘 Sarah 聆听了一首乡村音乐之后,在情感态度和音乐品味上做出的改变,凸显了乡村音乐的魅力。采用自然观察法,客观呈现本节课中教师追问的情况。在数据分析过程中,采用定量和定性的方法,探讨以下两个问题:教师追问次数以及不同类型追问的分布情况;不同类型追问的有效性及其对学生批判性思维培养的影响。

1.教师追问次数以及不同类型追问的分布情况

依据彼得·法乔恩的分类框架,评估了该教师所有追问的类型及涉及相应的思维能力,具体分布情况如图 3-3 所示。

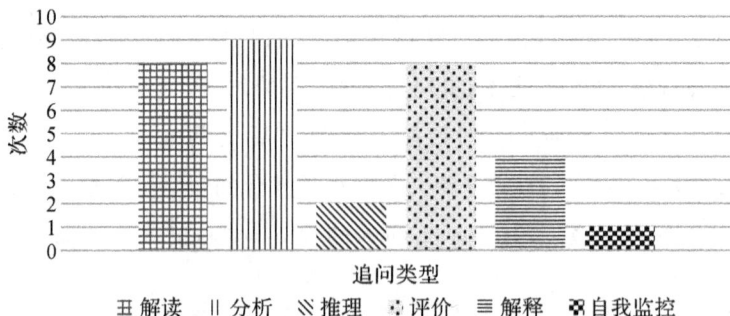

图 3-3　教师追问次数及追问类型

图 3-3 显示,在 40 分钟的课堂教学中,该教师总共追问 32 次。结合课堂观察发现,该教师具有较强的追问意识,能把握追问契机,引导学生深入思考。就追问类型而言,教师较多地提出发展学生解读能力(8 次)、分析能力(9 次)和评价能力(8 次)的追问。这表明,该教师重视引导学生关注文本内容、在理解文本内容的基础上进一步判断和思考,培养学生解锁信息的能力。同时,教师在学生掌握文本信息基础上,鼓励他们从个人经验出发,发表个人观点与看法。

通过进一步课堂观察发现,在读前环节该教师会要求学生依据图片信息和标题内容预测文本主题。在读中获取文本信息的环节,该教师并没有一味要求学生在语篇中寻找细节信息所在位置,而是引导学生在理解文本内容基础上整合归纳故事要素,得出自己的结论。通过读前预测以及对故事要素的理解、整合,促进了学生分析能力的提升,使得学生的思维更具有逻辑性。同时,当学生因为生词障碍影响了对文本内容的理解时,教师引导学生注意上下文的句子情境,猜测生词含义,培养了学生的推理能力。在读后环节,教师就作者写作意图等内容追问多名学生,引导他们发表个人见解,此类追问既能够考查学生对于文本内容的掌握程度,同时也能激发学生思考的积极性、深刻性。

2. 不同类型追问的有效性分析

依据学生回答情况,现对该教师不同类型追问的有效性进行了评估。统计发现,在 32 次追问中,学生基本能够有效作答,具体情况如表 3-5所示。

表 3-5 教师不同类型追问的有效性情况

追问类型	有效	无效
解读	8	0
分析	9	1
推理	2	0
评价	8	0
解释	4	1
自我监控	1	0

从表 3-5 可以看出，大多数情况下，教师能够进行有效追问，个别的无效追问出现在反映学生分析能力和解释能力的追问过程中。

3.课例追问细节分析

进一步课堂观察发现，教师能够在追问之后依据学生的回答情况提供认知框架或语言框架，帮助学生顺利表述。教师的有效追问，促进了学生不同的批判性思维认知技能的发展。但有时由于教师所追问的内容难度大于学生最近发展区或给予学生思考时间不够，会出现个别追问无人回答的情况。为进一步说明教师追问能培养学生不同的批判性思维认知技能，本书选取了典型的教师追问后师生互动片段进行分析。

教学片段一：

T：Ok，guys，before listening to the song，what problem did Sarah have?

S1：Before Sarah listened to the song，she used to fight over almost everything with her family.

T：Yes，*so did she get on well with her family members in the past*?（分析技能）

S2：*No. They had a bad relationship.*（有效回答）

T：And how about after listening to the song? What happened to her?

S3：After she listened to the song，she thinks about her family and friends back in the US.

T：Ok，this song made her think about her family and friends back in the US. Now，guys，*pay attention to this word "back"，from this word，can you guess where Sarah is from*?（分析技能）

S4：*The US.*（有效回答）

T：Yes，and how about the other country? *What's the relationship between England and Sarah*?（解读技能）

S5：*She was studying abroad in England.*（有效回答）

T：Very good. At that time，she was studying abroad in England. *So what does the word "abroad" mean*?（分析技能）

S5：*In a foreign country.*（有效回答）

该教学片段选自该节阅读课的读中环节——细读第一段。教师提出首个问题"Before listening to the song, what problem did Sarah have?"后进行了四次追问。教师首次追问之后，学生对文本信息进行分析和整合，得出 Sarah 与家人先前关系紧张的结论。随后，教师继续追问 Sarah 在聆听完乡村音乐之后所产生的变化，让学生意识到这首乡村音乐对于 Sarah 的重大意义，是这首歌曲让 Sarah 意识到了自己对家人的思念和对乡村音乐的喜爱。同时，引导学生依据文章内容分析 Sarah 的故乡以及所处之地，不仅使学生更好地领会 Sarah 的处境与改变，也培养了学生依据上下文情境推断生词含义的能力（in a foreign country）。本片段中，教师引导学生在理解文本内容基础上解释故事要素并进行整合归纳，同时对文本进行主动建构，使得学生对浅层信息有了更加深刻的理解。

教学片段二：

T：Good, and what are songs these days about?

S1：Songs these days are about modern life, such as the importance of money and success, but not about belonging to a group.

T：Guys, now, let's compare the country music and songs these days, *what are the differences between them*？（分析技能）

S2：*Songs these days are about money and success, not like country music can make us think of good things. In the past, people were kind and trusted each other.*（有效回答）

T：Excellent, that's the difference. *Any more*？（分析技能）

S3：*Songs these days are realistic while country music can bring us good memories.*（有效回答）

T：Good word. Songs these days are more realistic. I think you know the differences between them. But I still have a question: You know Paragraph 2 is about country music, *why does the writer write something about songs these days in this paragraph*？（评价技能）

S4：*I think the writer wants to compare the country music with songs* *these days. The writer wants to show that the country music is more meaningful.*（有效回答）

T：Good，guys，<u>do you agree?</u>（意义协商）

S5：*I agree. By comparing them，we know the beauty of country music better.*（有效回答）

S6：*I think so. We can also understand why Sarah likes country music so much.*（有效回答）

该教学片段选自该节阅读课的读中环节——细读第二段。教师提出首个问题"What are songs these days about?"后继续追问学生关于乡村音乐和现代歌曲的差别（What are the differences between them?）以及作者描写现代歌曲的写作意图（Why does the writer write something about songs these days in this paragraph?）。在此教学过程中，学生能够更加深入地理解文本内容，找出乡村音乐与现代歌曲的差别，同时更进一步领会作者的写作意图，凸显了乡村音乐的美好与魅力。值得一提的是，教师在一位学生发表观点之后，使用意义协商的方式，继续追问全班是否同意该同学的观点（Do you agree?），由此能够激发更多同学进行思考，确认是否认同此观点，抑或是有不同的想法。从学生的回答来看，他们能够认真思考，表述更多的理由和观点（S5：I agree. By comparing them，we know the beauty of country music better. S6：I think so. We can also understand why Sarah likes country music so much. ）

教学片段三：

T：But this time，I want you to think about this question，is it only the country music song that changed her life?

Ss：No.

T：*This time，imagine you are Sarah，and what has really changed your life?*（评价技能）

S1：*At that time，she was studying abroad in England. Maybe she was lonely and missed her family.*（有效回答）

T：Yeah，when people were alone，they may change their minds. It is the loneliness and homesickness that changed her life. Any more?

S2：*I think she has mentioned that she can't realize how much she actually missed her family. And the country music song makes her realize how much she has missed her friends, family. Maybe the words in the song make her realize her homesickness.*（有效回答）

T：Yeah, you mean the words in the song make her realize how much she actually missed her friends and family. All in all, it is still her love that changed her life. Good, I like your explanation.

......

S6：*I think there is another reason. Because she became older. When she was a teenager, she couldn't realize her feeling for her family and friends, but when she became older, she became more understanding.*（有效回答）

T：Very different view. Maybe the age is an important reason.

该教学片段选自该节阅读课的读后环节——主题提升。在此环节，学生基本掌握了文本信息内容，并且有了一定的理解和判断，于是教师在首个问题"This time, imagine you are Sarah, what has really changed your life?"后，引导学生思考是什么真正改变了 Sarah 的生活。通过学生的回答发现，学生能够在理解故事要素的基础上，从个人经验出发，发表观点与看法（She was studying abroad in England. Maybe she was lonely and missed her family.）。同样，就这一问题，教师追问了多名学生，让多名学生表达自己的观点与看法。该教师的追问和后续引导，使得学生不仅能够勇于表达自己的观点，激发他们思考的积极性，同时也使得学生关注文本内容，使自己的观点能够有据可循。

教学片段四：

T：According to the writer, what kind of things are free in our life?

S2：Laughter, friends, family, the beauty of nature and the countryside.

T：Right. These things are free. Let's pay attention to the word "free". *How to understand it?*（分析技能）

Ss：*Silent.*（无效回答）

T：*Do we need to pay money for them?*（意义协商）

Ss：*No.*（有效回答）

T：Yeah，we don't need to pay for them，so they are free. But guys，*on the contrary，can we use money to buy these things?*（推理技能）

Ss：*No.*（有效回答）

T：Great. *Can you give me an example?*（推理技能）

S3：*En…，you can't buy a true friend with money.*（有效回答）

T：Yeah，even though they are free，they are still priceless. We can't use money to buy them. They are free，but they are the best. *And can you tell me some other things that are free in our life?*（评价技能）

S4：*The air is free. We don't need to pay for them，but we can't live without it.*（有效回答）

该教学片段选自该节阅读课的读中环节——细读第二段。教师在首个问题"According to the writer, what kind of things are free in our life?"后，追问单词 free 的含义，但出现了无学生回答的情况。于是教师降低思维层次，采用意义协商的形式，与学生确认 free 的含义，通过这种方式学生明白了 free 的含义。继而教师通过反向思维方式来追问学生是否能用金钱买到某些事物，并且要求学生给出例子进行解释说明，使得学生对这个话题有了更深的理解（You can't buy a true friend with money.）。在此之后，教师继续追问在我们生活中是否有此类事物，通过思考这一问题，学生对生活中这些免费但又珍贵的事物产生了感恩之心（The air is free. We don't need to pay for them，but we can't live without it.）。教师的连续追问，不仅使学生思维能力得到培养，同时也使学生的心灵受到了触动，要珍惜我们所拥有的一切。

（二）有效实施追问的建议

1. 增强追问意识，关注追问效度，促进积极思考

学生回答水平与教师提问水平紧密相关，教师问题的引导会决定学生进入何种思考状态。学生存在思维定式，而且思维容易浮于表层，因此教师更应该帮助学生学会由表及里、由浅入深地去思考、去发现。教师要增强追问

意识,切实利用追问这一策略,调动学生思考的积极性。

2.注重追问类型,优化追问策略,提升思维层次

教师应当对学生保持充分的信心,相信学生的思维不会只停留在简单识别文本信息的层次上,要引导学生分析信息、思考判断。此外,教师应当识别追问与首个问题、学生回答之间的联系,帮助学生找寻信息之间的联系,形成信息链,由此学生不仅能够掌握文本内容,更能够深入思考故事的发展过程、理解文章主旨的内涵,更能在此基础上对自身的行为进行思考和改正。最后,教师应当在学生思考出现困难时,适当地为其提供思维框架,给足学生思考的时间,引导学生朝着更深入的方向思考。因此,教师应优化追问策略,合理追问不同类型的问题,在恰当的时机引导学生进入更高的思维层次。

3.更换追问对象,鼓励多样回答,活跃课堂气氛

为了使学生们更多地参与课堂,教师应追问多名学生,让不同的学生都有机会表达自己的想法,而不只是作为一个聆听者。在多名学生表达之后,能得到更多令人惊喜的观点,体现了英语课堂的开放性和生成性。

第四节　指向批判性思维培养的思维可视

思维可视化也常常被称为"让思维看得见（making thinking visible）"。可视化工具是指应用图像、线条、关键词或图表等视觉手段来表征知识，将知识以图解的方式表现出来，直接刺激人的感官，是促进个体和群体的知识传播和创新的媒介工具（徐晨红、蔡亚萍，2010）。可视化工具通过一系列模式化的思维程序和问题序列把思维的过程呈现出来，对思维进行关注、命名和运用。问题序列是指一系列有关联的呈现思维过程的问题组合，一般由两个或两个以上的问题形成思维的路径，并提炼问题中的关键词或关键词的首字母来命名问题序列，如问题序列 OREO 或"opinion－reason/evidence－opinion""see－think－wonder"和"connect－extend－challenge"等（郑鸿颖，2019）。

一、可视化工具的分类

常见的可视化工具有概念图（concept maps）、思维导图（mind maps）和思维地图（thinking maps），主要由八种基本框架构成，包括圆圈图（circle map）、气泡图（bubble map）、双气泡图（double bubble map）、树状图（tree map）、括号图（brace map）、流程图（flow map）、复流程图（multi-flow map）、桥状图（bridge map）（邢文骏，2019）。

概念图通常将某一主题的有关概念置于圆圈或方框之中，然后用线将相关的概念和命题连接起来，并标明两个概念之间的意义关系。概念图包括概念（concepts）、命题（propositions）、交叉连接（cross-links）和层级结构（hierarchical frameworks）这四个基本要素（徐德均、钟志华，2015）。

思维导图有四个特点：（1）中央图像是注意的焦点；（2）主题作为分支从中央图像向四周放射；（3）每条分支由图像或者相关联想产生的关键词通过曲线连接而成，非关键的信息也可被当作次级分支附在更高一层的分支上；

(4)各分支构成一个彼此连接的节点结构(唐玉婷,2020)。

思维地图是一种利用图形帮助学生学习的语言工具,用来构建知识、提升思维、提高学习能力,能训练思维逻辑和思考方式。

二、使用可视化工具培养学生批判性思维的操作框架

教师可以设计相应的思维程序,通过在课件、板书和学案中呈现这些可视化工具,并且运用到阅读教学的各个环节中,以达成批判性思维培养的目的(见图3-4)。

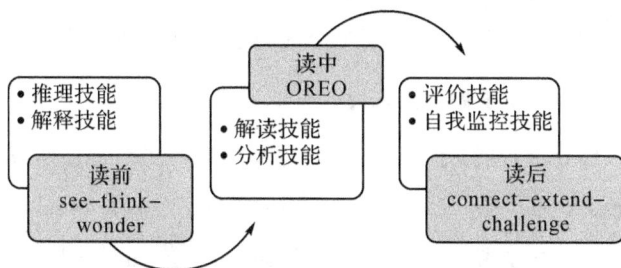

图 3-4 使用可视化工具培养批判性思维的操作框架

读前采用"see—think—wonder"的思维程序帮助学生通过观察进行思考。see 给学生提供仔细观察的机会,think 让学生阐述看见的内容,wonder 确保学生在观察和思考之后有机会质疑。教师可以在课程导入时使用该程序,帮助学生实现从认识到阐述再到质疑的思维过程。读前的思维导图设计可以有效地拓宽学生的知识储备,培养学生的推理和解释技能,也可为新课的阅读教学做好铺垫。

在读中环节,教师可以引导学生通过图形和文字相结合的方式,对信息进行加工和处理,形成概念图或思维地图,帮助学生将知识结构化和思维可视化,从整体上认识和把握文本,运用"opinion—reason"开展分析,通过"opinion—reason/evidence—opinion"推理、归纳得出结论。

在读后教学活动中,教师可以使用"connect—extend—challenge"思维程序,即"联系—拓展—挑战",引导学生在把握文本主旨的基础上,联系以前的生活经验和经历,拓展思考范围,使用思维导图多角度、多方位、深层次地分

析和评价作者的观点和写作意图,或对人物进行判断和分析,形成自己的结论,从而培养学生的批判性思维。

三、使用可视化工具培养学生批判性思维的策略

(一)读前"see－think－wonder",培养学生的解释、推理技能

教师可以充分利用思维导图简单、直观、形象的特点,尝试把气泡图、树状图、流程图、括号图等常见的思维导图形式用在读前教学中,并使用"see－think－wonder"的思维程序帮助学生通过观察进行思考,不仅会提高课堂的效率,同时还能从多角度、多层次发展学生的批判性思维能力。

1.合理开展预测,培养推理技能

课前导入部分,通过引导学生开展合理预测进入文本话题,培养推理技能。

如在教授 *Go for it*! 七下 Unit 3 How do you get to school? Section B Reading 前,教师开展了课堂即兴小调查:How do you get to school? Is it easy for you to get to school? 大多数同学都认为自己到学校是比较容易的,只有小部分的同学认为自己到学校是比较艰难的。这为读后问题"After you read Liangling's story, do you still think it's difficult for you to get to school?"埋下了伏笔。通过这样的问题设计,学生能辩证性思考问题,培养了批判性思维。接下来的预测活动通过两个问题来体现:What can you predict from the title and picture of the passage? What do you want to know from the passage? 学生通过对标题图片的观察展开推理,纷纷提出一些问题,诸如:Who are they? Why do they do this? Where do they live? How do they get to school? (见图 3-5)。

Crossing the River to School

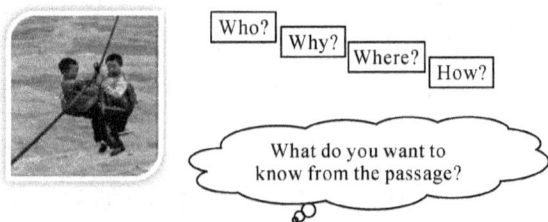

图 3-5　读前气泡图示例

2.激活知识贮备,培养解释技能

通常学生面对比较长的阅读文章会出现望而生畏,一开始就缺乏耐心和兴趣。因此,教师在读前活动就要激发其阅读兴趣,收集和提炼学生已有的知识储备,培养学生对信息进行分析运用的能力。

如在教授 *Go for it*! 九年级 Unit5 What are the shirts made of? Section B Reading 时,教师组织学生进行读前 free talk,提问:What kind of folk or traditional art do you know in our country? 学生在小组内讨论一分钟,形成组内思维导图,再使小组内的思维导图形成班级思维导图。通过信息提炼整合,大家打开了思路,提升了自己的推理技能(见图 3-6)。

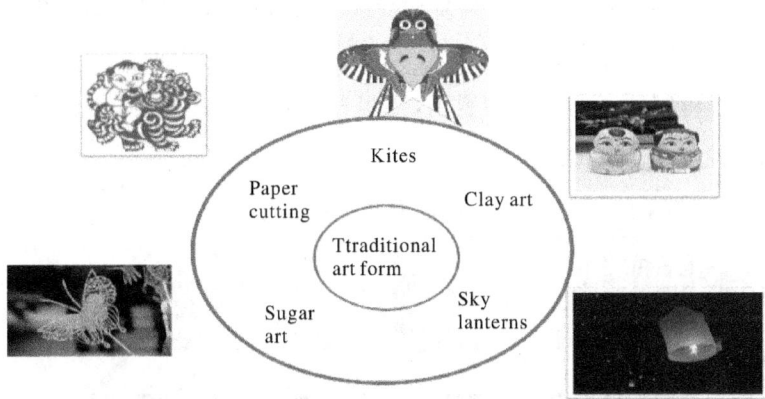

图 3-6　读前圆圈图示例

(二)读中通过问题序列 OREO,培养学生的解读评价技能

在阅读课中,利用可视化工具厘清文本思路、促进文本理解,培养学生的批判性思维。通过问题序列"opinion—reason/evidence—opinion",可以很好地呈现学生的思维过程。

1.梳理文章脉络,培养解读技能

可视化是分布式认知的一种,其原理是利用大脑之外的媒介作为储存记忆的容器。可视化降低了大脑中需要同时处理的信息量,减轻了思考的负担。

在阅读课中,教师引导学生通过思维地图梳理文章的脉络和框架,帮助他们更好地把握篇章结构,训练概括能力。通过运用思维地图,学生能体会到何种思维能力有助于促进其学习能力提升，并据此改进自己的学习方法。思维地图借助图像、文字等直观、形象的视觉信息，以简单的逻辑关系展现阅读文本特有的文本特征、行文思路，将看似零散的信息用一定的逻辑关系进行梳理，有利于提升学生的解读技能。

如 *Go for it*！九年级 Unit 9 I like music that I can dence to. Section B Reading 文本第二段描述了《二泉映月》创作人阿炳的苦难一生。为了让学生更好地梳理文本脉络，教师提问：From the details, can you find out the writing order of this paragraph? 通过观察和思考，学生归纳出第二段围绕"时间"和"事件"两个要素展开，师生配合完成了文本脉络的鱼骨图（见图3-7）。鱼骨图清晰地展示了信息的分类和整合，能更好地帮助学生分析和归纳。在图文结合的提示下，学生回顾了阿炳的一生，继而以小组为单位，协作完成该段内容的复述操练和展示，既提升了思维的逻辑性，也培养了学生的团队精神和合作意识。

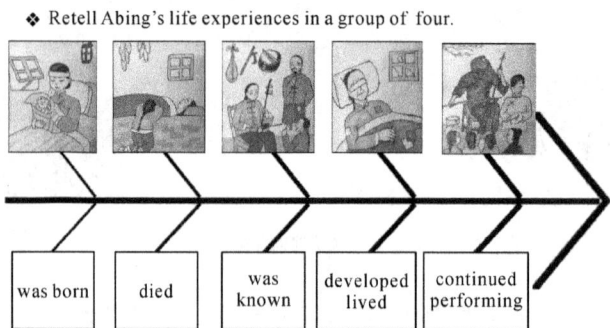

图 3-7　读中鱼骨图示例

2.借助关键信息，培养分析技能

概念图能帮助学生在读中借助语篇关键信息，深层解读文本内容，从而帮助学生结合自己的理解进行归纳和判断，提升批判性思维。

如在教授 *Go for it*！九年级 Unit 6 When was it invented? Section A Reading 时，要求学生仔细阅读第一段后完成概念图。学生通过阅读梳理了关键信息 who，when，how，what，即谁发现了茶、什么时候发现、如何发现，以及茶的色香味特征等信息。紧接着，教师提问"After reading the story, what do you think of Shennong?"引导学生基于自身阅读体验，评价人物与事件。学生给出的典型答案是:a lucky man, a brave man, a great man 等,且能给出文中细节,进行合理论证。这个过程中使用了问题序列"opinion－reason/evidence－opinion"。随后教师继续追问:Can you put an adjective in the blank in the title? A/An… invention。这是一个开放式的问题,学生根据自己的理解给出了不同答案,教师给予了肯定并鼓励其大胆阐述原因。随后教师提问:Did Shennong know that he was going to discover tea? 在学生给出否定的回答后,教师引导学生总结本段的核心概念:It is an… invention. 在学生充分发表意见后,教师给出参考答案 accident 与 accidental,由此学生对生词 accidental 的理解更加深刻。师生间的互动、交流、探讨层层递进,可促进学生的分析等批判性思维认知技能提升(见图 3-8)。

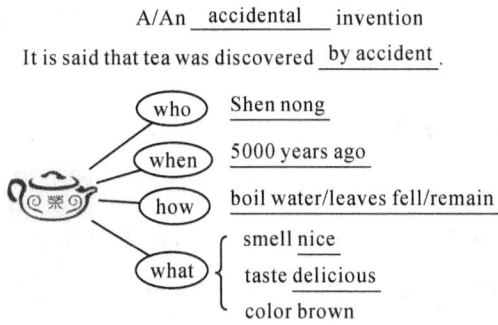

A/An ___accidental___ invention
It is said that tea was discovered ___by accident___.

- who — Shen nong
- when — 5000 years ago
- how — boil water/leaves fell/remain
- what — smell nice / taste delicious / color brown

图 3-8 读中括号图示例

(三)读后"connect－extend－challenge",培养学生的评价和自我监控技能

1.读后引发思考,培养评价技能

在英语阅读的读后活动中运用思维导图,引导学生在把握文本主旨的基础上,多角度、多方位、深层次地分析和评价作者的观点和写作意图,使用"connect－extend－challenge"的思维序列形成自己的结论,从而培养学生的批判性思维。

如在教授 *Go for it*! 八下 Unit 8 Have you read Treature Island yet? Section B Reading 时,学生通过阅读对文本有了具体了解,教师随后给出两个问题引发学生思考:How did the country music song change Sarah's life?

What does the writer want to tell us by telling Sarah's story? 并通过流程图（见图 3-9）直观呈现 Sarah 前后变化的过程。学生的回答极好地体现了他们的批判性思维，有的说："You'll never know what will happen unless you try to make it happen."（学生进行了知识的迁移，她想到了第六单元愚公移山的精神）；有的说："Don't give up. Something may happen in your life."（同样是出乎大家意料的回答）。

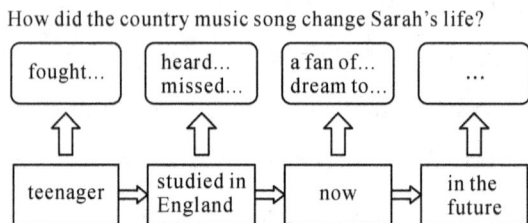

How did the country music song change Sarah's life?

```
┌──────────┐   ┌──────────┐   ┌──────────┐   ┌──────────┐
│ fought...│   │ heard... │   │a fan of..│   │   ...    │
│          │   │ missed...│   │dream to..│   │          │
└──────────┘   └──────────┘   └──────────┘   └──────────┘
     ⬆              ⬆              ⬆              ⬆
┌──────────┐   ┌──────────┐   ┌──────────┐   ┌──────────┐
│ teenager │⇒ │studied in│⇒ │   now    │⇒ │ in the   │
│          │   │ England  │   │          │   │ future   │
└──────────┘   └──────────┘   └──────────┘   └──────────┘
```

图 3-9 读后流程图示例

2. 开展迁移运用，合理自我评价

在读后活动中，教师常组织学生对文章的话题展开讨论，或结合自己的生活体验谈论自己的想法。学生口语表达后，可借助师生合作制成的思维地图，开展自评或同伴间的互评；随后，教师进行再评。完善的评价体系有助于提升学生自我监控能力的发展。

如在教授 *Go for it*！八上 Unit 1 Where did you go on vacation? Section B 2a－2e 时，学生完成阅读任务后，教师提出问题：If Jane went to Penang Hill again on a sunny day, what would happen? 学生小组讨论，如果 Jane 在天气晴朗的时候再去槟城山，会发生什么？根据原文结构和内容，师生合作完成一张读后树状图（见图 3-10），图中包含了以下四方面的内容：是否谈论到了在槟城山上的活动，是否表达了旅行结束后的感受，语篇输出是否准确运用了过去式，表达逻辑是否清晰。教师引导学生根据这几个维度组织语言，完成口头语言篇章输出。

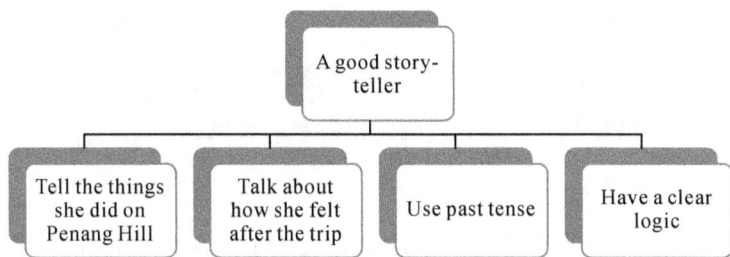

图 3-10 读后树状图示例

四、使用可视化工具的注意要点

研究发现,教师在阅读教学中使用可视化工具对学生的帮助很大,其成效主要体现在以下三个方面。

(一)提高语言水平

语言水平和思维水平是相辅相成的两个能力。教师在阅读教学中使用可视化工具,以思维来促进学生学习,引导学生运用语言来阅读和写作,最终达到了提升学生语言学习能力和语言使用能力的目的。

(二)培养思维习惯

培养批判性思维的教学方式,对学生的英语文本阅读提出了更高的要求。它不提倡教师仅仅灌输知识,而是要求学生在学习过程中,运用批判性思维提炼出真实的观点和看法。同时,在比较鉴别中学会甄选自己的观点,从而形成良好的思维习惯。

(三)形成创新意识

只有在对已有信息进行深度思考的基础上,创新才会出现。批判性思维打破了原本英语阅读教学中的传统概念和思想禁锢,以及传统的英语文本阅读授课方式,鼓励学生以大胆怀疑的态度去进行思考和评判,并在实践中不断地探索和完善,不屈服于权威,不囿于成见,从而逐步形成独立的且具有创新性的良好思维方式和意识习惯。

但是,在使用可视化工具培养学生批判性思维的实践中,教师还需注意以下两点。

1. 目标的适切性

使用可视化工具需要考虑到学生的学情和思维能力，设定学生可以达到的目标，切不可以难度过高以致影响学生参与的积极性。

2. 问题的开放性

教师应设计开放性问题，鼓励学生在自主讨论的氛围里，积极地进行逻辑思考以形成自己的观点和主张，并寻找支持自己观点和主张的有力证据，最终组织语言进行自我表达，锻炼批判性思维能力。

第四章

变式突破：不同课型中的批判性思维培养

在第二章中,本书介绍了初中英语教学中基于的批判性思维培养三阶段三要素范式。但是,针对不同的课型特点,批判性思维培养要遵循不同的规律,实践不同的路径。本章将着重分析阅读、听说、语法和写作四大课型的特点,介绍初中英语批判性思维培养的不同范式。

第一节 阅读教学中的批判性思维培养

语篇是重中之重，所有的语言教学应该围绕语篇来进行。语言教学的任务之一就是帮助学习者认识到词汇、语法等语言要素是如何相互联系、共同组织和建构语篇的（教育部，2018）。教材中不同体裁的文章从不同角度运用了批判性思维的相关知识，比如概念判断、演绎推理、归纳推理、溯因推理、类比推理等，因此这些文章便是学习批判性思维的好材料，教师需根据不同体裁的特征进行文本解读，在阅读教学中教授批判性思维的相关知识。在初中阶段，教材中常出现的文章体裁为记叙文、应用文和说明文，诗歌和剧本也是教材中偶尔会出现的体裁。

一、记叙文体裁语篇中的批判性思维培养

（一）文体特点

记叙文就是讲故事，可以是真实的也可以是虚构的，具有典型的模式：开头—中间—结尾，涉及故事的开始、情节的发展、高潮，以及结局。记叙文包括六个环节：（1）点题（abstract），叙事者在叙述故事之前对故事所作的简要概括；（2）指向（orientation），叙事者对故事发生的时间、地点、人物及有关背景的交代；（3）进展（complicating action），故事本身发生的原委和事态的发展；（4）评议（evaluation），叙事者就故事的情节、人物、事件等方面所发表的评论，评议既可表明叙事者的态度和立场，也可用来制造悬念，增强故事的感染力；（5）结局（result or resolution），包括各种冲突的结果、人物下场等；（6）尾声（coda），记叙文的末尾常用一两句话来总结故事的寓意或教训。值得注意的是，并非所有的故事都严格遵守这一叙述模式，有些环节是必要的，如（2）、（3）和（5），有些则是选择性的，如（1）、（4）和（6）（吴显友、刘士川，2009）。

(二)逻辑特征

记叙文是写人叙事的文章,其六要素包括时间、地点、人物、事件的起因、经过和结果。事件发生发展一般按照时间顺序来描述,有时也会用空间顺序,初中英语教材中的大多数记叙文都是按照时间顺序叙述的。文本也会形成内在的逻辑顺序,如人物、时间、地点、事件等明线,也可能使用情感等暗线。在梳理文本时,教师不仅要分析学生比较容易发现的明线,也需要帮助学生找到他们不易掌握的暗线,以更好地理解文本,提升思维能力。

(三)教学策略

以 *Go for it*！八下 Unit 8 Have you read Treasure Island yet? 中的阅读文章为例阐述相关的教学策略。

1.多维入手,激活背景知识

读前的预测是图式理论比较推崇的做法,既能激发读者的兴趣,调动阅读的内驱力,又能激活已有背景知识,为后续阅读做些铺垫。有效激活背景知识,不仅需要教师结合实际教学内容挑选和学生相关的背景知识,也需要教师从多维入手,如视频、音频、图片、个人故事、时事、游戏等。

教学片段一:

在本课的导入环节,教师先用了一段海难的声音让学生去预测,再通过如下问题引导学生:Listen and guess what happened? What problems will they have to face? What can they do?

这一环节,教师先从声音入手,给了学生很大的想象空间。在学生猜出海难的基础上,进一步引导学生去思考由海难带来的问题和可行的解决办法。这样的活动设计没有停留在表面的预测,而是用问题链一步步深挖,帮助学生构建一个较为完整的图式,也为后面阅读验证做铺垫。这样的方式也营造出了较好的学习环境,学生可以自由表达想法,打开了思路,也让其对后续内容产生兴趣。

2.厘清脉络,深耕阅读文本

教师训练学生具体的思维微技能,在深耕阅读文本阶段聚焦学生批判性思维的培养。学生解读阅读文本的步骤和教师类似,首先要厘清文本脉络,开展分析文本人物、情节、行文逻辑，比较故事前后差异，概括段落大意等学习活动。

教学片段二：

提问段落大意是常用的、比较有效的训练学生概括能力的方法。对于学生的各种各样的答案，教师要合理引导，尤其要培养学生抓关键信息，甚至关键词的能力。教师首先提问 What's the main idea of each paragraph? 在学生自由表达之后，教师再给出提示：Paragraph 1 is about saving _____ , and paragraph 2 is about saving _____ . (himself；Friday)。教师最终引导学生高度提炼大意。

教学片段三：

出于体裁和写作目的等考虑，阅读文本会根据某一逻辑顺序串联起整篇文章。学生抓住这一逻辑就能摸清整个行文脉络。而要做到这点，学生需要提纲挈领地分析语句之间、段落之间的关系。这篇记叙文时间线索很清晰（When I first arrived on the island⋯ , a few weeks later 等），所以学生较为容易看出时间顺序。在此基础上，教师给出图片，让学生按时间顺序看图复述文章，强化对文章脉络的把握。

教学片段四：

在厘清文章大意和顺序之后，教师提出了一个要求学生跳出文本来看的问题：What is different between Paragraph 1 and 2? 引导学生比较第一、第二段之间的不同点。学生稍微思考之后，比较顺利得出答案"He is not alone any longer."教师再追问为什么作者要这么安排，引导学生对作者的意图进行判断。其中有一个学生回答："为了凸显朋友、情感的重要性。"这为后文分析鲁滨逊的生存需求做了很好的铺垫。

教学片段五：

教师通过提问"What does Robinson need to survive?"设计了一个两层归纳问题，正好和马斯洛的需求理论联系在一起。要求学生回顾总结鲁滨逊到底需要哪些东西才能生存，引导学生从第一层"食物房子—刀枪工具—朋友—梦想"，再抽象到第二层"生理需求—安全需求—社会需求—自我实现"。

3.聚焦主题,培养思辨能力

教师引导学生在读中对文体进行判断、对观点态度进行辨析、对语言开展鉴赏、对言外之意做推理等,提升他们的思辨能力。

教学片段六:

T：What kind of passage is it? How do you know?（判断）

在初中阶段,教师要引导学生关注不同体裁的特征,对文章体裁进行判断。这里主要是考查学生能否发现文本是用第一人称来写,并在此基础之上追问,为什么要用第一人称来写。有学生提及第一人称叙述增加了故事的可信度,让人感觉这似乎是一个真实的冒险故事。当然,也可以允许学生来质疑,鲁滨逊到底是不是一个真实的故事,甚至可以让学生课后去搜集各自的证据,自己来解疑。

教学片段七:

T：What's the similarity and difference between the two versions?（辨异）

Version 1：A few weeks ago, I found the marks of another man' s feet on the sand. Who else is on my island? How long have they been here?

Version 2：One day, I was completely surprised with the marks of a man's foot. I stood like one thunderstruck. I listened, I looked around me, but I could hear nothing, nor see anything. I don't know how it came here, nor could I imagine. But after all kinds of thoughts，like a man perfectly lost and out of control，I came home, not feeling, but scared to death.

对于改写文本,比较两种版本之间的异同可以较好地引发学生的思考。对课文里的这段话,教师找到了原版小说对应的部分,要求学生细读两段,比较之间的异同点。虽然初中生读全本的原版小说的难度较大,但精彩的部分还是值得一试。也只有这样的对比才能引发学生思考原版小说语言的魅力。有的学生表达了对原版片段的喜爱,认为其描述得更为详细,尤其是当鲁滨逊被吓到时六神无主的状态描写,让人感同身受;有同学表示喜欢"scared to death"的表达;也有同学表扬了改写版本,觉得用短短两个问句已经能够让读者看出鲁滨逊的心情。只要学生有理有据地去思考去表达,教师的目的就达到了。

教学片段八：

T："Although I have lost everything, I have not lost my life. So I will not give up and I will wait for another ship." From this sentence, what do you think of Robinson?（评价）

T：What personalities helped him to survive? What do you think of him? Find supporting details from the passage.（评价）

两次要求学生对人物进行评价。第一次较为简单，学生读一句话，并评价人物性格，为后面学生自主开展评价做示范。学生的回答各异：很多学生说鲁滨逊善良，救下了星期五；有的学生说他勇敢，敢于直面食人族；也有的学生说他很聪明，能利用工具在荒岛上生存；还有的学生说他乐观，在面对绝境时仍不放弃……他们的思维火花在这一刻被激发出来。

4.以生为本，开展学习评价

在日常阅读教学中，评价环节经常被忽略或轻视。教师对学生的评价、学生的自评和互评应该设置在多个教学环节之中，贯穿整个课堂，以检测学生是否达到预期目标。教师要引导学生评价阶段学习成果，创造性地应用所学内容。经过这样的反思和再创造，学生能够达到运用新知识解决问题的目标，并且在这一过程中培养批判性思维和创造性思维。

教师可以通过思维导图、短文填空等方式引导学生自查自评；通过追问，引导学生反思；也可以通过评价量表让学生进行自评和互评。

教学片段九：

T：Let's make an ending! A happy ending? A sad one? A funny one? Or…?

课文选段只停留在了鲁滨逊和星期五开始一起生活的部分，给后续故事发展留下了空白，学生可以充分开展想象。教师指导学生思考结局，学生可以参照原文的时间顺序、时态应用和情感表达进行模仿输出，教师也可以通过评价量表来引导学生自评和互评。

二、应用文体裁语篇中的批判性思维培养

（一）文体特点

应用文是人们在生活、学习、工作中为处理实际事务而形成的一种体裁，有着实用性的特点，一般都是非连续性文本，是初中英语教材中常见的文体，包括日记、私人信件、简历、宣传册、问卷、通知、广告、邀请函、失物招领等形式。应用文在开头、结尾以及文内衔接过渡时都会运用到大量的程式化语言。程式化语言结构或预制结构数量之大，几乎占据了整个语篇。

（二）逻辑特征

一般来说，应用文具有以下特征：标题醒目、重点突出、结构鲜明、语句精练、内容实用。阅读此类文本，学生需要搜寻、定位、筛查、分析、概括、归纳等相关阅读技能和思维能力。

（三）教学策略

在常规的阅读教学策略外，为了更好地培养学生的批判性思维能力，要结合应用文的特点，实施一定的教学策略。

1.读前预测文本，培养推理技能

应用文的标题往往比较直接，而且为了更好地说明问题会经常使用配图。教师可以根据标题和图片信息对文本进行预测，帮助学生迅速把握文本主旨。

以 *Go for it*！七上 Unit 7 How much are these socks? Section B 2a－2c 阅读课为例，教师初次呈现文本，要求学生带着问题"What kind of passage is it?"阅读全文。根据文中语言风格，学生一回答：Maybe it is a notice. 学生二回答：It is an ad. 教师追问：How do you know? 学生继续回答：Because the first two sentences and the last sentence of the passage tell us that it wants people to come to the store and buy clothes. Also, from the picture we can see it's about a store and everything is on sale. That's why I think it is an ad.

对于七年级学生来说，这是他们首次碰到广告形式的应用文，可能有一些陌生。通过读前看图预测、读中阅读标题和首句，学生可以分析、推理出文

本的写作目的，从而进一步概括出文本体裁，培养了学生批判性思维认知技能的推理技能。

2.读中分析文本，提升解读分析技能

(1)把握文本主旨大意，培养分析技能。应用文阅读中学生学会把握主旨大意也很关键，尤其随着八年级下册阅读文本篇幅加长、难度加深，如何快速准确把握文本主旨大意显得更为重要。教师应指导学生使用阅读策略，通过快速阅读首句或中心句了解中心思想。

Go for it！八下 Unit 3 Could you please clean your room? Section B 2a—2c阅读课文本是两封信，两位家长分别向杂志社投稿，对孩子是否要做家务这个问题提出自己的看法。在读中活动中，教师呈现书上 2b 的指令语：The Sunday Mail magazine invited parents to write about whether young people should do chores at home. Skim the following letters. 请学生阅读文本，并提问：Who are the following letters from? What are their opinions? 学生阅读文本后，根据信件的格式，快速找出信件的作者分别为 Ms. Miller 和 Mr. Smith，随后根据 skimming 阅读策略，通过阅读每一段落的第一句话迅速知晓了作者的观点。有学生回答：Ms. Miller thinks that kids shouldn't do chores at home. Mr. Smith thinks that it is important for children to learn how to do chores and help their parents with housework.

在这种表示观点的书信中，学生通常可以采用 skimming 的方式快读浏览全文，并仔细阅读每一段落的首句，快速了解文本的主旨大意和作者的写作意图。虽然没有明确表达 I agree 或者 I disagree 的句子，但是学生可以通过阅读首句，运用批判性思维，分析、推理、概括出作者的观点。

(2)总结功能性语言，提升解读技能。在完成了应用文读中活动后，学生已经对文本表层信息有了一定程度的把握，此时教师需要引导学生对应用文的功能性语言进行总结，即如何提出邀请，礼貌接受，或者委婉拒绝，通过严密地分析、对比、推理、解释，归纳出这类文本的功能性语言，提升批判性思维能力。

以 *Go for it*！八上 Unit 9 Can you come to my party? Section B 2a—2e 阅读课为例，文本为"邀请函"，邀请函和回信中的提问和回答一一对应，邀请函中有所问，回信中即有所答。因此，在学生完成文本各段的阅读后，教师再次呈现全部文本，引导学生再次审视，通过提问"Is there any connection between the invitation and the replies?"引导学生关注邀请函中的问题，并思考回信中的答复。随后继续提问：How do we accept an invitation？请学生归纳接受邀请的功能性语言，教师在板书上梳理基本句型和格式。随后，教师用同样的方法处理拒绝邀请的文本。最后通过问题"How do we turn down the invitation politely?"引导学生思考分析后回答：We should say "thank you" to the person who plans the party. And we could still help out with the party preparations.

（3）领会文本大意，推断写作意图。推断是根据事实或前提进行推理、判断事实的因果关系的心智活动（夏谷鸣，2017）。推断活动要求学生在深刻领会文本大意后通过批判性思维得出结论。

Go for it！七上 Unit 3 Is this your pencil? Section B 2a－2e 的阅读文本为四则公告栏启事，其中两则启事中明确标明了"Lost"或"Found"，但是还有两则启事需要学生自行判断。初读文本后，学生已经圈出丢失的物品，了解了文本主旨大意。随后，教师引导学生再次阅读文本，提出问题：There are four notices. Are they Lost or Found? 学生开始认真阅读，并思考失物招领和寻物启事的内容、格式、特点等，分析、归纳、概括出这些要素，并进行判断，学生课堂上的回答如下。

S1：If it mentions the place where people found the item, then it is a Found.

S2：In a Lost，a person may be very worried. So he may say something like I *must find it*.

学生通过分析和对比，提高了推断技能。

3. **读后迁移运用，发展评价技能**

（1）联系实际情况，运用目标语言。在读后活动中教师创设情境，引导学生在真实情境中使用语言。通过读后活动中语篇阅读知识的迁移和延伸，将应用文中习得的信息运用于实际生活中，体现应用文的实用性。

讨论是读后活动常见的形式。讨论活动能够非常好地发展学生思维的灵活性、深刻性、批判性、开放性、创造性。在读后环节中设计学生小组讨论,可培养其合作精神,通过倾听、质疑、评价他人观点,形成自己的观点,促进批判性思维的发展。

以 *Go for it*!七下 Unit 7 It's raining! Section B 2a—2e 阅读课为例。读后活动设计中,教师首先引导学生纵观全文,总结归纳两张明信片的内容,提出问题:What do people usually write on postcards? 学生小组讨论,集思广益。学生先后回答:The weather, what people do, where they are, how they feel. 教师在板书上以思维导图的形式呈现学生的过程性思考。随后,教师布置任务:Imagine you are on vacation with your family. Write a postcard to your friend. 并且给出几个句型模板,请学生思考并准备口头输出。学生根据两张明信片的内容,归纳出相同点,并联系自身生活实际,回忆之前的旅行经历,包括天气、地点、活动以及感受,运用目标语言描述这些要素,口头输出语篇。

(2)读后积极思考,科学互动评价。引导学生读后借助活动评价量表,在同伴间进行互评,随后,教师对其进行再评。完善的评价体系有助于提升学生批判性思维的发展。

以 *Go for it*!八上 Unit 1 Where did you go on vacation? Section B 2a—2e 阅读课为例。学生完成阅读任务后,教师提出问题:If Jane went to Penang Hill again on a sunny day, what would happen? 学生积极思考,头脑风暴,小组讨论 Jane 在晴天再次到访槟城山的经历。教师展示 checklist(读后活动评价量表,见表 4-1)供学生参考。在每个学生进行展示后,教师根据 checklist 引导其他学生对其评价。

表 4-1 读后活动评价

Evaluation content	Stars
Talk about the things they did on Penang Hill.	☆
Talk about how she felt after the trip.	☆
Use past tense.	☆
Have a clear logic and few grammar mistakes.	☆
Total	＿＿＿＿☆

三、说明文体裁语篇中的批判性思维培养

(一)文体特点

说明文是一种以说明为主要表达方式的文章体裁。对客观事物做出说明或对抽象事理进行阐释，使人们对事物的形态、构造、性质、种类、成因、功能、关系或对事理的概念、特点、来源、演变、异同等能有科学的认识。说明文的中心鲜明突出，文章具有科学性、条理性，语言确切生动。它通过揭示概念来说明事物特征、本质及其规律。说明文实用性很强，它包括说明书、提要、提示、规则、章程、解说词等。

(二)逻辑特征

一般来说，说明文常常按时间、空间或逻辑顺序展开。有的是以时间为序，有的是以空间为序；有的由现象写到本质，有的由主写到次；有的按工艺流程顺序来说明，有的按事物的性质、功用、原理等顺序来说明。常用的写作手法有举例子、列数字、打比方、做比较、下定义、分类别、做解释、列图表、摹样貌和引言论等。

(三)教学策略

以 *Go for it*！八上 Unit 7 Will people have robots? 中的阅读文章为例阐述相关的教学策略。

1.绘制思维导图，培养学生的分析归纳能力

引导学生绘制思维导图，可帮助学生分析语篇信息，概括段落大意，厘清文章的观点和思路，更直观地了解语篇结构，找出文本内在的逻辑关系。可视化的思维过程也能够帮助学生形成严密的思维。

教学片断一：

教师先让学生快速阅读语篇，找出关键词，匹配段落大意。第一段匹配：What are robots like in movies? 第二段匹配：What can robots do today? 第三段匹配：Will robots think like humans in the future? 第四段匹配：What will robots be like in the future? 然后分析文章讲述了机器人哪些方面，绘制

思维导图。

在此教学过程中,学生根据自己的理解绘制不同的思维导图。有的根据机器人现在和未来的形态和能力画图,也有的学生以各段主旨大意为依据画思维导图,再添加细节内容展开。学生在此过程中对语篇结构有自己的分析思考和归纳,并且能对自己所画思维导图进行阐释。

2.设计思辨性问题,培养学生的质疑评价能力

教师要善于提出从理解到应用、从分析到评价等有层次的问题,引导学生的思维从低阶到高阶稳步发展;同时教师要启发学生积极参与针对语篇内容和形式的讨论与反思,鼓励学生围绕有争议的话题有理有据地表达个人的情感与观点(教育部,2018)。思辨性问题能调动学生思维的积极性,引发学生较高层次的思维活动,使他们逐步形成严密的逻辑思维,通过解释、分析、评价、推断等思维活动做出有理有据的判断,以达成对文本的深刻解读和理解,构建个性化的文本意义,从而提高批判性思维能力。

教学片断二:

在本课中,教师巧妙设计了一系列思辨性问题。

Q1:Why do people invent robots?

Q2:We have lots of reasons to invent robots. But are there any disadvantages?

Q3:Since robots can do a lot for us now, do you think robots will think like humans in the future?

Q4:Should people invent robots that can think like humans?

教师问题设计和学生的回答样例如图 4-1 所示。

以上四个思辨性问题,环环相扣,层层深入,对学生的思维要求逐步提高,Q1 让学生就为什么发明机器人这个话题自由表达分享自己的想法,引发学生的兴趣和思考。学生谈及发明机器人的诸多益处,此时教师进行引导,提出 Q2,引导学生辩证地看待问题。Q3 是基于文本的提问,部分学生认为目前机器人的功能日益强大,随着 AI 技术的不断发展,一切皆有可能。部分学生则持相反观点,认为人脑构造太过复杂,而机器人只是由没有感情的金属

| Q1：人们为什么要发明机器人？ | ⇨ | 让生活更加便捷、更有乐趣，节省人力成本，探索更多的可能性…… |

⇩

| Q2：发明机器人只有好处没有弊端吗？ | 正方：服务人类，改善生活…… |
| | 反方：过于依赖机器人，更加懒惰，交流减少…… |

⇩

| Q3：未来机器能否像人类一样思考？ | 正方：AI技术不断发展，功能强大，一切皆有可能…… |
| | 反方：构造复杂，没有生命的物体无法思考…… |

⇩

| Q4：我们是否应该发明会思考的机器人？ | 正方：更加智能，探索未知…… |
| | 反方：构成威胁，人权问题…… |

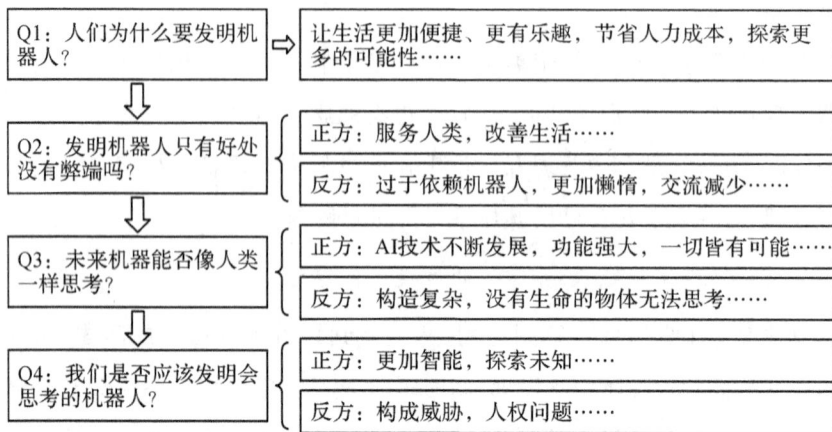

图 4-1 *Go for it*！八上 Unit 7 读中思辨性问题设计

部件和代码的组合，无法进行思考。Q4 基于文本，但又超越文本，要求学生基于前面的认知，进一步探究机器人与人类的关系，属于价值判断、质疑评价层次，它的开放性和启发性给予学生广阔的思考空间。部分学生认为不应该发明会思考的机器人，因为会对我们的生活造成威胁，甚至机器人有可能为了统治人类挑起战争。并且，有思想的机器人是否应该享有和人类一样的权利也是个值得思考的道德层面问题。学生的回答也会引发更多思考，不仅要关注科技发展的力度，同时也不要忽视人文关怀的温度。

批判性思维的本质在于敢于质疑、求证，不盲目接受他人的某个观点，也不武断拒绝他人的某种思想，而是通过正确、客观、合理的途径，求证事物的真假，探寻事物的本质，辩证地看待问题（梅德明、王蔷，2018）。在学习活动中，学生应敢于彼此质疑，或对自己的观点加以说明，对同学的观点进行评价，并给予佐证。这不仅是语言的输出，更是生生间和师生间思维的碰撞，批判性思维就在这种碰撞中悄然发展。

3. 创设情境应用，培养学生的迁移创新能力

英语教学中的读后活动旨在帮助学生反思已学内容，回顾文本内容，深化认知，形成自己的观点并表达思想，进而融合生活，迁移创新，分享观点并引起情感共鸣（教育部，2018）。读后活动作为阅读后的内化延伸环节，既要依据文本特征对语言和内容有指向性，又要根据学生的认知特点，促使其往

更高层次的思维级别发展。

教学片断三:

教师将读后活动设计为小组讨论与展示活动,学生四人一组,根据本节阅读课所学内容,畅谈未来机器人。What will they look like? What will they be able to do? What kind of robot do you want to design?

前两个问题从语用功能呼应了文本第一、第二、第四段内容,学生对这些文本内容进行了模仿迁移,而最后一个问题是对文本内容的延伸。四人小组分工合作,一人负责简笔画机器人,一人分享小组最后想要设计的机器人的长相,一人分享机器人能够做什么,一人汇报为什么要设计这个机器人。学生的答案精彩纷呈,有的小组说要设计一个清除雾霾的机器人,有的要设计一个帮助老人的机器人,问其原因,一名组员解释说因为自己的祖母一个人生活在乡下,但现在年纪大了生活不便,自己又不能陪在身边照料,希望可以设计一个长得像她的可爱机器人,一方面可以帮忙照看祖母的生活起居,另一方面可以陪祖母聊天解闷。

学生基于所获取的机器人知识和信息,对机器人的发展方向和社会功能做出判断,并提出自己的设想。这是课堂小组讨论环节的延伸和巩固,旨在把课堂所学的知识技能和思维技能进行系统整理和延伸。在合作学习的过程中,小组中的成员都是课堂主体,这样的教学方式为培养学生的批判性思维提供了土壤。

第二节 听说教学中的批判性思维培养

一、教材听说版块的特点

人教版教材 *Go for it!* 在各单元 Section A 听说版块中设计了 1a—1c 任务链，并提供主题图展示主题情境，让学生通过听说活动初步感知单元目标语言结构，包括词汇和句型等。在 2a—2d 任务链中，学生可再次感知和丰富目标语言，完成听力活动，并模仿 2d 开展有真实语境的口语输出活动。在初中英语教材中，随着年级的上升，听力材料篇幅越来越长，长对话都在 5—6 个轮次。听力理解题从七年级的听对话排序、写单词等简单的题型，逐步加深到八年级、九年级写出词组或者句子来回答问题等需要理解加工的练习。这样的教材编排有利于教师根据学生的思维发展规律循序渐进尝试开展批判性思维的培养活动。

二、批判性思维目标设定

在听说课中，批判性思维目标序列的设定必须体现三个因素，即学习活动、学习条件和学习标准。

如在 *Go for it!* 八上 Unit 10 If you go to the party, you'll have a great time! Section B 1a—1d 中，教师就设定了这样的批判性思维培养目标（见表 4-2）。

表 4-2 八上 Unit 10 Section B 听说课批判性思维培养目标

学习条件	学习活动	批判性思维技能	批判性思维发展情感倾向
本课时为本单元的第三课时，学生已经初步掌握了讨论结果的语言	利用图片进行猜测，分析可能听到的内容	推理	全面思考问题

学习条件	学习活动	批判性思维技能	批判性思维发展情感倾向
本课时为本单元的第三课时，学生已经初步掌握了讨论结果的语言	根据自己的生活体验，对Michael父母的态度观点进行预测	分析、推理	提供充足理由
	对听力材料话语的语用功能进行分析	解读、分析	深入探讨本源
	根据语用功能创编完善对话	分析	敢于挑战权威、拒绝被动接受
	对Michael是否要加入足球俱乐部提出自己的观点	解释	审慎提出结论
	使用评价量表对学生的对话产出进行自评和互评	评价、自我监控	包容不同观点

三、批判性思维视角下的初中英语听说教学任务设计

教师可以根据教材的特点，充分开展文本解读，并在听说的各个环节设计相应的学习活动，以达成批判性思维培养的目的。听前体验情境，开展合理预测，提供充足理由可以有效地拓宽学生的知识储备，培养学生的分析和推理技能，也为接下来的听力活动做了很好的铺垫。在听中环节，学生通过分步理解，从整体信息到细节信息再到难点的理解，培养了解读和解释技能。教师还可以引导学生对对话进行创编，形成更符合情境和人物性格特征的对话。在听后活动设计中，学生开展真实情境的语言运用，教师可以引导学生在把握对话主旨的基础上，联系以前的生活经验和经历，结合人物话语分析，评价人物的观点。此外，在最后的对话输出环节，教师还可以让学生自己设计评价量表，开展自评、互评，从而培养学生的批判性思维。在这个学习过程中，学生的批判性思维情感倾向也得到了发展（见图4-2）。

解读、解释技能

```
                           ┌──────────────┐
                           │  听中分步理解  │
┌──────────────┐          └──────────────┘          ┌──────────────┐
│ • 合理预测    │          • 听取细节                │ • 拓展思考    │
│ • 理解语境    │          • 处理难点                │ • 互动评价    │
│              │          • 创编对话                │              │
│ 听前体验情境  │                                   │ 听后真实语用  │
└──────────────┘                                   └──────────────┘
```

分析、推理技能   评价、自我监控技能

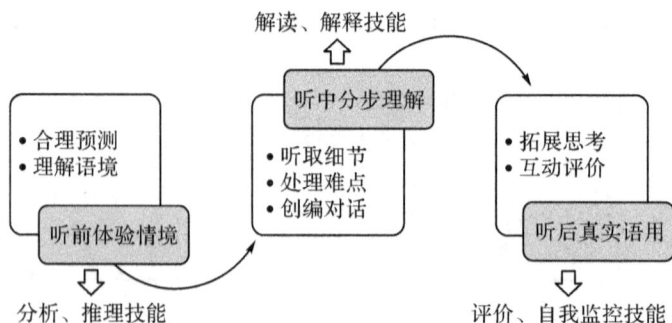

图 4-2　听说教学中批判性思维培养实践框架

四、初中英语听说教学中的批判性思维培养策略

(一)听前体验情境,培养学生的分析和推理技能

在以主题意义为引领的课堂上,教师要通过创设与主题意义密切相关的语境,充分挖掘特定主题所承载的文化信息和发展学生思维品质的关键点(教育部,2018)。教师在听前引导学生体验与主题意义密切相关的语境,可培养他们的分析和推理技能,发展他们的思维品质。

1.合理预测,提供充足理由

不少教材的听前板块往往会有配图,学生可以仔细观察图片,并根据自己的合理预测进行判断,培养批判性思维认知技能。此外,学生看的语言技能也得到了提升。如 *Go for it*！八上 Unit 10 If you go to the party, you'll have a great time. Section B 听说课的第一则对话来自学生 Michael 和足球经纪人,经纪人想方设法让 Michael 加入俱乐部。在听前,学生对这个对话的主题一无所知,教师首先引导学生观察图片,提问：What are the lions? What are they talking about? 有学生推测：It's a soccer team. Maybe they are talking about joining the team. 教师继续追问学生做出推断的理由,学生根据图片背景上的奖杯、照片以及经纪人的工作特点说明自己的理由。

2.理解语境,全面思考问题

主题为语言学习提供范围或语境。学生对主题意义的探究应是学习语

言最重要的内容,直接影响对语篇理解的程度、思维发展的水平和语言学习的成效。在听前学习中,教师要引导学生初步体会语境,理解目标语言使用的真实情境,培养学生全面思考的良好思维习惯。

如 *Go for it*! 七下 Unit 9 Section A 听说课的语言教学目标是介绍人物外貌,本课语境属于"人与自我"中的"认识自我"子主题,同时也涉及了"人与社会"中的"良好的人际关系与社会交往"子主题。教材提供了一张主题图——两个女孩都在地铁站接各自的朋友,而且都不认识对方的朋友,为了辨认自然而然地聊到了他们的外貌。大多数教师在本课时的听前环节都会使用明星照片来进行目标语言的导入,虽然直接明了但是学生无法充分体会描述外貌的目标语言情境。因此,教师在教学本课时直接引导学生观察主题图,并提问:Where are the two girls? Why are they talking about their friends' looks? 在教师的引导下,学生初步感知了描述外貌的目标语言的真实情境,也有助于学生形成全面思考问题的良好思维习惯。

(二)听中分步理解,培养学生的解读和解释技能

在听中活动设计中,教师需使用循序渐进的方法,从听主题大意到捕捉细节信息和判断真伪,引导学生对听力材料进行整体理解、细节理解和难点理解,在听力学习过程中,学生的解读和解释技能也得到了提升。

1. 听取细节,审慎得出结论

Go for it! 各单元 Section A 2d 部分为学生提供了完整的口语示范对话,创设了真实语境的口语活动。它为巩固学生第一课时的学习内容、为后面语法课中学生理解和发现目标语言结构特点和规律提供了更多的语言素材。同时 2d 也是学生练习听力、培养思维品质的良好素材。但 2d 话轮普遍较长,细节信息较多,学生理解起来比较困难。教师需提供有助于学生理解细节的学习活动,帮助他们审慎判断,梳理对话脉络。

如 *Go for it*! 九年级 Unit 12 Life is full of the unexpected. Section A 2d 的对话中,Kevin 向他的朋友 Matt 分享了自己上学迟到的经历。在听力教学时,教师让学生边听边对图片进行排序,借助图片帮助学生梳理故事脉络,随后,教师提问:What kind of experience did Kevin have? 学生的回答让

人惊喜，有的说：Kevin had a terrible experience. 有的说：Kevin had an unexpected experience. 有的学生更是根据 Kevin 的经历得出了结论：He had an awful but lucky experience.

2. 处理难点，深入探讨本源

教材的听力部分常常会有一些难点，学生在听中难以把握，需要教师设计相应的教学活动引导学生运用一定的策略深入理解，探讨本源。

如 *Go for it*！八上 Unit 8 How do you make a banana a milk shake? Section B 听说课的听力材料是两位朋友讨论自己喜欢的乐队，对话比较长，有 6 个话论，涵盖的信息量较大，学生抓捕信息有点困难。为了帮助学生更好理解，在学生通过教材听力活动理解对话大意的基础上，教师引导学生在听中关注 Dave 的提问，并让学生梳理 Alex 的回答。在这个听力难点理解的基础上，教师进一步帮助学生梳理人物话论的推进策略，并引导学生得出结论：We should use proper ways to keep the conversation going. 话轮的推进需要提出问题（questions）、罗列事实（facts）、做出评价（comments），为后面的口语输出环节做好充足的铺垫，在这样的学习过程中，学生的解读和解释技能也得到了提升。

3. 创编对话，敢于挑战权威

擅长运用批判性思维的人更善于保持健康的怀疑精神。他们不像处于认知发展阶段早期的人那样不加批判地相信权威人物的话（法乔恩，2013）。在听中活动中，教师甚至可以让学生根据自己对情境的理解，改编对话，使之更符合真实的语境。这样的创编活动，让学生成为真正的学习者，他们不再"仰视"教材，而是敢于挑战权威。

如 *Go for it*！七下 Unit 6 I'm watching TV! Section B 听说课话题是日常活动，对话都是围绕谈论人物正在做的事情展开的。教材听力文本如下。

A：Lisa?

B：No, this is her sister, Julie.

A：Oh. Is Lisa there?

B：No, she isn't. She's at the library.

A：Oh. Is she reading?

B：Yes, she is.

在听完对话,对对话内容初步了解的基础上,教师引导学生边听边尝试对对话进行创编。按照常理,朋友找 Lisa 通常有事情,因此,通过讨论后,结合对话语境,学生对对话内容进行了延伸。

A：Lisa?

B：No, this is her sister, Julie.

A：Oh. Is Lisa there?

B：No, she isn't. She's at the library.

A：Oh. Is she reading?

B：Yes, she is. Can I take a message for her?

A：Sure. Please tell her to…

(三)听后真实语用,培养学生的评价和自我监控技能

在听后活动设计中,教师通常会设计分角色操练对话等活动巩固目标语言,最后通过设置真实情境,设计有一定开放性的活动让学生进行语言实践,提升语言的流利度。在这个学习过程中,学生思维参与的程度是语言输出活动成败的关键。

1.拓展思考,拒绝被动接受

教师设计相应的活动引发学生对对话或者人物的拓展思考。

如听完 *Go for it*! 九年级 Unit 12 Section A 2d 的对话后,教师引导学生听录音朗读模仿 Matt,随后提问:Why does Matt say something like that? 并分析其语用功能,如 start a conversation, ask for more information, give a response。教师引导学生回顾以前学过的语言:What other sentences can also start a conversation/ask for more information/give a response? 在充分分析了语用功能的基础上,教师引导学生关注人物,提问:What kind of friend is Matt? 有的学生回答:Matt is a kind friend. 有的则说:He is an understanding friend.

2.互动评价，包容不同观点

教师在听后会引导学生结合自己的生活情境改编对话，师生合作设计评价量表。通过对照评价量表，学生站在质疑、确认、证实或更正自己的立场，自觉监控自己的对话创编是否到位、在对话中运用的要素以及相关技能是否准确。教师还应调动多元评价主体参与课堂评价，如教师评价、学生自评和互评等。其他学生根据评价量表给展示的学生打分，被点评的学生也能接受他人的不同观点，以便后期进行调整。

如 *Go for it*！八上 Unit 9 Can you come to my party? Section A 听说课的话题是邀请，对话围绕着发出邀请、接受邀请和拒绝邀请展开，在听后的对话活动中，教师创设了一个学生熟悉的情境：邀请朋友参加新年聚会，引导学生根据这个情境创编对话，并提供评价量表供学生自评、互评（见表 4-3）。

表 4-3　八上 Unit 9 Section A 听说课评价

Evalution content	Stars
They have the target sentence pattern. (Can you come to…? Sure, I'd love to. /Sorry, …)	☆
Make the invitation politely.	☆
Refuse the invitation with reasons.	☆
They use the right intonation.	☆
Total	＿＿＿＿☆

第三节　语法教学中的批判性思维培养

一、教材语法板块设计

人教版 *Go for it*! 教材的语法教学内容分为两个部分:语言结构总结和语法练习。语言结构总结是以表格的形式呈现,在前面通过听力输入、口语输出和语篇阅读的基础上进行语言形式和语义的归纳。语法练习是分层次设计的,让学生在语境中继续巩固语法,从控制性、半控制性到开放性,使学生从语言的操练、感知,最后落实到语用。这样的内容设计为批判性思维的培养提供了有利条件。

二、语法表意功能和批判性思维培养

语法表意功能(function of grammar ideographic)的正确运用能够反映出语言表达的思维过程和内在要求,体现语言的多样性和差异化。语法表意功能主要具有如下基本特征:(1)情境关联性,即语句理解需要结合一定的表达情境,尤其要根据前后语境对比来深入理解;(2)表达多样性,即根据表达用途来确定不同的表达用意,使表达的含义更加具体生动。

学生在英语学习中,往往因为对语法表意功能的理解有所欠缺,导致理解偏差。语法表意功能是语法交际功能的具体体现,是英语在交际过程中应该遵循的逻辑思维和内涵辨义的原则要求。因此,语法教学绝不能仅仅局限于向学生传授一些语法规则和语法知识,除了引导学生关注语言的结构功能外,应该基于教师创设的情境,使用解读、分析、评价、推理、解释、自我监控等批判性思维认知技能,以自主、合作、探究的形式发现语言现象背后蕴含的语言规则及规律,从而使学生实现由学习语法知识向形成语法运用力的转变,进而提升学生的思维水平。

三、初中英语语法教学中批判性思维的缺失

《义务教育英语课程标准(2011年版)》提出，各种语言知识的呈现和学习都应从语言使用的角度出发，为提升学生"用英语做事情"的能力服务。课程标准中对语法教学的要求是突出语法表意功能和促进学生运用语法进行语言实践，但在实际教学中存在的问题是教师不了解语法表意功能和不知道如何进行语意功能的教学。这就严重影响了学生批判性思维的提升，在语法教学中思维缺失往往源于以下几个方面。

(一)思考时间不足

Go for it！教材在每个单元设计了一个课时来教学语法，但不少教师没有充分利用这一课时开展教学，匆匆带过教学内容，语法课成了作业讲评课，更不可能留足学生思考的时间。

(二)学习主体错位

教师在教学中扮演了主要角色，讲授语法知识时，教师讲学生听，学生是被动的记录者，很少能通过合作探究的学习活动来主动感知、归纳和演绎运用语法表意功能。缺乏对语法知识的内涵辨义过程，更缺乏对思维活动的自我监控。

(三)思维培养低阶

目前不少的语法课中，教师通过让学生做习题来代替语用活动，学生对语法知识的认识只停留在笔头操练层面。语法教学中存在的最根本问题是过多注重语言形式，学生学到的语法知识容易呈现碎片化，缺乏系统性和完整性，对于语法的理解停留在对规则的记忆，限制了学生思维品质的发展。

四、基于批判性思维培养的英语语法教学策略

语法学习过程应该是学生感知、理解、发现、总结、练习和运用语言的过程，而不是被动地接受语法知识。教师应采用多元化的学习方式激发学生学习语法知识的积极性与主动性，鼓励学生参与学习活动中。教师要努力让学

生自己总结归纳语法规则，多使用归纳法，这比教师先直接解释学生再进行机械训练的效果更好。在课堂上还应增加互动讨论环节，设置一些启发性、开放性问题，让学生给出丰富多彩的答案，使其有更多机会自主学习，自主生成语法规则。关注语法结构在实际语境中的解读、分析、评价、推理和解释，有利于提升学生的批判性思维能力。

以 *Go for it*！九年级 Unit 6 When was it invented? Grammar Focus 4c 的语法课为例，探讨基于批判性思维培养的语法课教学策略。

（一）导入语法话题，开放思想

教学片断一：

在导入环节，教师引导学生进行 free talk，谈论 small inventions that changed theworld，并简单阐述理由，学生的回答如下。

S1：I think the hotpot is a small invention that changed the world. Because I think it's very delicious.

S2：I think WiFi is a small invention that changed the world. Because it's convenient for us to surf the Internet.

教师以发明物的话题打开学生的话题思维，鼓励学生开阔思路，构建自己头脑中发明物的概念。从学生的回答可以看出学生对于发明物的概念构建较成功，呈现开放、灵活、发散的特点，不局限于课本中的重大发明，能够简单谈论自己感兴趣的发明。

此外，教师呈现茶叶、拉链和支付宝的图片，在示范和引导下，让学生根据图片谈论发明物的发明时间、发明者等，复习前面课时中茶叶和拉链的相关信息，谈论当代的重要发明支付宝。在讨论中学生学会运用目标句型，也引发了他们对相关话题的思考。

（二）总结语法规则，积极思考

教学片断二：

要求学生齐声朗读和观察板书并画出含有被动语态的地方，引导学生自己归纳出一般过去时被动语态的构成规则，即 was/were done（过去分词），明确过去分词的概念。学生在回答一般过去时被动语态的构成时总是直接说

be done,教师通过举例引导学生正确理解一般过去时的被动语态。

本环节让学生在板书中找出被动语态,学生通过观察、比较、分析,最终在教师的引导下归纳出一般过去时被动语态的构成规则,完善了语法概念,提升了思维的准确性。在此过程中,学生不是被动地接受语法规则,而是主动积极地思考,通过观察例句主动探究语法规则。让学生成为学习的主体,有利于学生真正理解和记忆规则,为后续的语法操练和语用打好基础。

(三)内化语法规则,解读分析

教学片断三:

学生观察课本 4a 部分的各个例句,比较例句之间的差异,思考用 by 和不用 by 的表意区别,找出规则,并且归纳出两条规律:In some situations, we don't have to use "by". If we want to say who performed the action, we use "by".

此外,学生完成书上 4c 关于电话机发明的语篇练习,复习了主动语态和被动语态、一般现在时的被动语态和一般过去时的被动语态的区别,并总结出另外两条语法建议:Tell passive voice and active voice apart. Pay attention to passive voice of different tenses.

教师通过提问、追问,让学生在充分理解被动语态的基础上进行归纳、总结,而不是教条式地传授新知,学生充分练习了解读、分析和推理等批判性思维认知技能。

(四)运用语法规则,包容差异

教学片断四:

教师再次展示支付宝范例,引导学生谈论相关信息。学生利用预习环节中所搜集的信息,跟同伴进行对话,对所谈论的物品进行评价,表达个人观点,尝试让支撑观点的理由变得更具体、生动和贴切,避免笼统和套用。学生在展示时不直接说出物品名称,而是让其余同学根据对话内容进行猜测,也可以开展进一步的提问。学生谈论的发明物包含 WPS 软件、空调、电脑、相机、东坡肉、手机、耳机、作业等,思路开阔,而且不同的学生对同样的物品会论述不同的观点。学生各抒己见,观点碰撞,包容差异。以下是两组学生的课堂实录。

A：What's it used for?

B：It was first used for refreshing and relieving cought，but now it's used for drinking.

A：When was it invented?

B：It was invented in 1886.

A：Who was it invented by?

B：It was invented by John Pemberton.

A：Why do you think it's an interesting invention?

B：Because it tastes really good.

A：What color is it?

B：It's black.

A：Coca Cola.

A：What's it used for?

B：It was used for making drugs.

A：When was it invented?

B：It was invented in 1500 BC.

A：Who was it invented by?

B：It was invented by Greeks.

A：Why do you think it's a strange invention?

B：Because it can also ease the pain. Every coin has two sides.

第二组对话后教师进行追问。

T：You think opium is a strange invention. It was used for making drugs. What do you think of that?

S：It's awful.

T：Now it is used for easing pain. What do you think of this?

S：It's quite helpful.

第一组对话中学生运用了前面环节的语法建议，在真实语境中描述了可乐的用途，准确地使用了一般过去时的被动语态和一般现在时的被动语态，且运用了批判性思维：有些发明的用途并非一成不变，也许会随着时间和社会发展而变化。第二组对话中，学生在发表个人观点时选择了 strange 这个词，但是 strange 并不能直接地表达出辩证的含义，教师进一步追问，引导学生阐释 strange 的内涵，使观点更加清晰。学生能够对各种证据进行充分了解和分析，从正反两个方面思考发明的利弊，培养了批判性思维情感倾向。

（五）迁移语用情境，全面思考

教学片断五：

结合所学语法的形式和表意功能，教师引导学生思考：In what other situations do we usually use the passive voice? 学生画出一般过去时被动语态的思维导图，实现了语法在真实语境中的迁移，也进一步认识到需要结合具体语境进行语言形式的选择和使用，而不能机械地套用语言规则。通过这样的活动设计，培养了学生质疑、分析、推断技能，形成自己观点。

总之，要提高语法教学的效率，就应重视学生在语法学习过程的参与，课上应该设置更多互动环节，让学生主动发挥、自主生成，在自己创设的情境中赋予语法形式具体意义，从而加深理解，巩固所学。这样反复循环的"学习—运用"模式有助于学生从感性认识上升到理性认识，并用理性认识指导言语实践，进而提升批判性思维能力。

第四节　写作教学中的批判性思维培养

一、教材写作板块设计特点

Go for it！教材的写作板块从七年级到九年级设置了循序渐进的学习任务。七年级关注学生的仿写能力，教材中常常有补全短文的活动，帮助学生理解短文的结构和语言特征，为接下来的仿写做好充足的准备。在八年级的写作板块中，除了提供仿写文本外，编者还有意识地设计了填表、问答等学习活动，帮助学生更好地关注写作要点，呈现出从要点到篇章的写作过程。教材对九年级学生的写作要求又有了一定的提升，不再提供示范文本，而是引导学生直接开展头脑风暴，归纳写作要点，自主写作。

由于写作与思维之间存在着十分密切的关系，所以写作课是培养批判性思维最适合的课程之一（孙有中，2011）。教师应充分解读教材写作板块的内容，培养学生的批判性思维能力。

二、初中英语写作教学中批判性思维的缺失

在目前的写作教学中主要存在读写剥离、语言枯燥、思维缺失等问题。教师往往不会将写作和阅读放在一起教授。而且因为课堂时间的限制，常规教学中的读写课不仅要完成阅读理解的任务，还需开展写作指导。相较于写作，教师往往把更多时间和精力投入帮助学生梳理文本结构和挖掘内涵方面，无法深入开展写作指导。在这种课堂模式下，强化了学生的阅读输入，使他们积累了词汇、语法等语言知识和相关话题的信息素材，但无法锻炼学生运用语言的能力，更无法培养他们的思维能力。因此，写作部分的完成质量明显低于教材中的其他部分。

此外，学生的表达性思维有局限性，写作缺乏深度和思维含量。如写作中观点不鲜明，内容空洞；论据不能为论点服务，词不达意；段落内部逻辑不

清晰，层次不明，缺乏有效过渡；词汇和句型单调、重复，使用不规范。这些问题的出现都需要教师必须关注写作教学的批判性思维能力培养。

三、基于批判性思维培养的英语写作教学策略

在初中英语写作教学中，引导学生用批判性思维来进行思考并发表自己对某一问题的观点和看法，同时提出理由，是非常重要的一个英语写作教学目标。

下面以 *Go for it*！九年级 Unit 7 Teenagers school be allowed to choose their own clothes. 写作课为例，探讨如何从写前辩论和头脑风暴，到写中搭建支架、厘清概念和优化句式，再到写后评价修改完善三个环节来培养学生的批判性思维能力。

(一)写前头脑风暴

教学片断一：

在导入环节中，教师提出问题，让学生分组讨论青少年使用手机的利弊。这个活动既是热身活动，也导入了本课话题，让学生学会从正反两方面辩证思考问题。

学生对于这个问题的讨论热情非常高，对这个话题也十分关注。在分组后，学生逐一发表自己的看法，记录员实时记录发言的过程，学生在老师给的思考天平(见图 4-3)的帮助下，学会把两方面的理由分类记录与整理。这样讨论与记录的过程既是对学生语言表达的练习，更是让学生对于"手机使用利弊"这一问题进行思考分析，这无疑是对学生批判性思维有价值的训练。

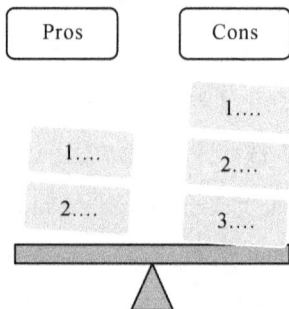

图 4-3　思考天平

随后,学生根据自己的判断自动分成正反两方。在辩论环节,学生进行思维碰撞,教师在黑板上记录正反两方学生的论据。课堂实录中正反两方部分重要论点和论据如下。

正方(pros)：

We think teenagers should be allowed to use cell phones because cell phones are very useful and we can get information quickly.

Technology is developing very quickly today，people should follow the fashion and learn how to use cell phones.

Students should have their free time and cell phones can help them to relax.

We can make some pen pals and keep in touch with them to practice English.

It is very convenient to use cell phones to communicate with friends and family members.

We can download some learning apps and they make online study come true.

反方(cons)：

We think we should not be allowed to cell phones because it is harmful to our eye sight.

They may be addicted to the cell phones，which may lead to a family war，we mean some argument between teenagers and their parents.

...

(二)写中搭建支架

教学的核心任务是指导学生学会用英语做事,将语言学习和知识增长、思辨和表达能力发展融为一体(陈则航、王蔷、钱小芳,2019)。

教学片断二：

在写中环节,教师展示了以下五个句子。

(1)In my opinion，there are a lot of good points if teenagers are allowed to use cell phones.

（2）Teenagers may spend a lot of time on cell phones chatting on WeChat，so cell phones might get in the way of their schoolwork.

（3）As far as I am concerned，there are a lot of problems if teenagers are allowed to use cell phones at school.

（4）Our parents have always taught us how important it is to work hard and get good grades. If we are allowed to use cell phones，our schoolwork may be influenced，because we might spend a lot of time playing games on cell phones.

（5）If teenagers are allowed to use cell phones，they can get some useful information really quickly. For example，they can use cell phones to look up new words in an electronic dictionary.

引导学生通过阅读来判断它们是 topic sentences（论点）还是 supporting details（论据），逐步厘清论点和论据的概念。同时，输入多样的写作句式范本，在学生原有的语言基础上，可提供更多发表观点的方法以及陈述理由的表达，为学生自主写作搭建了脚手架。

（三）写后评价修订

教学片断三：

在写作后的互评环节中，学生需要根据作文评价量表（见表 4-4）阅读并评判同伴的文章。这一步需要理解同伴所表达的论点和论据，分析论据是否有力地支撑了论点，还要关注其语言的使用是否正确。在此过程中，学生的思考能力，比如分析、甄别、判断等能力得到进一步锻炼。互评过程中，学生们需要交换意见，对同伴的作品进行评价，甚至为自己的作文辩护，这又是一个批判性思维能力的提升过程。

最后，在自评修订环节中，学生对同伴给予的评价信息进行分析、甄别和判断，并对自己的文章进行相应的修改，这是一种评判力的锻炼。从课堂开端不清楚手机利弊到最后提炼观点、厘清正反方论据，学生的写作技能和思维能力都在不断提升。

表 4-4 作文评价

评价内容	Stars
论点是否合理	☆
内容是否匹配	☆
语言是否正确	☆
说理是否充分	☆
总分	＿＿＿＿＿☆

在展示共享环节,将一节课的学习成果与大家分享,学生再一次运用自己的分析、评判力来挑选出公认的最佳作品。

英语写作教学一般是每个单元的最后一个课时,是在听说及阅读教学基础上进行的输出环节,批判性能力的培养是英语写作教学中一个重要的目标。教师可以设计这样的教学流程,使用写前头脑风暴,写中搭建支架和写后学生互评、自评修改等学习活动,助力学生批判性思维能力的提升。

第五章

生长重构：戏剧课程中的批判性思维培养

英语戏剧教学是培养学生批判性思维的生长点，本章旨在帮助一线教师了解指向批判性思维培养的戏剧教学策略，明确如何进行学习方式变革、学习内容变革和学习空间变革，如何引导学生开展解构、重构和变构的学习活动，并对其具体的操作方法进行全方位的理解。

第一节　批判性思维和英语戏剧教学

18 世纪法国浪漫主义大师卢梭在《爱弥尔》中提出"在实践中学习"（learning by doing）与"由戏剧实践学习"（learning by dramatic doing）两个概念，开启了戏剧教育的先河。19 世纪末美国教育学家杜威提出，装扮（plays）、游戏（games）、模拟（mimic efforts）等戏剧技巧都可以运用到教学之中。戏剧课程在国外尤其是英美国家被广泛开设（杨柳、张寅、于炜，2013）。

一、语言教学与戏剧教育

美国学者 Savignon（1983）认为使用戏剧教语言就是在一个以戏剧表演为中心的课堂上，把语言作为一种交际的载体，而不是一个单独的教授对象。戏剧为二语教学创设了一个互动的、有意义的课堂环境，这为教育戏剧引入语言教学课堂提供了有力的理论依据。将戏剧运用于语言教学，对学生的语言学习可以产生很多意想不到的效果。戏剧表演不仅可以成为语言教学手段的一部分，还把语言设定在了丰富的戏剧剧情中（王蔷、钱小芳、桂洲等，2016）。因此，英语戏剧教学是培养学生批判性思维的生长点，教师可以在英语戏剧课程中鼓励学生独立思考，发表见解，创生台词，培养批判性思维能力。

二、戏剧教育中的批判性思维

批判性思维的概念在戏剧教育中有以下几层含义：首先，教师在戏剧中起着关键的作用，能够启发学生的思维，挖掘学生的潜力，鼓励他们挑战自我、提出问题进而激发他们去思考问题。其次，教师要培养学生戏剧批判性思维所需的智力潜能，包括相关的知识、概念。教师还需要评估学生在应对挑战时的反应。最后，也是最重要的一点，营造一种批判性思维的氛围，在开放、互相尊重和共同探究的氛围中提问、挑战、讨论和辩论（沙龙，2019）。

三、指向批判性思维培养的戏剧教学操作框架

基于批判性思维培养的英语戏剧教学包含了戏剧课程的开发与实施两个维度，其中包括指向批判性思维培养的学习方式变革、学习内容变革和学习空间变革。在戏剧学习中，学生能够在教师驱动性问题的引导下，逐步完成学习进程，开展方式变革，聚焦戏剧学习四大关键要素，即问题驱动、高阶认知、真实实践和表现评价，明确每一维度的设计要求；参与三个阶段的学习活动，即剧本解构、内化重构和评价变构。尝试内容变革，开发线下课程，为学生戏剧学习打下基础，开发文化浸润型、角色剖析型、语言突破型、兴趣导向型等四大课型，充分体现戏剧表演的特点。开展空间变革，搭建三大空间，即经典欣赏空间、体验表演空间和评价共享空间，这样的"云剧场"线上学习空间为师生提供了戏剧学习的虚拟场所（见图5-1）。

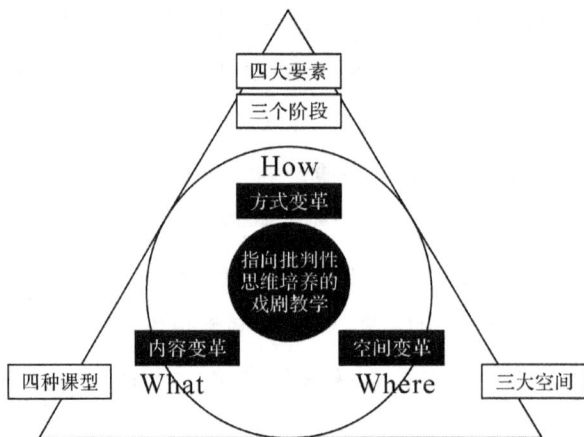

图 5-1　指向批判性思维培养的戏剧教学操作框架

第二节 指向批判性思维培养的戏剧学习方式变革

初中英语戏剧课程探索学习方式变革,尝试"四大要素三个阶段",旨在提升学生的批判性思维。

一、四大要素:聚焦戏剧学习中批判性思维培养的关键要素

在英语戏剧课程中,教师需聚焦戏剧课程批判性思维培养的四个关键要素,明确每一维度的设计要求。

（一）问题驱动

英语戏剧学习的本质问题和核心知识相关,较为抽象和庞大,而驱动性问题需要将本质问题放入具体情境中,这样才能够更好地激发学生的学习兴趣。对教师的挑战在于,驱动性问题的设计既要考虑学生的兴趣、驱动性问题的真实性和必要性,又要能保证学生在解决问题的过程中不断提升思维品质,充分体验英语实践的历程。

例如,教师针对 *The Little Mermaid*(《小美人鱼》)教材第八幕教学提出了驱动性问题(见表 5-1)。

表 5-1 *The Little Mermaid* 驱动性问题设计

课程内容	驱动性问题
Under the sea	如何表现期待的情绪？
Out of the sea	如何表现惊讶的情绪？
At the shore	如何用饱满的元音呈现台词？
In the sea witch's cave	如何分析和表现反派人物？
At the shore	如何运用肢体语言表现潜台词？
In the palace	如何呈现西方宫廷文化？
At the shore	如何进行自然的弱读与连读？

续　表

课程内容	驱动性问题
In the prince's room	如何利用故事线创生台词？

(二)高阶认知

高阶学习是有意义地运用知识的过程,它包括六个方面的高阶策略:问题解决、创见、决策、实验、调研和系统分析(马扎诺,2015)。戏剧学习过程也是高阶认知过程,学生需要归纳片段情节,分析人物情绪,进而提升思维品质。

例如,在 *The Little Mermaid* 教材第八幕学习中,学生需要完成戏剧创作。教师出示图片,告诉学生小美人鱼 Laura 正在面临两难的选择,是选择杀死王子,让自己重获嗓音,还是选择不杀王子,让自己变成泡沫。在宫殿的场景下,教师引导学生小组合作,想象小美人鱼会听到什么声音,会有怎样的内心独白。有学生认为,小美人鱼会听见姐妹的呼唤,让她快点杀掉王子,回归大海;还有学生认为,她会听见风的咆哮声和树枝折断的声音,暗示她内心的纠结。教师肯定了学生不同的想法,并问学生如何制造出这些声音。最终教师让学生围成一个圈,让学生利用想到的声音构造一个情景,让主角在圆圈中间呈现台词:(*shaking her head*) I can't. I can't do it. I love you. I wish you to be happy. 学生在想象、创作和表达中,发展高阶认知。这种指向素养的高阶认知策略,可以让学生在情境中不断加深对戏剧系统中情节、背景、人物的分析和理解,从而使批判性思维认知技能得以提升。

(三)真实实践

戏剧活动主要需要审美性实践,包括展现可视化的美感,体现设计思维与审美,以及在设计中感受艺术所带来的创造力、想象力、人文关怀及审美等(夏雪梅,2018)。

例如,在 *The Little Mermaid* 教材第五幕学习中,学生体会肢体语言对于戏剧表演的重要性。教师播放戏剧 *Romeo and Juliet*(《罗密欧与朱丽叶》)中的片段,并提问:How does Romeo use proper body language to express his feelings? 教师可以鼓励学生戏剧性地表达个人想法,参与戏剧表演或创作戏剧,在戏剧中融入和表现对学科概念、知识的理解,营造生动的表演氛围,增强学生的表现欲。

(四)表现评价

教师在课程伊始已明确学习的方向和需要达成的目标,设计了包括学生英语学科核心素养、戏剧表演技能、合作交往能力在内的学习评价量表,围绕学生的课堂表现、小组实践和成果展示三个方面展开(见表5-2)。教师还应调动多元的评价主体参与课堂评价,如教师评价、学生自评和互评等。在评价过程中,学生会对自己或者同伴的表演进行批判性思考。

表 5-2　戏剧表演评价

Evaluation content	Stars
Say the lines fluently	☆
Use body language naturally	☆
Show proper feelings	☆
Use suitable props	☆
Show good cooperation	☆
Have some creation	☆
Total	_____☆

二、三个阶段:把握戏剧学习中批判性思维培养的重点环节

在戏剧课程教学中,教师需把握戏剧学习中批判性思维培养的关键环节,引导学生参与三个阶段的学习活动。学生的批判性思维认知技能在解构、重构和变构中得以习得、深化并内化巩固,批判性思维情感倾向得以发展。

(一)剧本解构

戏剧课程除了调动学生自身的学习驱动力,更需要教师引导学生激活已知信息,并搭建提升能力的支架。教师以问题的形式,引导学生解构剧本,习得戏剧知识,形成初步概念。戏剧知识学习既包含在情境教学中解构戏剧技巧,也强调引导学生对比母语和英语的语用异同,解构英语使用者如何在对话中运用语用能力,从而习得戏剧人物特征和矛盾冲突等戏剧要素(陈开池,2016)。

例如，在 *The Little Mermaid* 教材第一幕教学中，教师呈现剧本主人公小美人鱼 Laura 的图片，通过提问"What does Laura look like?"让学生观察并思考后认识角色。随后，教师引导学生预测：What does she want to do? 培养学生的推理技能。学生通读剧本，检查先前的预测是否准确。之后，学生细读第二、三、四段，回答问题：What do Laura's sisters think of the "wonderful world"? 教师引导学生充分体验戏剧语言。

又如在"云剧场"第四期课程里，学生欣赏完经典戏剧视频后，教师以问题为导向，指导学生解读关键台词，分析 Hans 使用的语言技巧，例如重音、停顿等，以及分析 Hans 肢体动作的变化，解构台词、语言和动作等戏剧技巧对人物塑造的重要性。此外，教师引导学生回顾先前的人物分析过程，概括归纳如何解读人物情绪、如何抓住主要矛盾，解构戏剧人物特征和矛盾冲突两个戏剧要素。

(二)内化重构

在解构和建构的基础上，学生梳理戏剧情节，解析人物特征，理解并掌握戏剧技巧及戏剧要素。但基于学习体验及思维方式的个体差异，学生对戏剧知识的理解也存在个体差异，因此学生在表演前要深入分析角色和剧本，对戏剧技巧和戏剧要素进行筛选、调整及重组，形成个人的独特见解，重新建构个人思维产品，深化戏剧知识，为塑造角色，演绎剧本奠定基础。

如例，在 *The Little Mermaid* 教材第一幕的戏剧教学中，在学生初步了解故事的脉络后，教师带领学生跟读台词。之后，教师针对不同人物 Laura，three sisters 和 grandmother，引导学生分析其情绪变化，如 How does Laura feel now? What may she do when she says these words? 学生给出适当的描述，如 She is depressed. /She wants to cry. 教师鼓励学生在朗读台词时尝试表达这些情绪。随后，教师带领学生进行戏剧活动"角色橡皮泥"，请一位同学上来扮演 Laura，其他同学根据刚才的情绪体验为她设计动作、改变表情，最后让模特带着设计好的动作和情绪，综合演绎刚才的台词。

在小组合作排练之前，学生从教师提前准备的道具包中挑选适合不同角色的道具，比如舞台场景需要一些水草(water plants)等装饰，以呈现深海的情境;小美人鱼和姐姐们需要小公主皇冠(crown);奶奶的身份高贵,可能需要披风(cloak)等配饰。教师还鼓励学生根据自己的理解对动作表演进行设计。随后,学生站在镜子前进行初排,教师观察各小组的表现,给需要帮助的小组一定的支持。

又如在"云剧场"第四期课程里,学生习得的戏剧技巧有三个:key line(聚焦关键台词)、language skills(选择语言技巧)、body language(使用合适动作)。学生掌握的戏剧要素是如何突出角色邪恶的特征,以使戏剧片段达到高潮。学生根据个人理解和体验,对戏剧技巧和戏剧要素进行重组,有的同学侧重通过聚焦关键台词突出角色的邪恶,有的同学凸显动作,有的同学则倾向于通过重读、停顿及降调等语言技巧来呈现,各有风格,各具特色。

(三)评价变构

在戏剧学习中,学生还要仔细研究戏剧表演评价量表,并参照量表对个人戏剧设计和表演进行调整,促使戏剧知识的内化。通过对照评价量表,学生站在质疑、确认、证实或更正自己的立场,自觉监控自己在作品中运用的技能是否准确,反思自己的戏剧设计是否达到目标,如是否重点演绎了关键台词、是否运用了恰当的语言技巧、是否使用了合适的肢体动作等。学生基于个人观察和反思,评判是否要对个人设计及表演进行修改,这是内化所学戏剧知识的过程,向批判性思维认知技能的提升迈出了重要一步。其他小组戴上代表不同身份的"思考帽"审视这些作品,以导演、艺术指导或观众等身份,根据评价量表给展示的小组打分,评选出有感染力的戏剧表演。

第三节　指向批判性思维培养的戏剧学习内容变革

一、开发主题教材:提供戏剧学习基础

(一)链接课标,创设情境

教师团队可以合力开发戏剧教材,创设有意义、有趣味的不同主题的情境,对应不同的课标话题(见表 5-3)。

表 5-3　《走进戏剧》系列教材主题

剧本名称	情境主题	对应课标话题
The Little Mermaid《小美人鱼》	亲情与友情	家人和亲友、情感、意外
Alice in Wonderland《爱丽丝梦游仙境》	梦幻与现实	朋友、合作与交流、人与自然
The Sound of Music《音乐之声》	艺术与爱国	家庭生活、情感、庆祝活动
Pinocchio《匹诺曹》	抵制诱惑	社区、游戏与休闲、计划
Robin Hood《侠盗罗宾汉》	冒险与正义	朋友、情绪、社会行为

例如,教师团队开发的 *The Little Mermaid* 教材以适合初中生英语水平的经典英语童话剧《小美人鱼》为主线,配套内容由故事概要、作者简介、剧中人物表和八段场景组成。每个场景又分两部分展开,第一部分由热身问题和剧本组成。热身问题呈现与表演有关的问题,帮助学生思考如何能够更好地表现人物的喜怒哀乐。剧本包括生词和笔记两个栏目,便于学生更好地理解台词和剧中人物的性格特征。第二部分由导演指令、道具准备和角色分工组成。导演指令呈现与剧本有关的若干问题,帮助学生准确理解剧本内容;道

具准备提供了不同的道具，让学生根据每个场景选择必要的道具，学生也可以根据自己的理解和想象增加道具；角色分工则帮助学生明确小组排练和表演时的各个任务(李冬梅、陈瑶、王晓春等，2018)。这样的教材设计综合了英语语言、动作、舞蹈、音乐等形式，为批判性思维认知技能的培养打下了基础。

(二)提供空间，设计留白

指向批判性思维培养的戏剧教材需定位于戏剧的四大核心元素——演员、情境、舞台、观众，使完整的戏剧设计适当留白，将戏剧设计的任务留给学生。在戏剧演出任务的驱动下，学生需要通过合作交流，在计划与设计的基础上动手实践，在不断面临挑战、充分考虑戏剧的四大核心元素、解决问题的过程中，培养自身的学习能力。

教师可以在情节连贯的剧本中，将一些台词省略，让学生根据线索设计有理有据的台词。从学习演员台词、动作、表情，到考虑情境的设计，再到布置舞台，最后到与观众产生共鸣，学生既是剧本的学习者，也是戏剧的二次创作者。整个过程均能发挥学生主动性，体现学生参与，使学生有机会表达自己的想法，教师也给予学生试错的机会。学生在实践中体验学习，创作自己的戏剧作品，在思考与倾听多种解决方案的过程中提升思维能力。

例如，在 *The Little Mermaid* 教材第八幕王子向小美人鱼求婚的场景中，教师对结果设计了留白，让学生根据情境中的人物关系以及当时的情节设计合理的台词。不同的学生设计了不同的台词进行表演。有的学生认为小美人鱼应该接受：Yes. You let me feel the kindness of human-beings. And you are also the one with wisdom and courage. I'm so glad to be with you. And I believe the world will be full of love and peace in the near future.

二、四型核心课程：体现戏剧表演特点

教师团队二次开发教学资源，为学生的戏剧学习开发了配套微课，课程根据不同的本质问题，形成了文化浸润型、角色剖析型、语言突破型、兴趣导向型等课程，以体现戏剧表演的特点。

（一）文化浸润型

戏剧具有其先天的文化特性，承载着丰富的文化内涵。同时，由于英语戏剧的特点，学生在表演戏剧前如果能了解剧本背后的文化现象或文化背景，将对理解剧本大有裨益。同时，学生学习英语戏剧不仅需要学习国外优秀的戏剧，汲取优秀外来文化，还可以运用戏剧传播优秀的中国传统文化。如学生在戏剧《木兰》中，感受到花木兰的勇敢和机智，以及对家庭和民族的责任和担当。

（二）角色剖析型

部分学生可能因为语言表达的障碍，无法对角色有较为深刻的理解。因此，角色剖析型课程可以引导学生针对剧本中的典型人物，进行深入分析。学生要学会抓住人物的特点，这有助于他们在线下的课堂活动中展现表现力。例如，在角色剖析型课程中，学生可以剖析反面角色女巫的特点，抓住细节特征，思考角色的人物性格，发展思维品质。

（三）语言突破型

语言突破型课程可以帮助学生掌握剧本中的难点发音，扫清障碍，使他们自信地参与线下课堂活动，最终提升语言能力。例如，教师教授学生元音的发音技巧，学生通过对例句的不断练习，形成饱满的元音发音，让英语更标准、更地道，更能展现戏剧的表现力。

（四）兴趣导向型

教师设计了兴趣导向型课程，引导学生将课程中所学语言迁移至生活情境中，活学活用，鼓励从经典戏剧中学习多样的表达方式，拓宽学习资源。例如，兴趣导向型课程为学生呈现教师生动的脱口秀表演和经典戏剧中演员的精准演绎。由于情境贴近生活，模仿难度较低，学生的学习兴趣很容易被激发（见表5-4）。这样的课程设计为学生批判性思维的培养提供了充足的载体。

表 5-4 课程安排

本质问题	课程内容	拓展经典剧目
兴趣导向型	第一幕 Under the Sea	《当幸福来敲门》
兴趣导向型	第二幕 Out of the Sea	《匹诺曹》
语言突破型	第三幕 At the Shore	《窈窕淑女》
角色剖析型	第四幕 In the Sea Witch's Cave	《冰雪奇缘》
角色剖析型	第五幕 At the Shore	《罗密欧与朱丽叶》
文化浸润型	第六幕 In the Palace	《冰雪奇缘》
语言突破型	第七幕 At the Shore	《哈姆雷特》
文化浸润型	第八幕 In the Prince's Room	《木兰》

第四节　指向批判性思维培养的戏剧学习空间变革

教师要建立线上线下并行的戏剧学习空间，帮助学生更好地参与戏剧学习、培养思维。如建立"云剧场"线上学习空间，这是集共享、共创、共评等教育服务于一体的网络学习空间，为师生提供英语戏剧学习的虚拟场所。它保留了线下小剧场的戏剧教育功能，同时具备体验门槛低、参与度广、不受时空限制等优点，能够让走进"云剧场"的学生理解戏剧的意义，变戏剧教室为"云剧场"空间，搭建学生个性表达、思维发散、个性化评价的平台。"云剧场"提供了三大空间，即经典欣赏空间、体验表演空间和评价共享空间，其功能相互联系、相辅相成。具体设计流程如图 5-2 所示。

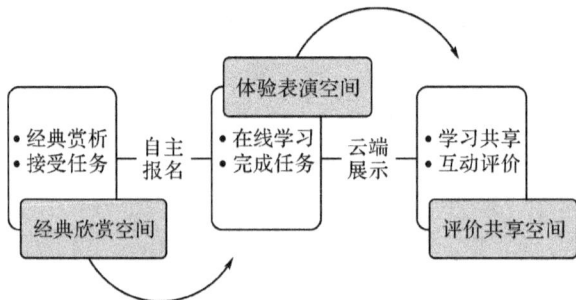

图 5-2　学习空间设计

一、经典欣赏空间设计

经典欣赏空间设置了"云欣赏"栏目，为学生提供了经典剧目赏析及戏剧技巧学习的机会。在此空间里，教学团队需设计相关的在线学习课程与课后任务，将经典戏剧教学视频上传至经典欣赏空间，共享英语学习资源，并在技术后台设置关键词回复。随后，学生根据线下戏剧课程的进度或是个人兴趣，在经典欣赏空间输入关键词，自主报名，获取戏剧表演任务。教师可将课程链接分享给学生，或是学生直接通过关键词检索的方式，随时随地获取有针对性的学习资源,实现个性化、智能化、精准化的资源投放。

如在某戏剧欣赏空间中,学生可以观看到经典舞台剧 Frozen(《冰雪奇缘》),在教师的引导下分析 Hans 王子是如何表现情绪的,思考如何从角色的关键台词入手,分析演员的停顿、重读等语言技巧,并选用合适的动作,以便在表演中凸显角色不同的情绪表达。学习结束后,学生在了解了该课程的难度和适宜年级后,可以选择接受任务完成微作品的制作。

二、体验表演空间设计

学生根据线下戏剧课程的进度或是个人兴趣,自主报名,获取戏剧表演"云任务"。学生点击学习任务链接,进入体验表演空间。学生通过在线学习,逐步经历不同学习阶段,在具象的戏剧作品中,结合课时主题将戏剧表演技巧抽象化,最终迁移至教材剧本的表演,并在表演中融入个人理解。在体验学习空间,学生可以通过反复学习、不断尝试进行人物分析、角色扮演、服装设计、道具制作、字幕配音,甚至运用 AI 等技术进行个性化、有创意的表演。

如在某体验表演空间里,学生通过观看其他学生的示范,在教师引导下学习相关的表演技巧,如要表达期待时演员通常会运用上升的语音语调、使用睁大眼睛等略为夸张的面部表情,学生也可以根据自己的感悟配合一定的肢体动作。

三、分享评价空间设计

分享评价空间设置了"云评价"栏目,为师生提供学习共享、互动评价的平台。制作出较为满意的作品后,学生可将个人戏剧作品上传至评价共享空间,在云端展示学习成果,并发表入选宣言,获得教师一对一专业的实时指导。教师的评价以鼓励为主,根据师生合作设计的戏剧表演评价量表指出学生可以提升的方面。随后,教师筛选出有代表性、有创造性的戏剧作品在分享评价空间进行展示。学生在此环节可以线上观看同伴的表演,并在留言区评价互动,对比反思自己作品的不足,为下一次戏剧创作积累经验。此外,教师还可以及时收集学生对课程学习的需求，及时更新受学生欢迎的学习内容，完善学习形式。学生甚至可以对学习空间和内容设计进行评价，提出自己的建议，和教师共同助力戏剧学习空间的完善。

第六章

价值判断：初中英语批判性思维培养的评价策略

评价是教学的一个重要组成部分，贯穿于教学活动的每个环节。本章内容从考试评价、课堂评价和作业设计三个方面讨论如何在评价策略上落实批判性思维的教学目标，提升批判性思维研究的实践价值。

第一节　指向批判性思维培养的
考试评价与教学改进

　　课程标准提出了培养学生思维品质的要求,因此在英语教学终结性评价中指向学生批判性思维能力考查的内容越来越多。但学术界目前已有的研究大多为高考阅读题与思维品质的联系,而中考阅读题与思维品质联系的研究较少,更鲜有将此类研究与一线教学相结合。因此,研究中考阅读题与思维品质之间的内在联系,对用考试评价促进课堂教学改进,体现学科核心素养,实现立德树人这一根本任务,有着十分重要的作用。

　　接下来本节将以某市中考阅读理解题为例,分析批判性思维视角下的考试评价。

一、评价指向分析

　　阅读教学是培养和发展学生批判性思维的重要路径。《义务教育英语课程标准(2011 年版)》将阅读技能五级目标描述为:能根据上下文和构词法推断、理解生词的含义;能理解段落中各句子之间的逻辑关系;能找出文章中的主题,理解故事的情节,预测故事情节的发展和可能的结局;能读懂相应水平的常见体裁的读物;能根据不同的阅读目的运用简单的阅读策略获取信息;能利用词典等工具书进行阅读;课外阅读量应累计达到 15 万词以上(教育部,2011)。

　　2016—2021 年某市中考英语阅读理解题各项指标分类如表 6-1 所示。

表 6-1　2016—2021 年某市中考英语阅读理解题各项指标分类一览

设问类型	考查阅读能力	考查阅读技能目标	2016年	2017年	2018年	2019年	2020年	2021年
细节理解题	理解文中具体信息	能理解故事的情节；能理解段落中各句子之间的逻辑关系；能根据不同的阅读目的运用简单的阅读策略获取信息	8	9	9	5	6	8
细节排序题			1	—	1	—	1	—
词语指代题			1	—	1	1	—	1
词义猜测题	推断生词词义	能根据上下文和构词法推断、理解生词的含义	—	1	1	1	1	—
主旨大意题	理解主旨和要义	能找出文章中的主题	1	1	2	—	1	2
细节推断题	判断和推理	能理解故事的情节，预测故事情节的发展和可能的结局	3	3	4	5	2	3
文章结构题	理解文章的基本结构	能根据不同的阅读目的运用简单的阅读策略获取信息	—	—	—	1	1	—
写作手法题	理解作者意图、观点和态度	能根据不同的阅读目的运用简单的阅读策略获取信息	—	—	—	1	—	—
写作意图题			1	1	—	1	1	1

从表 6-1 可知，该市中考阅读题大多考查考生理解文中具体信息的能力。但是近几年来，命题者逐渐多角度考查学生在阅读中的批判性思维能力。为了更好地指导教师在课堂教学中有针对性地培养学生的批判性思维，根据批判性思维认知技能的六个维度对这些考点进行了划分。

【示例 1】2016 年阅读理解第 17 题

We can learn from this passage that Rob suffered from bullying since he was _____.

　　A. four　　　　　B. seven　　　　　C. eleven　　　　　D. fifteen

【分析】此题为一道细节题，考查考生的解读能力。但考生无法直接从文中获取答案，而必须通过分析语句"Rob Frenette had problems with bullies at school for eleven years… When he was fifteen，however，he decided to do something about his problems."而得出主人公 Rob 从 4 岁开始就被欺凌，从

而选出正确答案 A。可见，考点理解文中具体信息不仅能考查考生的解读能力，也能考查其分析能力。

【示例 2】2018 年阅读理解第 25 题

Which of the following is true according to the passage?

A. The banana plant is a kind of tree.

B. Bananas like growing in hot and dry areas.

C. One banana plant usually produces fruit once a year.

D. The banana plant usually produces fruit once a year.

【分析】此题为一道细节题，考查考生的解读能力。此题 A、B 两个选项考生直接能从文中找到相应信息进行排除，但 C 和 D 选项只相差一个单词，且文中没有直接信息。此时需要考生通过第三段首句"Two or three times each year, the plants produce fruit."和第四段首句"After about three months, the bananas are ready to be picked."提供的信息，并运用一些科学常识，推断出正确答案为 C。

【示例 3】2019 年阅读理解第 30 题

According to Grayson Turner, _____.

A. parents needn't worry about pink toys.

B. all little kids love the color pink.

C. pink has always been a color for girls.

D. his girls now prefer the color blue.

【分析】此题为一道观点态度题，考查考生的推理能力。但考生从最后一段首句"But not everyone thinks there's something wrong with pink."就可知正确答案为 A。可见，考点判断和推理虽然普遍被认为考查分析、推理和评价能力，但也能同时考查学生的解读能力。

通过对比阅读理解题中的能力考查维度和批判性思维认知技能维度，可发现每个考点所考查的能力和认知技能并不单一。如细节题既考查解读能力又考查分析推理能力，推理判断题在考查考生分析推理能力的同时也考查解读能力。具体对应情况如表 6-2 所示。

表 6-2　阅读理解题考查能力维度和批判性思维认知技能维度对应关系

阅读理解题考查能力维度	批判性思维认知技能					
	解读	分析	推理	评价	解释	自我监控
理解文中具体信息	√	√	√			
推断生词词义	√	√	√			
理解主旨和要义	√	√	√			
判断和推理	√	√	√	√		
理解文章的基本结构	√	√	√		√	
理解作者意图、观点和态度	√	√	√	√	√	

二、教学改进

依据中考对学生批判性思维的考查点可见，批判性思维能力在初中英语阅读教学中的地位不容忽视，教师应以阅读策略为抓手，以改变课堂提问方式为实现途径，以提升思维的深度和高度为目标来设计教学活动，以促进学生批判性思维能力的发展。本节结合 *Go for it*！九年级 Unit 7 Teenagers should be allowed to choose their own clothes. Section B 2a－2e 的教学案例，探讨教师如何依据中考考试评价的导向，在课堂教学中发展学生的批判性思维。

(一)改变课堂提问方式,鼓励学生自主解读

课堂提问是教师普遍采用的课堂教学方法之一。不同的提问方式虽然都有助于学生理解文本，但对学生思维提升和发展的效果却大有不同。

例如，导入环节 2a 的活动原为 Discuss the questions in your groups：Are you allowed to make your own decisions at home? What kinds of decisions? 这一活动仅能帮助学生激活旧知。

批判性思维目标细化后，此环节的提问方式改为：What is your hobby/dream job? Do your parents support it? Why or why not? What do you think of your parents' opinions?

在本环节中，教师通过话题引入，引导学生结合自身经历谈论兴趣爱好并简单发表观点，为学生学习找到思维发展的切入点。改变提问的方式，将原来简单的回答逐步上升到简单发表观点，学生的回答从解读变为解释和评价。改变课堂提问方式在提升学生认知技能的同时，也为实现学生批判性思维认知维度的评价和自我监控做好了铺垫。

(二)关注阅读策略运用，把握细节感知整体

批判性思维的解读技能和分析技能是非常基础的两个认知维度，阅读课中教师的活动设计也多以这两个技能为主。课程标准要求学生能根据不同的阅读目的运用简单的阅读策略获取信息，因为阅读策略可以帮助学生迅速获取信息和整体感知文本。通过引导学生运用阅读策略进行文本解读，教师能够训练学生思维的准确性，帮助学生迅速准确理解文本。

例如：本文写作脉络清晰，学生通过使用阅读策略便能快速分析语篇内在的逻辑关系并解释文章的结构。在快速阅读环节，学生使用阅读策略，通过读图分析并预测：What is he doing? What's his hobby? What is his dream job? Do his parents agree with him?

又如，教师通过运用阅读策略引导学生找出每段的大意。通过提问"Whose ideas are they?"引导学生关注每段大意。此时追问"How does the writer organize the passage?"以及"What is the structure of the passage?"能帮助学生在明确作者写作脉络的同时，清楚地分析文章的结构。

(三)引导推理判断深入，助力学生把握意图

判断推理需要学生 read between the lines，即能读出字里行间的意思，这属于深层理解，对学生的要求较高。

比如，在精读环节，教师细挖文本，引导学生理解 Liu Yu 和父母双方的观点。通过填表题解读文本、分析双方的观点并找到相应的佐证，有助于培养学生批判性思维的解读和分析技能。

通过填表题解读文本、明确双方态度后，教师通过追问"Do they understand each other? How do you know?"引导学生判断推理得出结论：虽然彼此不赞同对方的观点，但均能理解对方。引导学生通过分析文中细节解

释理由，在追求思维精确性的同时，唤醒了认知技能的解释维度，有助于学生更好地理解作者的写作意图。

(四)引领追问思辨过程，培养解释评价技能

教师的提问能有效帮助学生理解文本层面的信息，而教师的追问则有助于引发学生深入思考，以挖掘学生思维的深度。

比如在读后环节，学生已经对文本信息有了基本了解，明确了 Liu Yu 和父母双方的观点。此时，教师可以通过提问"Whose opinion do you agree with? Why?"引导学生对双方的观点进行评价。课堂上，有的学生说：I agree with Liu Yu because I think he has grown up. He is old enough to be responsible for himself. Parents are parents; we know they love us a lot. But it is our life, not theirs. We should make our own decisions. 也有的学生说：I think Liu Yu should follow his parents' opinions because parents are more experienced. They know what is really good for us and they always plan the best for us. 此时教师进一步追问：If you were Liu Yu, what would you do? 就有学生说：If I were Liu Yu, I would try to balance my schoolwork with my hobby. I can spend more time on my schoolwork to get good grades. If so, parents won't get in the way of my hobby.

此环节课堂提问的答案具有开放性，既需要学生对人物进行评价、清晰地表达自己的观点，也需要学生假设如果自己是 Liu Yu 会怎么做并给出理由。这样的提问方式对学生的要求很高。基于词汇量的限制，学生可能无法给出充分的理由，但这种开放性的课堂提问有助于挖掘学生思维的深度，培养学生批判性思维的评价技能和解释技能。

(五)构建课堂生活联结，形成学生自我监控

在读后环节，教师引导学生联系自身经验充分发表观点，有助于提升学生思维的高度和广度。

如在本课导入活动中，教师已经提出问题 What is your hobby/dream job? Do you parents support it? Why or why not? What do you think of your parents' opinions? 在读后环节，教师重新抛出学业与梦想的话题，教学活动

要求学生结合自身实际与同伴分享父母是否支持自己的梦想，以及如何解决学业与梦想的冲突。最后通过一句富有哲理的"Growing pains，growing gains!"引导学生正确看待学业和梦想之间的冲突，理解父母的用心。在充分理解并探讨的基础上，学生能对之前的答案进行自我评价和修正，以实现认知活动的自我监控。

　　总之，通过梳理课堂批判性思维教学目标，分析中考考查能力并对标批判性思维认知技能维度，教师可以改变课堂提问方式，关注阅读策略的运用，引导推理判断深入，引领追问思辨过程，使课堂与生活联结，实现培养学生批判性思维的目标。阅读课堂的活动设计、提问设置与考试评价改革相结合，有助于激发教与学的积极性，从而更好地培养并发展学生的思维能力。

第二节　指向批判性思维培养的课堂评价

　　《普通高中英语课程标准(2017年版)》提出"教—学—评"一体化的概念："教师应处理好评价与教和学之间的关系,推动教、学、评一体化的实施。课堂评价活动应贯穿教学的全过程,为检测教学目标服务,以发现学生学习中的问题并提供及时帮助和反馈,促进学生有效地开展学习。""教—学—评"一体化突出了教师的教、学生的学及课堂评价的有机衔接,注重培养学生的核心素养。整合教学、学习和评价,实现"教—学—评"一体化,对初中英语课堂教学有着重要意义。

　　而指向批判性思维培养的课堂评价也应关注"教—学—评"一体化,在教学中关注学生批判性思维的提升,设计指向批判性思维培养的学习活动,并借助评价手段促进批判性思维培养目标的落实。本节着重介绍使用清单教学策略(checklist)开展指向批判性思维培养的课堂评价。

一、清单教学的理论基础

(一)概念界定

　　2009年,美国医生 Atul Gawande(阿图·葛文德)所著的《清单革命》在这个信息爆炸的时代引发了各领域的热议。葛文德指出,随着时代的发展和科学技术的进步,知识已使我们不堪重负,而清单为大脑建起一张"认知防护网",弥补了人类与生俱来的认知缺陷。由于清单的高效性,教育学者积极探索其在教学领域中的应用。美国教育学家 Bryan Goodwin(布莱恩·古德温)和 Elizabeth Ross Hubbell(伊丽莎白·罗斯·哈贝尔)在 *The 12 touchstones of good teaching：A checklist for staying focused everyday*(《良好教学效果的12试金石：每日都需要专注的事情清单》)一书中罗列了12个高效教学的检验标准,对教学有着很好的指导作用。国内学者也在不断研究清单教学理论在教学过程中的具体实践。从理论上来讲,清单式课堂教学模式是指面对日益复杂的知识及其应用,在课堂教学中借助清单理念简化教学知识、优化教学智能过程,突出师生互学互研对等合作的开放式课堂教学过程。这种模式将课堂教学过程中"以教为中心"和"以学为中心"的两种主流模式进行整合,同时以学科课程中基础性和原创性的知识信息为课堂教学的讲授焦点,以解决社会现实问题为目标,鼓励学生在课堂上要思考、想发言和敢论辩(贡太雷、朱佩林、王揆鹏,2006)。

(二)清单(checklist)教学理论实践的基本原则

清单教学理论在课堂教学实践时,需要遵循以下原则。

1.教学主体平等沟通

清单教学理论要求学生依据所给的清单,主动参与目标语言的运用过程,在教与学之间实现平等的沟通。课堂教学要充分发扬民主精神,把课堂由教师的"讲堂"变成学生的"学堂",给学生更多的时间和空间进行个人思考、双人互动、小组讨论,培养学生倾听及积极用英语思考、交流的好习惯。

2.教学内容简要可测

在教学内容上,课堂教学要坚持核心、简要原则。教师要将课堂最重要的目标语言以清单的形式罗列出来,帮助学生进行自我检测和互相检测,提高课堂的效率。

3.教学情境不断更新

清单设计要具有时效性,符合学生目前阶段认知的水平。提供的情境和话题可以选择目前学生感兴趣的、有一定了解的,并进行不断更新,提高学生对活动的兴趣和参与度,加强语言在实际语境中的可运用性。

二、Checklist 的分类

针对特定的教学实践,checklist 有不同的分类。

(一)按内容分类

预习清单:教师在课前准备导读任务清单,学生通过清单上的问题预习本节课内容。

探究清单：以清单的方式随堂检测课堂上的重难点，重点突破，常用于语法教学和复习课中。

检测清单：在课堂的语言生成阶段，学生通过清单进行自我检测和互相评价，了解目标语言的掌握情况，常用于听说教学和写作教学中。

(二)按形式分类

勾选式：通过勾选方式检测是否在语言输出过程中运用了本节课的目标语言(见图 6-1)。

Useful sentences: ("✓" the sentences you use)

☐ Hi! ... I want to play...

☐ Do you have a... ?　Yes, I do. / Sorry, I
　　don't.

☐ Does... have a...?　Yes, he/she does.
　　　No, he/she doesn't.

☐ Let's go and find him/her.

☐ Great! We can play together.

☐ Let's go!

图 6-1　勾选式评价

打分式：通过给星等打分方式对语言生成的效果进行自评和互评(见表 6-3)。

表 6-3　打分式评价

	Evaluation content	Self-check	Peer-check
	Title ★★★		
	What ★★★		
Information	Where ★★★		
	How ★★★		
	Who ★★★		
Target language	Is this yours? ★★★ Are these yours?		

续　表

Evaluation content	Self-check	Peer-check
Grammar mistakes ★★★		
Handwriting ★★★		
Stars in total		

(三)按功能分类

自我检测：学生通过清单的方式检测自己是否在语言输出过程中达到了既定的目标。

相互评价：学生按照清单上所给的评价标准，对他人的口语或写作输出结果进行评价。

三、指向批判性思维培养的清单教学实践

如何在初中英语课堂中开展清单教学培养学生的批判性思维呢？本节将结合不同课型课例进行说明。

(一)听说课型

以 *Go for it*！七上 Unit 9 My favorite subject is science Section A 1a—2d 为例。

1.学情分析

本课教学对象为七年级学生。根据《义务教育英语课程标准(2011年版)》，七年级学生基本达到了英语三级能力水平目标，能听懂有关熟悉话题的语段和简短的故事；能与教师或同学就熟悉的话题(如学校、家庭生活)交换信息；能根据提示简要描述一件事情，参与简单的角色表演等活动(教育部，2011)。但是，学生对于目标语言的实际语用能力和思维拓展能力还有待加强。

根据学情分析，教师在设计清单时要充分考虑学生的实际情况，对学生创编对话时容易出现的问题加以预设，并且提出普适性的要求。

2.批判性思维学习目标

分析、应用目标语言，表达自我喜好及其原因；合理评价对话的生成并进

行适当创新。

3.运用清单的教学片段

清单教学理论要求教师提供的清单有明确的标准,让学生明确课堂的要求、必学内容以及评价体系。在对课本话题和目标语言充分讨论操练的基础上,学生按照教师提供的 checklist 进行对话拓展活动。学生可从三个内容中选择自己感兴趣的话题:What's your favorite food/sports/movie? 并结合目标语言(见图 6-2),创造具有真实情景意义的对话。在对话过程中,对话双方先根据打分式评价表(见表 6-4)进行自我评价,再进行组内互评,最后对话展示时,其他同学再进行评价和给出建议。

Useful expressions: ("✔" the expressions you use)

☐ What's your favorite...?

☐ Why do you like...?

☐ Who is...?

☐ When do you play/watch/eat...?

图 6-2　勾选式评价

表 6-4　打分式评价

Evalnation content	Self-check	Peer-check
1. Do they greet each other?　★★		
2. Do they use wh-questions?　★★★		
3. Are there any grammar mistakes?　★★★		
4. Do they use the right stress?　★★		
Total		

在本课中,学生经过前面活动的操练,已经对"学科"这一话题进行了较为充分的讨论,checklist 提供新的话题,有利于再次激发学生的探讨兴趣。其中的 food 和 sports 话题分别是本教材第五、六单元的主题,学生有话可聊,有利于提高学生自身期望,树立信心;有用表达中包含了本课时的目标语言——wh-引导的特殊疑问句,可帮助学生明确和总结本节课的语言重点;打分式评价表提供了明确的评价标准,有利于学生进行及时有效的反馈和评

价。学生在具体探讨时,需要思考如何创造一个具体情境中的对话,培养了学生的应用、分析、评价技能,提升了思维品质。

(二)阅读课型

以 *Go for it*! 八年级上册 Unit 9 Can you come to my party? Section B 2a—2e 为例。

1.文本解读

本文体裁鲜明,为一篇应用文,包括一封派对邀请函以及两篇邀请函回复。通过本文的学习,学生可以了解邀请函的基本格式和基本内容,掌握如何有礼貌地接受或拒绝邀请函。

文本以电子邮件的形式,围绕为即将回美国的老师举办送别会这一话题,分别呈现了发出邀请、拒绝邀请和接收邀请的三个阅读文本。

2.学情分析

本课教学对象为八年级学生。八年级学生对派对话题比较感兴趣,但是不大了解英文邀请函的内容以及邀请函回复的方法,因此他们对本课学习充满期待。

3.批判性思维学习目标

分析邀请函基本格式和基本内容,掌握篇章主旨大意;深入理解全文,思考语言背后的含义;借助评价量表开展同伴间互评,通过审判、质疑、分析、解释等思维活动,培养学生批判性思维。

4.运用清单的教学片段

归纳邀请函的功能性语言后,教师设计了一封 unusual food party 的邀请函,让学生根据自己喜好对邀请函进行回复,可以选择接受或拒绝。在此过程中,根据板书上对于这种文体结构的梳理、功能性语言的归纳,引导学生利用目标语言进行口头输出。教师呈现 checklist(见图 6-3),让学生在思考和表达时有据可循。

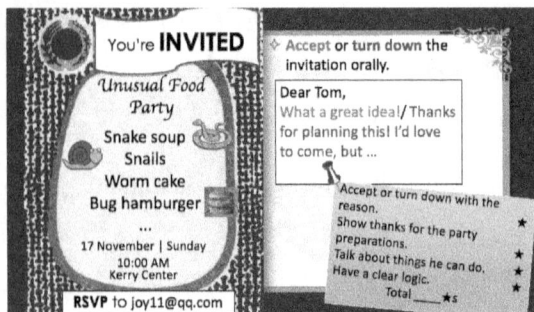

图 6-3　读后活动 checklist

学生现场展示的实录如下。

S1：Dear Tom，thanks for planning this. I'm sorry I can't make it to the party. I have math and science classes at that time. And I don't think I will like the food. But I could help out with some of the party preparations，like thinking of games to play. Hope you can have fun!

S2：Dear Tom，what a great idea! I'd love to come to party，because I like taking adventures. I have never tried crazy food，but I think I will enjoy it. By the way，I can help out with some of the party preparations，like bringing some drinks or setting the table. Let me know if you need my help.

展示结束后，教师根据 checklist 引导其他学生开展评价。

本课例的读后活动中教师设计了真实的情境，让学生自主思考，在回复邀请时，根据情况选择接受或拒绝。在此过程中，学生运用了分析、解释、自我监控等批判性思维认知技能。同伴使用 checklist 进行评价时，运用了评价和解释技能，促进了他们的思维提升。

(三)写作课型

以 *Go for it*！九年级 Unit 5 what are the shirts made of? Section B 3a—3b 为例。

1. 文本解读

本课是一堂针对九年级学生物件介绍的写作课，在读写整合的理念下，3a 活动利用阅读材料输入相关的背景信息，通过提问和回答的方式让学生介绍自己家乡的特产、食物或艺术品。3b 要求学生在 3a 的基础上进行写作训练，教材提供了写作支架，降低了难度。

2.学情分析

本课教学对象为九年级学生。在前面的课时中，学生已从听说课和阅读课了解到如何能够使用被动语态来描述一件物品，例如：be made of by/in/with…；be used for/as/to…通过语法课对被动语态的功能和形式有了一定的了解，但如何条理清晰地用笔头描述物品还是有一定的困难。

3.批判性思维学习目标

通过自评、互评作文初稿，训练分析、评价等思维技能；借助评价量表开展同伴间互评，通过审判、质疑、分析、解释等思维活动，培养学生批判性思维。

4.运用清单的教学片段

（1）自评互评，发现问题。教师设计 checklist（见表 6-5），让学生进行自我评价与同伴互评，并抽取一篇学生习作当堂进行评价打分。Checklist 在信息点、语言、结构和书写等方面设置细致的评分标准，一方面，让学生明确此次习作的问题所在，进而做出针对性的修改；另一方面让学生明确采分点，为以后的写作制定标准范例。打钩简洁易操作，是落实评价的一种有效形式。更重要的是，这种自评和互评的任务不同程度地提升了学生的评判性思维能力。学生在写作课堂中不仅是写作者，也是一名赏析者和评价者，并且能通过这种评价方式对自己和他人的习作进行审视和再创作，真正提升写作能力和思维能力。

表 6-5　写作评价

	What aspects does the article talk about?	Self-check（check✔）	Peer-check（check✔）
information coverage (at least 6 aspects)	1. What the product is		
	2. What they are made of		
	3. Who they are made by		
	4. Where they are made		
	5. What they can do		
	6. Why they are special		
Sentences with passive voice（at least 5）			
Connecting words/sentences			
Few grammar mistakes			
Clear handwriting			
Final score			

（2）逐个突破，完善习作。学生根据 checklist 明确习作的问题后，对习作进行修改。而教师则针对普遍的问题进行引导。修改分为宏观修改（内容和结构）和微观修改（遣词造句）两个层次，这是以往学生自己无法独立完成的，而 checklist 的设置和出现可以帮助学生独立进行自我修改或者生生互改。修改文章不再只是老师的任务，实践主体变得多元化，文章的修改建议更客观有效。值得注意的是，教师要提醒学生严格根据 checklist 进行修改，而不能让学生抛开 checklist 毫无章法地随意修改。修改的过程锻炼了学生的修改能力、总结经验教训的能力，以及评判能力，是一个综合性很强的环节。它能让学生有机会与习作进行对话，是对习作进行再思考、再升华的一个必要步骤，是有效提高写作能力和评价性思维的途径。

四、使用清单开展教学的建议

在以往的语言输出活动中，往往是教师提供完整框架、学生模仿产出。使用清单开展教学能为学生提供自主生成的机会，通过教师提供的内容、结构、语言清单，学生在围绕目标语言的基础上，能进行开放性、真实性的语言表达，达到更好的教学效果，学习兴趣和参与度明显提高。当然，在教学实践的过程中，教师需要注意到以下几点。

（一）保证目标语言的充分输入

参照 checklist 开展的拓展活动需要有效建立在前期目标语言和话题充分输入的基础上。学生只有熟悉了目标语言结构，学会讨论课本话题，才能借助清单进一步延伸到生活中的其他话题，实现高质量的语言表达。

（二）提升活动的层次性和递进性

在教学的不同阶段，应该设定不同的认知目标，包括记忆、理解、应用、分析、评价和创新，由易到难，从低阶向高阶，逐步培养学生的思维品质和探究能力。从任务难度增加，到清单中所给的话题拓展和补充表达，在巩固的基础上一步步对内容和语用进行拓展，学生的思维层级也随之提高。

（三）关注不同学生的表达效度

教学目标的达成与否并不是参照课堂上少部分能力较强的学生的学习

效果,而是要关注课堂中不同层次的学生的语言产出。基于教学目标设计的清单要提供几个可选择的生活化情境,鼓励学生开口表达。同时,教师在设计清单时要注意学生的个性化问题,可以对学生某阶段独有的问题列出清单,也可以对某位学生的特有问题列出清单,以提供个性化的帮助。这样才能保证不同学生在同一个活动中面对自己熟悉的情境发表不同的观点。

(四)引导学生主动参与评价和设计

教师要引导学生主动参与清单的制作、使用和完善的整个过程,甚至让学生评价清单并自主设计清单。清单中的条目可以让学生根据课堂习得的内容总结生成,并在学习过程中不断完善,最后形成评价自己学习成果的标准。在此过程中,学生通过质疑评价等活动提升了批判性思维能力。

综上所述,清单在初中英语教学中的运用可以增强课堂的实效性,提高学生在语言交流中的自主性、参与度、创新性,在语言实践中培养学生的语言运用能力和思维品质。教师要进一步在清单设计中凸显批判性思维并提高学生利用清单的能力,使清单真正为学生思维提升服务。

第三节　指向批判性思维培养的作业设计

批判性思考对教育活动的组织来说，是首要的（武宏志，2016）。作业是培养批判性思维能力的重要手段，而现有的英语作业很少聚焦思维性，不利于学生在完成作业的过程中发展思维能力。因此，在做作业的过程中发展学生的批判性思维迫在眉睫。

一、批判性思维视角下初中英语作业实践框架

批判性思维包含六种技能和倾向，这六种技能和倾向并无主次之分，也不相互割裂，而是相辅相成的共同体。我们仅仅凭借一个基本要素开展批判性思维的情形是罕见的（钟启泉，2002）。在初中英语作业中，一个题型可能综合了多种批判性思维认知技能，而一种批判性思维认知技能的培养也可能会贯穿作业中的多个题型。

初中英语作业完成过程中的批判性思维能力培养主要依托语篇，其中，批判性思维情感倾向分为三个阶段。首先，求知欲倾向和相信推理倾向主要体现在读前，在正式写作业前，学生需要有强烈的好奇心，有坚定自己能得出合理判断的信心，并能关注到潜在问题，对阅读效果有所预见。其次，读中的思维情感倾向主要表现为探索真相倾向、系统倾向和明智审慎倾向，在写作业过程中，学生需要以证据为导向，有计划、有条理地运用批判性思维认知技能，做出中立且明智的决定。最后，思想开明是完成作业后重要的批判性思维情感倾向，学生能意识到个人不足，积极接受反馈，并在此基础上尝试突破自己的局限性。

设计作业时，教师要以作业目标为核心，依据批判性思维的两个维度引导和促进学生批判性思维的培养：学生通过预测题初步感知文本；随后在论证题部分充分思考，形成对文本的整体了解；在此基础上，通过导图题设计思

维导图,对文本进行抽象化的概括;之后基于个人理解,进行思考和提出疑问,对文本内容进行升华;最后利用作业评价表监控作业,将作业完成过程内化为批判性思维能力和习惯,从而应用于新一轮作业实践(见图6-4)。

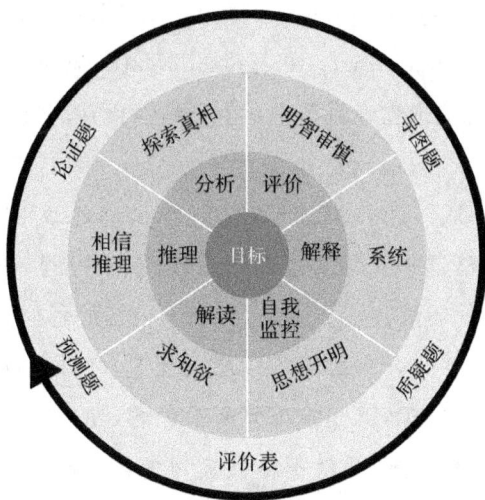

图 6-4 作业实践框架

二、批判性思维视角下初中英语作业设计的实践

英语作业以作业目标为核心引领审辨思考,以预测题、论证题、导图题和质疑题为作业内容形成批判性思维认知技能,设置评价表用于作业评价,培养学生批判性思维情感倾向。作业目标、作业内容及作业评价相辅相成,促进学生批判性思维能力的发展和提升。

(一)作业目标引领批判思考

作业目标是落实作业的核心。为实现培养学生批判性思维目的,作业目标的达成需要依托批判性思维素材、批判性思维组织及批判性思维设问。首先,作业素材的选择要体现批判性思维。如阅读作业素材的选择应以符合学生的思维发展阶段特征的记叙文、说明文和议论文为主,贴近学生生活,激发学生的作业兴趣和思考意愿,促使学生批判性思维认知技能及思维情感倾向的发展。其次,作业组织要考虑到思维差异和思维发展。教师可适当增加分层作业和合作作业，分层作业有利于缓解学生焦虑，提升信心；合作作业有利于学生融合多元意见，通过分析、评估、判断、综合，生成合理的解决方案或做出准确的决策。最后，如何选用目标动词设问也是批判性思维技能训练的关键，目标动词应该包含：interpret，analyze，infer，evaluate，explain，identify，compare and contrast，recognize，relate，summarize，distinguish，outline 等，以达到在完成作业过程中学生不断强化并落实批判性思维认知技能的目的。

以 *Go for it*！七上 Unit 6 Do you like bananas? 为例，本单元主要围绕"谈论对食物的喜好"这一交际功能展开，并以 like 为例，进一步学习实义动词在一般现在时中的用法，这是对七上 Unit 5 内容的延伸。经过对单元作业目标的梳理和整合，并结合布鲁姆认知层次理论，教师归纳提炼出本单元指向批判性思维的作业目标：巩固本单元所学内容，使用重点词汇和句型等谈论自己和他人的饮食习惯，并就不良饮食习惯给出建议，从而发展批判性思维。

（二）作业内容指向批判性思维技能

作业内容是促进学生批判性思维发展的重要组成部分，高效选题、用题对培养学生批判性思维技能具有重要意义。

1. 巧用预测题，培养推理技能

批判性思维中的推理能力是指学生在作业活动中能够识别和确认论据，根据已有信息进行推断和猜测。首先要求学生通过预测题初步感知文本，引导学生根据已有信息，如标题、图片、主题词来预测故事发展，甚至文章主旨；随后，要求学生通过浏览版面设计提炼与体裁相对应的要素，进而判断文本体裁，并确认证据，使自己的推断更具说服力。

在这一作业设计中，学生以个人兴趣点为依托，关注细节，关注背景，对文本做出各种各样的预测和推断。学生的预测是否准确并不重要，通过预测题引导学生根据已有信息进行推断和猜测，培养学生的推断能力才是预测活动的意义所在。

2.巧选论证题,提升分析技能

训练分析能力首先要学会区别事实和观点,这是独立思考的前提,也是批判性思维的明显特征。论证题往往具有鲜明的事实和观点,能帮助学生建立"opinion－reason－evidence"的分析模式。以如下一段内容为例。

On March 27, French President Emmanuel Macron announced that children in France will start school at 3 instead of the current starting age of 6.

This change means that France will have one of the lowest compulsory school starting ages in Europe, along with Hungary.

...

Q1. Evaluate the fact for this passage.(要求学生辨别事实和观点)

Q2. Explain Macron's opinion and analyze his reasons.(引导学生找出观点以及用于支撑观点的论据和例证)

针对上述提问,学生需要分析"教育法规变革"这一事实和其他要素之间的关系,再得出结论。从作业情况看,学生能初步尝试用"opinion－reason－evidence"的分析模式来论证,在区分出"教育法规变革"这一事实后,找出人物 Macron 的观点,再用理据来佐证其观点。学生在分析过程中逐渐建立证据意识,内化分析技能。

又如 *Go for it*! 七上 Unit 6 Do you like bananas? 第三课时的口语表达模块中的小组讨论题要求学生分析 Annie 和 Jack 的饮食习惯,分析谁的饮食习惯更健康并给出理由。此类论证题有助于发展学生的批判性思维。

3.巧设导图题,强化解释技能

解释技能的培养重在引导学生解释推理过程。思维导图将学生的思考过程立体呈现出来,通过思维的可视化帮助其更好发展解释能力(见图 6-5)。

在这一作业设计片段中,学生根据已有的各个国家的打招呼方式,归纳出两类方式,最终得出论证结果。学生使用思维导图进行具象推理的过程,有利于做出准确评价,促进提高其思维的条理性及语言运用的概括性。

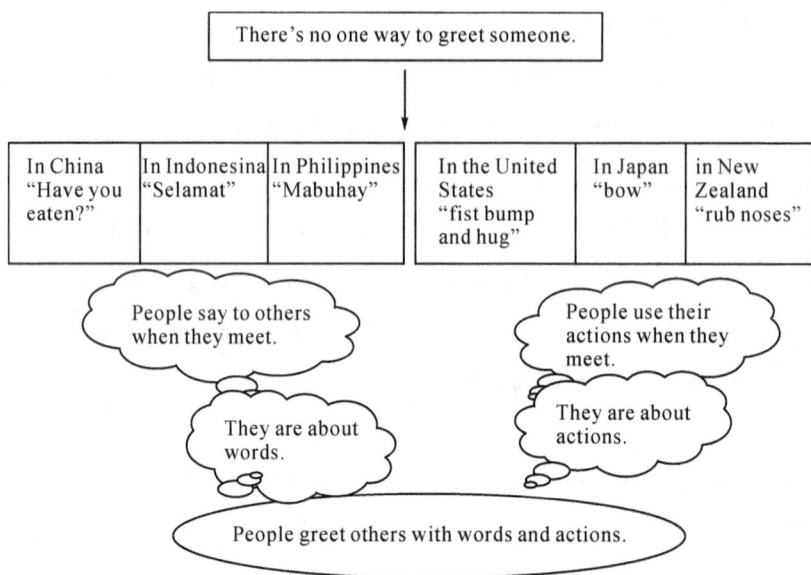

□为文中已有信息；⌒为推理所得论断；⌒为最终论证

图 6-5　思维导图

4. 巧引质疑题，发展评价技能

学生通过质疑文本，激发自身的求异思维，从而促进对文本的多元思考及联想，进而训练其思维的广阔性和批判性，培养评价能力。学生基于个人理解，对文本提出疑问，并进行思考，这在一定程度上是对文本内容的升华。作业实践中，学生倾向于从四个维度对文本进行质疑评价（见表 6-6）。

表 6-6　质疑问题类型

质疑问题类型	例句
标题质疑	The passage talks about the difficulties of being an animal doctor, why the title is "An interesting experience"?
情感质疑	Alice says, "That's who you are." Does she feel OK at last?
内容质疑	Is it really a good way to show your respect by making a phone call to invite your friends just because you want to save time?
结构质疑	Although Barnes gives a conclusion, I think he still agrees with the second opinion. So is this truly an conclusion for this passage?

质疑是学习过程，而不是学习目的。教师创设质疑题引导学生质疑的目

的是要培养学生的问题意识和质疑精神，激发他们自主学习和探究思考的欲望和热情。学生的质疑精神在不断尝试和反思中得以培养，质疑的层次也会逐步提升，其批判性思维认知技能中的评价能力也得以发展（包丰，2019）。

（三）作业评价塑造思维情感倾向

作业评价能保证作业实施效果，实时激发和监控学生思维态度，帮助学生将作业完成过程内化为批判性思维能力和倾向，并应用于新一轮作业实践，因此作业评价既是作业实施流程的终点，也是发展思维能力的起点。

1.教师评价监控思维情感倾向

初中阶段学生的自我监控能力还相对较弱，要让学生完全依赖自我评价来发现问题并进行自我修正是难以实现的。此时，教师的适时评价反馈（见表6-7）是非常重要的。

表 6-7　教师评价

评价角度	内容要点	星级
阅读态度	对作业内容有好奇心，能关注潜在问题	☆☆☆☆☆
	能意识到个人不足，并积极接受反馈	☆☆☆☆☆
内容理解	能识别并标注自己的疑惑点	☆☆☆☆☆
	能借助证据，以合理的推理形式进行有效论证	☆☆☆☆☆
	能从不同角度分析	☆☆☆☆☆
表达技巧	能系统组织语言	☆☆☆☆☆
	能严谨、审慎地表达观点	☆☆☆☆☆
努力程度	愿意设法查找证据	☆☆☆☆☆
	敢于发表自己的观点	☆☆☆☆☆

教师评价分四个角度、九个要点，不同要点指向不同批判性思维情感倾向。阅读态度中的两个要点旨在监控学生求知欲和思想开放情感倾向，内容理解中的三个要点重点监控追求真相和分析性情感倾向，表达技巧中的两点侧重于系统性和分析性情感倾向，努力程度中的两点关注学生自信心。设置教师评价表旨在发挥教师对促进学生思维发展的监测意义，同时也引导教师

除了关注学生的作业内容，还要发现和捕捉学生思维发展的亮点、价值观方面的闪光点，深化学生情感体验，促使其学习效能及思维情感倾向的持续提升。

2. 自我评价培育思维情感倾向

自我评价作业是批判性思维教学的工具（李学书，2011）。因此，在作业评价中应充分发挥这个工具的作用，让批判性思维真正成为学生自我探究、自我审视及自我更正的思维。

学生参照自我评价表（见表6-8）监控自己作业实践的过程就是批判性思维提升的过程。自我评价表中六个内容从上到下依次侧重培育学生自信心、求知欲、追求真理、分析性、思想开放及系统性倾向。设置自我评价表旨在学生能逐渐感知并分析自己的思维习惯和倾向，不断突破固定的思维模式，塑造批判性思维情感倾向。

表6-8　自我评价

Content	Stars
I always believe myself in making reasonable judgments.	☆☆☆☆☆
I am interested in reading the passages and I want to know more about the topic.	☆☆☆☆☆
I raise questions because I want to know what it really is.	☆☆☆☆☆
I think my personal reasons for these answers are objective and exact.	☆☆☆☆☆
Can you come up with more questions from the passage? (one more question for one star)	☆☆☆☆☆

Which factors may affect me in understanding the passage and answering the questions?
A. Some key words.　B. The sentence structure.　C. The topic.　D. Limited time.
E. The reading environment…(Add on your own)

3. 学生互评激发思维倾向

教师还可以结合作业内容设计互评表，以便学生及时了解并反思作业中的问题，学生通过互评学习他人的思维方式，提升学习能力，体现教、学、评的一致性。

例如，*Go for it*！七上 Unit 6 Do you like bananas? 第三课时的口语表

达模块,针对小组汇报任务,教师提供自评和互评表让学生进行评价(见表 6-9)。又如,在完成第五课时的书面表达任务后,教师提供了互评表(见表 6-10)让学生评价,监控课时教学目标和作业目标的达成度。

表 6-9　口语表达自评、互评

(a)

Name	Likes	Reasons	Dislikes	Reasons

(b)

Evaluation content	Self-check	Peer-check
Tallked about group member's preferences (likes and dishkes)		
Used target language and key words		
Used proper tone, gave the report without any reference		

表 6-10　书面表达互评

Evaluation criterion	In this clrtitle, I taked about…
Content	food my mother likes for breaktast/lunch/dinner and reasons
	food my mother doesn't like for breakfast/lunch/dinner and reasons
	her opinions on her eating babits
	my opinions on her eating habits
Language	A clear structure
	Different sentence pattems
	Some linking words
	Few grammar mistakes

三、实施建议

针对批判性思维培养的初中英语作业能帮助学生在充分解读文本材料的基础上，借助问题激发思考，通过绘制思维导图进行推理和分析，根据个人理解展开质疑评价，并重视思维过程中的自我解释和监控，从而使学生的批判性思维认知技能得到一定的提升。另外，不断接触此类型的作业后，学生逐渐意识到个人经验主义和定式思维的痕迹，会有意识地调整自己的思维习惯和思维倾向，能意识到个人不足，求知欲和自信心也逐步增强，并在此基础上尝试有计划、有条理地运用批判性思维技能摆脱经验主义和定式思维的束缚，从而使思维更具开放性和灵活性，批判性思维情感倾向在反复激活的过程中不断发展。同时，教师开展自主作业设计也促进了教师命题等专业能力发展。

当然，有效实施英语作业，提升学生批判性思维能力，教师还需注意以下两个方面的问题：批判性思维作业的设计要关注单元整体作业目标，整体设计单元作业以提升学生的思维能力。针对不同的学生群体，教师要考虑分层设计作业，设计具有弹性且个性化的英语作业，引导学生在完成作业过程中自觉、主动地进行有目的的思考。

第七章

师资保障：英语教师的批判性思维培养路径

教师自身的批判性思维品质高低决定了学生的思维能力，本章通过分析数据，剖析初中英语教师自身批判性思维品质的薄弱点，提出开展教师批判性思维品质提升的课堂教学改进，同时通过教师工作坊等研修活动开展培养批判性思维的实践。

第一节　初中英语教师批判性思维品质培养的必要性

要培养学生掌握相关的批判性思维，首先初中英语教师自身就要具备批判性思维和理性精神。将思维品质作为探究教师发展问题的切入点，甚至是突破点，根本原因在于思维品质是制约教师发展的主要瓶颈。无论是初入教坛的"新手型"教师，还是历练多年的"成熟型"教师，思维品质的高低决定了其职业生涯的高度、深度和广度（李政涛，2021）。

为了更好地了解教师的批判性思维品质情况，本次调研选取了杭州市上城区部分初中英语教师作为调查对象，以期发现问题，探索提升教师批判性思维的有效途径。

一、调查对象

本次调研以问卷调查为主，共回收有效问卷 304 份。在问卷调查的基础上，又就部分重点问题有针对性地对个别教师进行访谈，以使调查研究更加全面和深入。

问卷调查涉及调查对象的年龄、教龄、学历、职称和所在学校类型。

参与问卷调查的 304 名受访教师中，7 年级教师 150 人（49.34％），8 年级教师 127 人（41.78％），9 年级 27 人（8.88％）；5 年以下教龄 112 人（36.84％），6—10 年教龄 48 人（15.79％），11—15 年教龄 33 人（10.86％），16—20 年教龄 19 人（6.25％），20 年以上教龄 92 人（30.26％）；二级教师 100 人（32.89％），一级教师 117 人（38.49％），高级教师 63 人（20.72％），其他 24 人（7.89％）；大专 2 人（0.66％），本科 207 人（68.09％），硕士研究生 94 人（30.92％），博士生 1 人（0.33％）。

二、调查工具

本研究的原始问卷来源于台湾学者朱宛瑜和叶玉珠所编制的批判性思

考倾向量表，该问卷具有较强操作性，共 20 个题项（吕国光，2007）。研究团队根据英语教师的具体情况修改该量表，对英语教师批判性思维情感倾向进行分析，并加入对培养批判性思维的教学情况进行调查的题目。通过网络平台发放和回收预测问卷，并利用回收数据修订预测问卷，最后形成正式问卷（见附录 2）。

调查问卷分成两个部分，第一个部分为 10 个英语教师批判性思维情感倾向分析题。每一题，调查对象根据真实情况，在"总是""常常""有时候""很少""几乎不会""不曾"等选项中圈选适当的答案。圈选"总是"记 6 分，圈选"常常"记 5 分，圈选"有时候"记 4 分，圈选"很少"记 3 分，圈选"几乎不会"记 2 分，圈选"不曾"记 1 分。得分越高表示调查对象批判性思维情感倾向越大。第二个部分为 10 个学生批判性思维培养情况题，共有从"完全不符合"到"完全符合"等 5 个选项，调查教师对批判性思维的认识以及在课堂上培养学生批判性思维的具体教学方式。

三、调查结果与分析

(一)英语教师批判性思维情感倾向

从整体看，英语教师自身的批判性思维情感倾向基础尚可，得分率在 80％以上的有 219 人，占总人数的 72％，具体情况如表 7-1 所示。

表 7-1 英语教师批判性思维情感倾向情况

英语教师批判性思维情感倾向	具体表现	题目编号	平均分
追求真理	渴望探究真理，勇于提问，诚实客观地探究	③	5.14
		⑧	5.02
思想开放	容忍不同意见，理解他人的意见，考虑自己可能有偏见	②	5.33
		⑥	5.13
分析性	对潜在问题敏感，预见后果，充分利用理由和证据	⑦	5.10

英语教师批判性 思维情感倾向	具体表现	题目编号	平均分
系统性	能有序地处理复杂问题，勤于寻找 相关信息，注意力聚焦于当下问题	⑤	5.01
		⑨	4.69
自信心	对自己的推理能力的自信	①	4.76
求知欲	有广泛的好奇心，消息灵通	⑩	4.83
认知成熟度	评价推理的公正性，改变判断的审 慎性，达到目标的精确性	④	5.16

总的来说，英语教师自身批判性思维情感倾向的各项指标良好，教师具有基本的思辨能力和积极的批判性思维情感倾向，但程度普遍不高，相对来说，系统性、自信心、求知欲三方面偏弱，5.4%的老师表示很少甚至几乎不会试着去找出他人论点中所隐含的主要假设。具体情况如表7-2所示。

表7-2 英语教师批判性思维情感倾向薄弱项目情况分析

维度：系统性 问题：在解决问题时，我试着考虑各种不同的解决方案 并预测可能产生的结果		本题平均分：5.01
选项	人数/人	比例/%
不曾	0	0.0
几乎不会	0	0.0
很少	1	0.3
有时候	66	21.3
常常	173	55.8
总是	70	22.6
维度：系统性 问题：当他人提出一个论点时，我试着去找出这个论点 中所隐含的主要假设		本题平均分：4.69
选项	人数/人	比例/%
不曾	0	0.0

续 表

几乎不会	2	0.6
很少	15	4.8
有时候	105	33.9
常常	143	46.1
总是	45	14.5

维度：自信心 问题：我尝试采取不同的角度去思考同一个问题		本题平均分：4.76
选项	人数/人	比例/%
不曾	1	0.3
几乎不会	0	0.0
很少	7	2.3
有时候	100	32.3
常常	158	50.1
总是	44	14.2

维度：求知欲 问题：我尝试去进一步探索新奇的事物和观点		本题平均分：4.83
选项	人数/人	比例/%
不曾	0	0.0
几乎不会	0	0.0
很少	12	3.9
有时候	102	32.9
常常	122	39.4
总是	74	23.9

(二)批判性思维培养情况

从调查问卷第二部分看，总体来说，教师们对批判性思维教学还是比较重视的，这说明《普通高中英语课程标准(2017年版)》中倡导的思维品质培养对教师有一定的引导作用。

大多数教师认为批判性思维的培养在英语教学中很重要，说明大家对批判性思维的价值比较认同。当问到什么是批判性思维，批判性思维包括哪些具体技能时，还是有部分教师表示说不清，看来教师们对批判性思维内涵的理解还有一定的局限。此外，部分教师表示不知道应该通过哪些具体方式培养学生的批判性思维，以及如何培养。近40%的教师表示缺乏进修学习的机会（见表7-3）。

表7-3　对英语教学中开展批判性思维培养的认识

问题：我清楚地了解什么是批判性思维		本题平均分：3.83
选项	人数/人	比例/%
完全不符合	1	0.3
不太符合	11	3.5
说不清	70	22.6
符合	186	60.0
完全符合	42	13.5
问题：我清楚地了解批判性思维包含哪些具体技能		本题平均分：3.55
选项	人数/人	比例/%
完全不符合	0	0.0
不太符合	17	5.5
说不清	127	40.9
符合	139	44.8
完全符合	26	8.4
问题：我清楚地了解应该通过什么方式去培养学生的批判性思维		本题平均分：3.59
选项	人数/人	比例/%
完全不符合	0	0.0
不太符合	27	8.7
说不清	106	34.2
符合	145	46.8

续　表

完全符合	32	1.1
问题：我有机会通过进修学习等方式知道如何培养学生的批判性思维		本题平均分：3.55
选项	人数/人	比例/%
完全不符合	4	1.3
不太符合	49	15.8
说不清	67	21.6
符合	152	49.0
完全符合	38	12.3
问题：我认为批判性思维的培养在英语教学中很重要		本题平均分：4.25
选项	人数/人	比例/%
完全不符合	1	0.3
不太符合	5	1.6
说不清	27	8.7
符合	160	51.6
完全符合	117	37.7

(二)批判性思维教学情况

虽然教师对批判性思维的内涵了解不多，但是令人欣慰的是，大多数教师在教学中还是运用了一些涉及批判性思维的教学方式，这部分调查问卷的数据相较第一部分更好些。说明教师在日常教学中对学生的批判性思维提升比较重视，但是从个别访谈看，批判性思维培养方式主要依赖教师对学生主体的认识，基本是无意识的设计，有时候甚至不知道这些方式是否合理有效，缺乏对培养方式系统性、科学性的考虑(见表7-4)。

表7-4　批判性思维教学情况

问题：我会鼓励学生和我持不同观点或反对我的观点		本题平均分：4.22
选项	人数/人	比例/%
完全不符合	0	0

不太符合	8	2.6
说不清	19	6.1
符合	179	57.7
完全符合	104	33.5

问题:我会鼓励学生挑战自己并帮助他们面对挑战		本题平均分:4.28
选项	人数/人	比例/%
完全不符合	1	0.3
不太符合	2	0.6
说不清	12	3.9
符合	188	60.6
完全符合	107	34.5

问题:我会引导学生为自己的观点找到充足的理由		本题平均分:4.28
选项	人数/人	比例/%
完全不符合	1	0.3
不太符合	1	0.3
说不清	7	2.3
符合	201	64.8
完全符合	100	32.3

问题:我会鼓励学生对教材文本或者作者观点做评价,并提出自己的看法		本题平均分:4.26
选项	人数/人	比例/%
完全不符合	0	0.3
不太符合	5	1.6
说不清	10	3.2
符合	195	62.9
完全符合	100	32.3

问题:我会要求学生对英语学习进行阶段性反思		本题平均分:4.20
选项	人数/人	比例/%
完全不符合	0	0.3

续　表

不太符合	3	0.9
说不清	21	6.8
符合	198	63.9
完全符合	88	28.4

四、对教师提升批判性思维能力的建议

从调查数据和分析看，教师自身具有一定的批判性思维，相对来说，系统性、自信心和求知欲三个方面偏弱。此外，部分教师对批判性思维内涵的理解还有一定的局限，也不知道应该通过哪些具体方式、如何培养学生批判性思维，他们也缺乏机会通过进修学习等方式了解如何培养学生的批判性思维。批判性思维的培养基本上是无意识的设计，缺乏系统性和科学性的方法指导。

针对本次调查中反映出来的问题，研究团队提出以下几条建议。

(一)改变观念，重视培养学生批判性思维

了解批判性思维培养的重要性和必要性是改善初中英语教学现状的第一步。教师对批判性思维的态度极大地影响着学生批判性思维的提升，如果教师足够重视批判性思维培养，并加以指导，学生便能在学习中有所收获。教师应改变在教学中忽视培养学生批判性思维能力的做法，提升对批判性思维培养的认识，以教和学为载体，多角度、多维度开发批判性思维训练活动，培养学生的批判性思维能力。

(二)自我修炼，提升自身批判性思维能力

教师自身的批判性思维水平直接影响学生的思维能力，教师应进行自我修炼，提升自身的批判性思维能力。

1.学会独立思考

人的思维可以在长期的训练下得到提升，教师应将思维提升这件事当成毕生追求，并为此制订计划，研究自己的行为，聚焦自己身上的矛盾之处。因此，可通过阅读、写作，在头脑中与中外名家建立联系，从他们的思想中搜寻

提升自己思维水平的可行之法,学会提问和运用批判性思维(李政涛,2021)。

2.学会运用工具

在日常工作和处理问题时使用多元的思维方式,比如"归纳"和"演绎"这两种最基本的推理方法,以及思维导图和SWOT分析等思维工具。正确运用思考方法和思维可视化工具能够使批判性思维提升的过程变得更加顺利。

3.学会反思分析

经常对自己的教学活动进行反思与分析,并开展自我评价,这对自身批判性思维能力提升有极大的帮助。教师的反思应该贯穿教学实践的整个过程,在教学实践的前期要善于运用反省思维对整个教学过程进行计划和安排,预测教学中可能遇到的特殊情况;在教学实践中期,要随时调整教学状态,以适应多变的课堂场景;在教学实践后期,要善于总结和归纳,以便积累丰富的教学实践经验。

教师可以充分运用教学日志、案例撰写和同伴反馈三种有效的反思方式。使用教学日志,记录日常教育教学工作的点滴,便于教师回顾所思所感。与教学日志相比,案例撰写可以帮助教师更充分地回顾教学细节。另外,同伴反馈作为一种高效的反思方式,能够促进教师群体对课堂教学实践进行沟通交流,无论是认可教学效果还是提出意见,都会潜移默化地作用于教师的反思能力提升。

(三)掌握方法,科学开展批判性思维培养

可通过教学研讨等方式帮助教师掌握有效提升学生批判性思维的方法,只有在教师掌握了批判性思维培养的方法后,他们才能在实际操作中驾轻就熟,提升批判性思维培养的科学性。教师要研究输入理解、表达内化和输出运用等三个阶段的英语学习过程,关注每个阶段批判性思维活动的侧重点。在输入理解阶段,要让学生学会运用分析、推理等思维认知技能;在语言的表达内化阶段,重点训练学生的解读、推理、评价等思维认知技能;在输出运用阶段,则要提升学生的评价、解释、自我监控等思维认知技能。在这三个阶段的语言学习过程中,需关注情境、冲突和评价三大要素。

五、对教师培训的建议

教师的批判性思维发展会呈现阶段性的特点：在职业开始初期，教师刚步入职业生涯，精力充沛，负担较轻，能够全身心投入工作当中，他们不断进步，大量吸收新知识，接受新事物，于是，教师的批判性思维情感倾向能得到大量的训练机会。在职业发展中期，职业和生活压力接踵而来，他们可能会迎来职业倦怠期，其批判性思维情感倾向也随之停滞不前，甚至下降。在职业发展后期，家庭和工作已经稳定，教师也克服了职业倦怠，积累了丰富的教学经验和科研能力，形成了自己的思维体系，其批判性思维情感倾向会恢复到积极的状态。

因此，为适应教师的职业发展特点，可以采取分段分层的措施促进教师批判性思维情感倾向的发展。在教师职业发展初期，可以帮助教师制订完善的批判性思维发展计划，使教师的潜力能够充分发挥。在职业发展中期，学校应采取激励性措施，唤起教师学习的主动性与主体性，激励教师积极发表论文和申请科研项目，鼓励教师主动参与批判性思维发展的相关活动，提升教师的批判性思维能力。在职业发展后期，教师往往形成了具有个人特色的教学理论体系及思维体系，学校应采取措施维持教师批判性思维情感倾向的水平，引导教师开展反思等活动，提炼思维成果，将教师的教学主张成果化，推动身边的团队进步。

第二节 促进教师批判性思维品质提升的
课堂教学改进

为了促进自身的批判性思维能力提升,教师首先需要充分关注自身思维特点和能力状况,不断加强自我反省,学会用专业标准审视自身,促使教师反思的自觉化,激发教学灵感,强化自我学习、思考、审视、判断和总结。教师的思维特点渗透、内化于包括教育活动及教育目的、教育价值、教育过程、教育环境、教育管理在内的一切方面,并通过教师的语言、行动、需求和感受等方面体现。

当然,批判性思维提升重点要结合课堂教学技能的改进,这样才能够保持思维敏捷,关注自身情绪,防范个人偏见,随时进行自我监控和调整,将思维的无意识提升到意识水平,学会控制自身思维方式,感受面对不同情境时的思考过程,以严谨的态度进行推理和分析。

在备课、上课、说课、听课、评课各个环节的改进中,突出"改"的过程,始终坚持课堂教学变革与教研方式转型的融合。一方面,依据教师学习理论,设计"改课"路径,依据教学设计的一般原理,以单元内容或领域为视角,变革课堂教学设计视角和方法,从梳理教材重点、诊断学生学习难点、构建教学框架、撰写教学方案、模拟上课、课堂实践等各个环节,拓展教师教学设计的视野,提升个体的实践能力,确立"学生立场"的课堂教学信念;另一方面,通过教研方式的转变,在专家教师和同伴的多向互助下,让教师寻找自身与他人、设计与现实之间的差距,在同质团队和异质团队中不断切换,回应质疑,寻求帮助,解决问题,真正体验由个体差异、区域差异带来的思维碰撞及相互启发的乐趣,进而更新教育教学理念,改善教学行为,提升精神境界(斯苗儿,2020)。

一、指向批判性思维培养的改课策略

(一)关注目标定位

教师,尤其是新手教师虽然设定了提升批判性思维的教学目标,但是常常会因为设定的目标过高或者过于宽泛而很难实现。他们可以通过试课中学生的反应情况来明确目标，提升精准设定教学目标的能力。

（二）切换思维视角

在初次设计的时候教师往往会以自身视角思考学生对教学设计的反应情况，常常会发现学生的思维跟不上教师的节奏。教师要站在学生的立场，根据学情，遵循学生身心发展规律，从学习行为科学的层面调动一切学习资源（孔晓玲，2021）。改课过程能帮助新手教师更客观地从学生视角去思考活动设计，促进学生批判性思维的真正出现。

（三）开展实录分析

教师可以通过课堂实录分析表进行课例改进的情况分析，从学生视角思考活动设计的有效性（见表 7-5）。

表 7-5　课堂实录分析

Go for it！人教版八下 Unit 10 SectionA 1a－2c

上课时间：2020 年 5 月 20 日　上课班级：807			上课时间：2020 年 5 月 27 日　上课班级：805	
Steps	Questions	Answers	Questions	Answers
Warming up	Do you have old things? Now let's look at this picture, what can you see in this picture? Can you guess how long I have had it?	S1: I can see a toy dog. S2: I guess you have had it for three years.	Let me show you a picture of my old thing. What can you see in the picture? Can you guess how long I have had it? So our Chinese often sell our old things on Xianyu, right? But foreigners often sell them on a yard sale. Do you know what is yard sale?	Ss: I can see a sweater. S1: I guess you have had it for three years. /I guess you have had it since three years ago. S2: Yard sale means people sell their old things in a yard with a lower price.

续　表

Go for it! 人教版八下 Unit 10 SectionA 1a—2c

上课时间:2020 年 5 月 20 日 上课班级:807			上课时间:2020 年 5 月 27 日 上课班级:805	
Steps	Questions	Answers	Questions	Answers
Group work	So I want to know about your own things, you all have old things, will you keep it? Or sell it? Discuss in groups. Ask your group members whether they will sell their old things and why.	部分学生可以根据幻灯片提供的对话模板操练对话,其他学生没有评价。	So on next Monday, our school will have a jumble sale to help kids in need. You should decide what to sell at school jumble sale. You should talk about at least three old things. And you should talk about all these items, and we will check together later. … Let's check their work together and see how many stars they can get.	S1：Let's look through this box of old things and decide what to sell. S2：I want to sell this toy monkey because I don't need it anymore. S3：Great! You can take this toy monkey to school to sell it. How much will you sell? S4：I will sell it for 3 yuan. … Ss：They talked about at least three items, ways, reasons and price. They are a four-star group.

对于 warming up,在第一次教学设计中,教师所设计的导入活动比较单一,与后续活动的连接性不强。第二次教学设计中,教师用贴近学生生活的场景,将前后的活动串联,并且在活动中激活了学生更多的句子表达,导入活动的目的性更强。对于 group work,第二次授课能够将教学过程变为最后输出环节的依据和评价体系,体现了教学评一体化的原则。并且学生在输出的过程中,能够对自我及他人进行评价,批判性思维得到了培养。

二、指向批判性思维培养的改课案例分析

本案例来自某次省级优质课的改课活动,该课最终获得省优质课一等奖。

（一）文本解读

教学内容选自仁爱版《英语》八下 Unit 5 Topic 3 Many things can affect our feelings 听说教学。

单元话题是校园生活（school life），听说材料为功能性交际对话文本，主要功能是"提出问题"和"解决问题"，要求倾诉者能够谈论负面情绪和原因，倾听者可以提供安慰并给出建议。对话围绕学生在校园生活中遇到困难向朋友求助的情境展开，希望学生能够谈论自己的情绪，遇到问题时求助于朋友，获得帮助后表达真诚感谢。同时培养学生学会倾听，给有困难的人安慰、鼓励及适当建议，并能运用生活经验帮助他人克服不良情绪。

为了创设主题语境，听力文本中出现"worried, nervous, relaxed, I feel/am/get when…"等表达心情的单词和句型；对话场景为朋友之间打电话倾诉问题并求助，倾诉者描述问题和情绪，倾听者给予安慰和鼓励；听力音频中双方均是略微低沉的男声，用的是朋友日常对话的口吻，语调起伏不大，有个别停顿和重音。

（二）学情分析

初中生对于焦虑、担忧等负面情绪体验丰富，而且授课对象已经了解部分情绪词汇，例如 sad, angry, worried 等，但要表达原因仍有一定难度。此外，虽然学生对在日常生活中求助和提供帮助较为熟悉，但用英语进行表达有一定难度。

授课学生具备较好的听说交际能力，具有一定的听说技能和自主学习、合作学习策略。但他们在语言推理、归纳总结等方面有一定欠缺。

（三）教学目标

基于文本内容和学生情况的分析，本节课设定的教学目标如下。

读插图，预测听说内容和人物关系，培养解读推理能力；归纳 comfort, advice 等的语用和交际技能，分析对话人物关系和交际意图，培养解读分析能力；开展语言迁移应用并进行同伴互评反馈，培养评价和自我监控能力。

（四）两次课堂设计对比分析及思考

1. 听前预测——培养解读、推理能力

【第一次设计】

在第一次教学设计时,教师希望通过开门见山的方式直接进入听力文本。于是,教师直接呈现插图,给出听力问题:Whom is Michael talking to? Why is he nervous? 但问题过于直白,导致学生课堂积极性不高。

【第二次设计】

经过磨课修改后,学生在听前读插图(见图 7-1),自由谈论从图中读到的信息。其中,教师通过有效的问题链"What are they doing? How do they feel? Why is he unhappy? What might they talk about?"引导学生聚焦人物情绪,预测对话内容。在授课时,学生不仅能从人物的表情分析出 Michael is nervous. 还可以从对话的情境预测对话的形式和内容 Michael might talk to Kangkang on the phone about his problems. 课堂氛围活跃,学生对听力活动充满了期待。

图 7-1　修改后的听前预测

【改课思考】

在第一次教学设计中,学生被动地完成听力活动,机械地完成任务。问题一"Whom is Michael talking to?"对名字信息的获取对学生来说几乎没有难度;问题二"Why is he nervous?"直接给出 Michael 的情绪 nervous,缺失学生探究和感悟的过程。而第二次教学中,学生充分利用图片,观察人物表情,破译图片信息,并通过解读人物活动预测对话内容和形式,培养了推断和解读能力。这极大地调动了学生的积极性,激发学生听的欲望。

2.语用归纳——培养解读、分析能力

【第一次设计】

最初教学设计时,教师希望学生能够从听力文本中自然习得目标语言,通过听音跟读和集体朗读巩固语言,并直接进行口语输出。但这对英语较为薄弱的学生具有很大挑战,对话生成难度较大,同时,学生的产出较为机械,语言丰富性不够。

【第二次设计】

基于此,在磨课后,教师决定在听音跟读后增加学生语用分析的环节。学生分别对 Michael 和 Kangkang 的语言进行分析,并进行同伴合作。通过思考"How does Michael ask for help?"逐一解读语句,归纳出 express feelings 和 share problems,再通过思考"How does Kangkang help Michael?"总结出关键词 comfort 和 advice。此外,学生还从对话中找到 Michael 在得到帮助后表达了感谢(show thanks)。最后,学生从对话中提炼出语用话轮,并分析遇到问题时应该如何请求帮助(ask for help),以及如何成为一个好朋友(be a good friend)。

【改课思考】

在第一次教学设计中,学生对语言的感知仅限于跟读、齐读,侧重于理解和记忆等低阶思维。而在磨课后的教学设计中,学生需要对文本进行解读,破译对话语篇的功能,分析文本交际目的,这些皆旨在培养学生的解读和分析能力。此外,引导学生对 Kangkang 进行评价,有助于学生形成乐于助人的积极价值观,培养批判性思维。

3.情境运用——培养评价、自我监控能力

【第一次设计】

听说课的产出活动是学生有效学习的综合体现。最初,学生只是在教师限定的交际背景下完成半开放性的对话。教师给出语言框架,并给予示范,学生只需进行部分信息调整即可。最后,教师对学生的产出给予评价。

【第二次设计】

产出环节调整为学生彼此解决生活中的实际问题。学生需要综合运用课堂所学的语言,总结交际策略,形成评价维度,自主建立评价列表。对于产出的对话,学生则在课堂上进行自评和互评。以下是磨课后的教学片断。

T:Now, let's be a good friend, just like Kangkang. Please help your friend to solve his or her problem. To do so, what should we do?

S1:We should comfort first and then give advice.

T:Great job! What else?

S2:We should use proper pauses and stress.

【改课思考】

初次设计中,学生在教师的控制中只是限制性产出,且只停留在模仿阶段,这样的对话不够真实。此外,在对话练习中学生也没有开展自我监控,不参与评价。而在磨课后的教学中,学生需要系统回顾课堂所学,在真实的情境对话交际中不断自我监控、自我更正。最终,学生需要对语言交际的完成度给予评价,并对他人的对话给出观点和建议,这充分培养了学生评价和自我监控的技能,提升了批判性思维。

三、指向批判性思维培养的改课成效分析

指向批判性思维培养的改课的效果是显而易见的,基于学生立场的课堂教学价值导向打开了教师的视野,提升了教师的专业水平。当然,这项活动最大的受益者是学生,从日常的课堂观察和学生检测也进一步证实,指向批判性思维培养的教学改进更能促进学生思维深度和广度的提升,使学生思考问题的方式更为多元,由此提升学生的学科核心素养,真正实现学科教学向学科课程育人的转变。

第三节　促进教师批判性思维品质提升的工作坊研修

工作坊(workshop)在欧美等国家应用广泛,以其参与人数少,便于互动,参与者可以获得很多普通讲座无法获得的学习体验为优势成为国际流行的培训模式之一。它以在某个领域富有经验的主讲人为核心,30~40名成员组成的小团体在该主讲人的指导下通过活动、讨论等多种方式,共同探讨某个话题。在这样的工作坊活动中,引领的老师是"专业者",培训师则帮助拟定研讨主题、推动工作坊进行,是"促进者",而参加活动的教师则是"参与者"与"合作者"。

Richards 和 Farrell(2013)指出,教师工作坊之所以被认为是促进教师专业发展最普遍和有效的方法之一,其原因有几个方面:(1)工作坊通常探索某一特定的专业活动所包含的内容、优势与缺陷,以及能否引起教师兴趣;(2)通过在工作坊短期的强化学习和同行之间的交流活动,教师不但可以获得专门知识和技能,而且可以学到能用于自己课堂的实用方法及从事专题学术研究的经验;(3)教师可以检视、反思自己的教学理念和行为;(4)其所设专题既可以整体提升学科水平也可以促进教师个人的专业发展。因此,使用工作坊培养教师的批判性思维有一定的操作价值。

一、使用工作坊提升教师批判性思维的实践

本文以具体的实践案例说明如何使用工作坊提升教师批判性思维品质。

(一)案例背景

每学期寒暑假的新课程培训是区域教研的必修课,使这样的研修活动真正走近教师、为教师的教学服务一直是基层教研员想达到的目标。从培训情况调查看,英语教师希望教研能够聚焦课堂教学,同时,希望教研形式有变化,如举办校内专家论坛等,有的教师还提出开设外教讲座等建议。现今,教研的引导者也从单一的学科专家转向了多元化主体,教师们欢迎自己所在区

所在校的骨干教师、省内外名师、外教来引领教研活动。杭州市上城区四名中学英语教师从英国研修回来，带来了国外语言教学的一些新的理念和方法，在几次商议后，教师们决定尝试国外流行的教研形式——工作坊。

(二)实施过程

1.针对疑难，确定内容

在活动前，几位英国研修教师就工作坊的内容讨论了很多次，因为大家都来自杭州市上城区的各个中学，非常了解上城区教师课堂教学中的疑难问题，在反复斟酌之后，教师们确定了四个工作坊的研讨主题，并决定同时开放，教师们可以在两个时段自主选择他们感兴趣的话题参加。

在工作坊活动开始之前，先由教研员召集教师在报告厅聆听英国研修的总体情况汇报，并对将要开始的工作坊活动安排进行介绍，使教师对后面要开展的活动提前有个了解。

2.了解内容，自主选课

在培训活动前，教师们在报告厅门口就看到了张贴在墙上的各工作坊的介绍，具体内容如下(见图7-2)。

英国研修汇报工作坊之口语交际——Speaking practice
主讲教师：Tina(3302)
主要介绍国外英语口语课堂的特点，强调真实的语言情境，强调给学生更多操练的机会。希望和老师们一起探讨如何在我们的大课堂中让英语口语交际的有效性得到更大的提高。
英国研修汇报工作坊之词汇教学——Vocabulary practice
主讲教师：Veronica(会议室)
简介新课程标准下的英语词汇教学理念，探讨教师如何在教学实践中开展有效的活动。以 adjectives to descibe people 的 half a crossword 活动为例，通过互助教学、合作学习、教师协助，体现在做中学、在学中用、在用中学的教学理念；词汇只有通过高频率的重现、复习，在语境中使用，个性化处理与运用，多感官的参与，才能真正为学生所掌握。
英国研修汇报工作坊之听写活动——Whisper dictation
引领者：Joy(3304)
进入本工作坊，教师们首先可以体验英伦听写活动中的"悄悄话听写"，了解英伦听写活动的主要分类和听写活动的主要内容，接下来教师们可以分析英伦听写活动设计的思路并参与讨论如何将英伦听写活动中国化。
英国研修汇报工作坊之听力教学——Loop loop listening practice
引领者：Sophia(听课教室)
教师通过参与 Loop loop 环形听力活动，体会国外听力教学的方法，了解不同的听力活动设计和拓宽听力学习渠道的方法；尝试转变教学方法，成功设计适合学生的听力活动；为学生提供多种听力体验，教会学生听力学习的方法，培养学生的听力学习策略。

图 7-2 工作坊海报

教师们七嘴八舌地讨论着，议论着自己想参加的活动，相互交流着意见和看法。这样的活动内容张贴，便于教师们挑选合适自己的工作坊活动，同时教师们能够对活动内容提前有个了解和心理准备。

3. 非诚勿扰，持券入场

教师慎重地选择自己想要参加的工作坊，并根据不同场次领取不同颜色的入场券。因为一个成功的工作坊活动对参与人员的人数有一定的要求，所以在活动策划时教研员就根据英语教师人数进行了安排，把每个工作坊的参与人数规定在 30 人左右，并按照这样的人数安排发放入场券。当然，如果没有拿到第一场的入场券，教师们还可以选择同样内容的第二场。教师们兴致勃勃地拿着自己选择的入场券走向各个场地，心里对将要开始的活动有些好奇，也有些许期待，因为对很多教师来说，参加这样的工作坊活动还是第一次。

4. 破冰游戏，营造氛围

时间一到，各工作坊正式开始了，每个工作坊的主讲教师，即"专业者"在简短介绍后，基本上都是通过破冰游戏（icebreaking）作为活动的导入环节。游戏的安排是为了营造一个良好的学习环境，吸引参与教师的注意力，把他们的精力集中到教学实践中来，同时，游戏内容又和主题契合，使教师对研讨的话题有一个最初的直观认识。比如在 Joy 老师的工作坊中，教师们一开始就参加了一个名为"Whisper dictation"的听写游戏。她将教师们分成两人一组，给每组中的一名教师发放一张地图，给另一名教师发放一张空白地图，然后由拿着地图的教师进行描述，另一位教师描绘出地图。小组间是竞争关系，在整个听写活动中，教师们要提防其他小组的教师听到交流的内容，因此教师要用极小的音量告知同伴相关的信息。

在另一个工作坊中，教师先被安排参加了一个名为"Loop loop"的环形听力游戏，教师们坐成两排，一排面对讲台，另一排背对讲台。两人组成一组，两两相对，此时，主讲教师播放一段无声的卡通视频，面对讲台的教师向他的同伴描述所看到的视频场景，同伴在听的过程中可以重复并确认。在播放了一分多钟后，教师让其中某位教师重复他所听到的内容，并提供语言上的帮助，然后两位教师互换角色。教师们非常投入地参加游戏，有的找不到合适的词汇来表达就用上了肢体语言，听的教师也很专心，生怕自己一不留神就错过了重要的内容，教室的气氛非常融洽。这时候主讲教师抛出一个问题：这样的听力活动给我们什么启示？引导教师们在体验中反思大家平时的听力教学的得失。

5.信息分享，开拓视野

在引入研讨主题后，工作坊的"专业者"将自己所持有的、与研讨主题相关的信息、资料和成果与参与教师分享，Veronica老师的工作坊首先帮教师们梳理了课程标准对初中生的词汇要求，然后和教师们分享了基于这样的课程要求在日常的词汇教学中可以使用的方法。她提出了"词句结合，语篇综合；学以致用，学用结合；训练策略，形成习惯；课内课外并举，隐性显性结合，拓展词汇学用渠道；科学记忆，循序渐进"的词汇教学方法。

Joy老师的工作坊中，教师们了解了英国教师教授听写的很多做法。在学习了讲述故事、复习语法、学习词汇和检测知识四大类听写方法后，教师们又亲身体会了跑步听写、呐喊听写等新的听写方式，教师们连声感叹听写这么小的一个教学环节中竟有这么多的学问！

6.角色扮演，体验生成

各工作坊的"专业者"，即主持人在展开有关主题的研讨时，指导参与教师不断更换角色，切换他们的身份，站在不同的角度思考教学内容、教学活动、教学评价等。各工作坊的"专业者"把"参与者"当作学生，向他们展示上课内容，并在教授过程中要求他们尽量体现自己的教学对象——学生的认知水平，这样才能够更好体会学生的学习过程和学习中的困难；教师们作为参与教师，从教学有效性方面来考量每个教学活动的优点和缺点，同时反思在今后的教学中是否可以使用这样的教学活动，在什么时候使用这样的活动会更有效等问题。

7.开放交流，广泛参与

各工作坊的"专业者"在指导"参与者"学习活动的同时，组织他们开展讨论和交流，Tina老师在工作坊中抛出了一个话题，她说："我们一直在强调语言教学要给学生设置真实的语言情境，教师们教初一学生物品的英语名称的时候,经常会问'What's this in English?'这个问句似乎比直接问'What's this?'要合乎逻辑。但是大家要再仔细想想怎么使这个问句的操练更符合真实的语言情境呢?"的确,在日常教学中,教师们都用"What's this in English?"来教授物品的名称,这早就成了思维定式,但是 Tina 老师提出了质疑,这引发了教师们更多的讨论,大家七嘴八舌,提出了自己的看法。Tina 老师顺势提出:"我在一本书上就看到一个非常好的例子,教师随便拿起一样东西,比如笔,问学生:What's this? 学生说:It's a pen. 教师说:No. It isn't a pen. What's this? 学生说:It's a plane. 教师说:Yes, it's a plane. Go on asking:What's this? 这个活动叫想象力大爆发,教师通过一个物体让学生发挥想象力,同时训练这个句型,有真实情境,学生也乐于参与。"Tina 老师还提出要建立信息差(information gap),让交流成为一种必须,而不是简单的操练。在本次教师工作坊中,教师们亲身体会了"让交流成为一种必须"这一教育教学理念的真正含义。

8.活动拓展,后续跟进

一个多小时的工作坊交流很快就结束了,教师们还意犹未尽,有的还围着主讲教师讨论。教研员当场宣布,有关这些教学疑难问题的研讨还将继续,一方面,教师可以在区中学英语教师的工作群中共享主讲教师的课件,也可以在群中继续话题的讨论;另一方面,将围绕这些话题展开课堂教学实践的研讨。让教师们通过观摩课堂,对学到的新的国外语言教学信息有更好的理解。

二、实践收获

教师工作坊对主讲教师本人更是一次全新的挑战,对他们的专业发展也有极大的促进作用。与一般的教研方式,如专家讲座、学习座谈或者小组研讨等相比,教师工作坊可以让每一个参与教师发表意见,以教学中的热点话题或疑难问题带动培训教师的参与,用轻松、活泼的组织方式让参与教师了解研讨主题的价值、目的与意义,不仅教师可以获得相关信息,而且有利于教研主题研讨的深入以及相关实践活动的推进。

作为一次新教研模式的尝试,这样的活动对培养教师的批判性思维有极大的促进作用,总的来说,这样的工作坊形式的教研活动有以下几方面的成功之处。

(一)立足需要

教研的有效性在于能满足教师的需求,教学中的疑难问题是教师急需解决的问题。教研的针对性越强,教师越会关注,越有参与的欲望。因为教师工作坊的主讲人是来自教学一线的教师,所选的主题和内容又直接指向教师的疑难问题,具有针对性,能引起教师的共鸣。

(二)自主学习

教研的真正主体是教师,教研活动应发挥教师的主体性作用,体现教师主动学习的内驱力。本次教研使用了教师自主选课的方式,使教师的学习活动以自主学习为基础。在整个活动中,教师人人参与,没有旁观者,更没有局外人。

(三)鼓励对话

这样的教研活动由专业者引领,但是不垄断话语权。通过对话,教师个人的思维成果或智慧为整个群体共享,同时,在对话中,教师们得以合作交流,知识只有在充分交流沟通的基础上才能体现出来,才能得到灵活运用,才是有深层意义的学习。此外,这样交互式的教研活动营造了轻松的气氛,来自不同学校的英语教师们可以毫无压力地讨论教学中的问题,相互借鉴,取长补短,通过交流,大家的学习意识和批判性思维能力也得到了加强。

(四)促成内化

将主题贯穿活动之中,使教师在轻松、快乐的氛围中获得学习体验,激发参与教师的兴趣。参与活动、亲身体验和思维碰撞不同于听取简单的理论分析和方法介绍,它能使教师的内心产生共鸣和反思,而教研后的活动设计,如网络讨论和观摩课的开设更有利于教师在理论和方法学习的基础上,实现理论知识和教学技能的内化。

当然,作为一次新教研活动形式的尝试,在取得成功的同时,也有需要改进的地方,比如在工作坊活动之前就可以提早开展相关主题的讨论活动,比如相关主题在实际教学中存在的困难，或者参与者希望从工作坊得到什么样的收获等。这样，主讲教师可以更好地了解教师们在教学中遇到的某些具体问题，使活动内容的针对性更强。

区域性教研活动要遵循教育教学的一般规律，既要体现学科特点，又要呈现独特性。随着人们对教师专业化发展认识的提高，教研活动不再是一种固定的模式，它将随着教学改革而变化，成为教师专业发展的一个新增长点。因此，我们要立足教师的教学实践，拓宽教研思路、探索教研模式，解决一线教师的实际问题和困难，引领教师专业成长，促进全体教师的发展。

第八章

实践探索：初中英语批判性思维培养案例与评析

本章分享了 13 个案例，涉及了初中阶段的常见课型：听说、阅读、语法、写作和拓展性课程，围绕情境、冲突和评价三大要素，开展指向批判性思维的文本解读和目标设定，并进行片段解析，探讨批判性思维能力的具体培养策略。

第一节　听说教学案例

一、*Go for it!* 七下 Unit 6 I'm watching TV! Section B 1a－1e 课例

(一)案例背景

初中英语的听说教学不仅要关注学生语言知识和听说技能的习得,更要引导学生在此过程中发展批判性思维。批判性思维品质对帮助学生迁移语言知识,提高听说表达,提升文化品格具有重要意义。现以一堂七年级听说课为例,来探讨如何在初中英语听说教学中培养学生的批判性思维品质。本课例内容选自 *Go for it!* 七下 Unit 6 I am watching TV! Section B 1a－1e。

(二)文本解读

语篇内容(What is conveyed?)

听说文本为三段独立的对话,分别为不同学生打电话询问另一位朋友所在的地点和正在做的事。对话情境贴近生活,语言内容结构清晰。使用"Is Alice there? Is she shopping?"等一般疑问句进行询问,使用现在进行时谈论地点和活动,如 She's buying milk and bread. 文本的电话用语特征明显,例如,Is Lisa there? This is her sister,Alice. 与面对面交际用语形成鲜明对比,可启发学生在日常交际时使用恰当的语言进行电话沟通。

语篇功能(Why is it conveyed?)

三段对话属于日常交际,功能性指向不明显,文本中对打电话者的目的没有明确说明。但是学生可以从说话者的音色、语气推测人物间的关系,并进行合理的目的猜测和分析,也为学生批判性思维培养提供契机。

语篇形式(How is it conveyed?)

对话结构清晰,语音语调丰富鲜明。三段对话的说话者在询问和回答时均使用了交际策略,也都使用了恰当的语音语调,升降调起伏明显。文本和

音频较好地为学生解读、分析电话交际策略提供了学习样式。

(三)学情分析

七年级学生已具备使用现在进行时询问地点和活动的能力。学生对日常生活中打电话的场景非常熟悉,但对英语电话交际用语比较陌生。从听说技能角度看,学生已具备听中记笔记(note-taking)和分析语调(tone)的能力。从批判性思维能力角度看,学生具备解读听说文本的能力,通过合作能够分析人物关系、推断说话者意图,并自我监控在不同情境中创造性应用语言。

(四)教学目标

基于文本内容和学生情况的分析,本节课设定的教学目标如下:学生通过在微信群看图片听语音,能预测其他学生的地点和活动,培养解读推理能力;归纳英语电话交际用语和交际技能,分析对话人物关系和交际意图,培养解读分析能力;创新语言迁移应用,同伴互评反馈,培养评价和自我监控能力。

(五)过程图示

以六项批判性思维认知技能为基础,制定思维能力培养目标,尝试建构基于批判性思维能力培养的初中英语听说教学流程(见图8-1)。

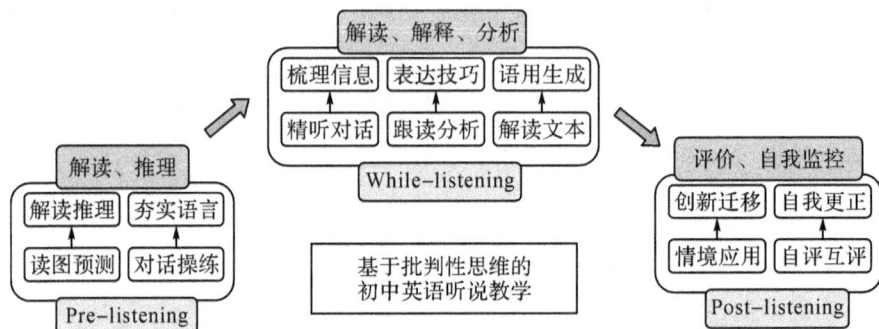

图 8-1 　基于批判性思维培养的初中英语听说教学流程

本课例中,教师以 online English club 为主线,以谈论俱乐部成员所在地点和所做事件贯穿课堂。听前,学生通过微信群中的图片、语音预测世界各地不同学生所在的地方和所做的活动;听中,学生通过听三段电话录音获取不同学生的相关信息;听后,学生通过语音电话邀请更多朋友加入俱乐部。

教师创设真实情境,引导学生在语境中感知语言,层层递进,旨在逐步培养学生批判性思维(见表 8-1)。

表 8-1　教学活动与批判性思维培养目标对照

教学活动	具体内容	批判性思维培养目标
听前——引入微信群	微信群看图片、听语音	推理、分析
听中——探究对话	精听对话,聚焦语言,解读电话用语	解读、解释、分析
	听音跟读,对比归纳,分析表达技巧	
	分析文本,推断情境,续编对话内容	
听后——开启新对话	情境运用,自评互评	评价、自我监控

(六)听说课教学批判性思维培养片段解析

1.输入理解阶段:读图听音,培养解读推理能力

教师以 online English club 作为情境导入,要求学生解读世界各地不同学生发送的文字、图片和语音信息,推断其所在的地点和所做的活动(见图 8-2)。

T:Where is Vivian? (课件弹出 Vivian 的语音信息,即超市背景音)

S1:I think she is on the street.

S2:Maybe she is in the supermarket.

S3:For me, I guess she is just at the park.

S4:…

T:So where is she? (弹出 Vivian 发送的图片)

Ss:She's in the supermarket.

【设计意图和策略评析】

教师通过真实的交际情境导入,激活学生的发散思维,引导学生关注图片信息和捕捉语音细节,寻求论证,进行合理的预测,旨在培养学生解读和推断的批判性思维能力。

2.表达内化阶段:解构文本,培养解读、解释和分析能力

(1)精听对话,聚焦语言,解读电话用语。学生通过精听音频,对目标句

型进行记录并解读。教师通过设问，帮助学生感受对话的情境和语言特征（见图 8-2）。

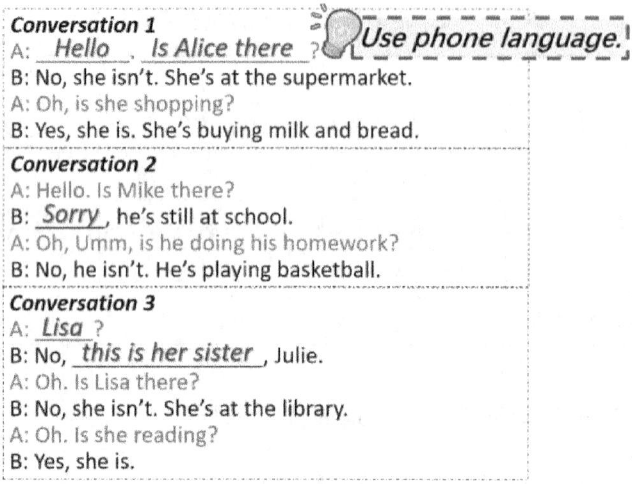

图 8-2　解读电话用语

T：Are they talking face to face?

S：No，they aren't.

T：How do you know that?

S1：Because the speaker says，"is Alice there?"（解读思维）

T：So when do you say in this way?

S1：When we make a phone call.

T：Good try! So when we talk on the phone，we need to use phone language. Can you find more in these conversations?（学生合作讨论）

S2：This is her sister.

S3：Lisa?

T：What other phone language do you know?

S4：This is Mike speaking.（发散思维）

【设计意图和策略评析】

教师层层铺垫，引导学生从听中聚焦目标语言，破译语言特征，判断语用情境，分类归纳电话用语，旨在提高学生的解读能力；此外学生通过讨论，激活了元认知,总结出更多电话用语,提升发散性思维。

(2)听音跟读,对比归纳,分析表达技巧。探究对话内容后,学生跟读录音,模仿语音语调,感受说话者音调的不同。教师鼓励学生自主判断升降调,再听音频进行比较,最后提供学生自主朗读的机会,让他们体会语言的韵律美,分析运用表达技巧,使用恰当的语音语调(见图 8-3)。

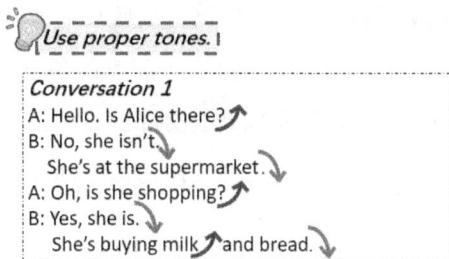

图 8-3　分析表达技巧

【设计意图和策略评析】

学生从听音跟读—比较读—自主朗读三个层次体验,逐步感知语音语调,通过识别论证,提高了判断和分析的批判性思维认知技能。

(3)分析文本,推断情境,续编对话内容。在理解语言内容和语音特点的基础上,教师引导学生深入探究说话者关系,分析说话者意图,并鼓励学生发散思维,发挥想象力续编对话(见图 8-4)。

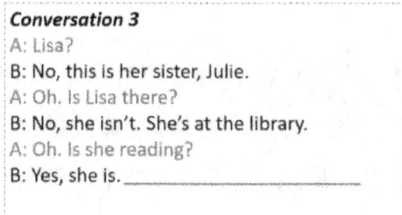

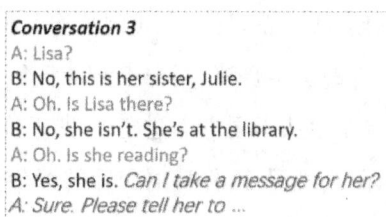

图 8-4　续编对话

T：What might they say next?（学生合作讨论）

S1：Can I take a message?

T：Good helper. Then，what would student A reply?

S1：Sure，please tell her to call me back.（分析、推断技能）

【设计意图和策略评析】

教师引导学生分析文本上下句逻辑关系,续编对话,从活动中赋予对话功能性和交际性。培养学生理解分析、推断和解释的批判性思维认知技能。开放的设问也强化了学生创新思维,培养学生的想象力。

2.输出运用阶段:产出互评,培养评价和自我监控能力

(1)总结归纳,生成列表,评价可视化。从听中习得语用和交际策略后,学生尝试借助课件上的时钟(实时跳动)给予的时间信息,邀请世界各地不同的朋友加入 online English club,实现真实交际的目的。

教师引导学生思考对话生成所需要关注的语言和表达策略。

T:What should we talk about?

S1:We need to talk about activities and places.

T:When we talk on the phone, we should…

S2:We should use phone language.

S3:And we need to use proper tones.

【设计意图和策略评析】

真实的情境能帮助学生真正用英语做事。教师引导学生关注课堂生成的语言知识与技能,并进行归纳和整合,形成最后输出活动的评价列表,体现了以生为本,把学习的主动权交还给学生,帮助学生在输出中关注表达策略,进行自我更正,提高自我监控能力。

(2)学生自评、同伴互评,评价多维化。教师鼓励学生进行对话展示,并引导学生从不同方面进行自我评价,辩证总结优缺点。此外,教师鼓励同伴互评、全班评价,将口语交际的评价交给学生。最终,教师引导学生在评价中总结本课所学,并在自我监控的基础上自我更正,形成整体评价。

T:What do you think of your conversation?

S1:We use phone language, but we can do much better in tones. (自我监控)

T:What do you think of their conversation? (提问全班)

S2:I think they talk about activities and places, but they should use proper tones.

T：So，what do you learn from this lesson?

S3：We know how to talk on the phone with friends.

S4：We've learned how to use proper tones.

T：Now after this lesson，I do believe we can better communicate with people around the world.（在黑板上画出地球村的形状）

【设计意图和策略评析】

学生在"地球村"的情境下,需要判断不同国家学生所在的地点和活动,培养了发散思维和推断分析能力。不同于教师评价,学生的自评和他评体现了以学生为主体,提高其自我监控能力。最后,学生总结本堂课所学,为课后作业和后续学习做铺垫。

（七）案例综述

本节听说课的教学设计针对教学材料特点和学生认知特征进行了有效的调整,在听说教学的设计上突出批判性思维。以下是教师在本课中为实现思维教学目标做出的几点努力。

1.立足语篇解读,构建思维着眼点

语篇解读是有效听说课堂实践的前提和基础。有什么样的文本解读,就有什么样的教学设计。全面深入的文本解读能够带学生去更远的地方,体会更多的语言魅力,从而更好地进行应用实践。本课中,学生在教师的引导下,层层挖掘听说文本,从"what to say,how to say it,why to say it"三个维度进行解读,提升了分析、解释等批判性思维认知技能。

2.丰富听说活动,培养思维子技能

单一的活动往往使课堂陷入语言机械操练的状态,而丰富的听说活动对培养学生批判性思维具有重要意义。首先,实践性活动会强化学生语言认知,助力交际语用生成。本课中,教师创设真实情境,从学生熟悉的微信群引入,并以 owline English club 作为主线贯穿课堂,让学生在做中学,在学中做。此外,层次性活动可以帮助学生逐步培养批判性思维。听说课需要遵循认知规律,从信息理解、文本解读到分析评价,从低阶思维到高阶思维过渡。

3.注重以生为本,实现思维自主化

为了让学生在听和说中有计划、有目标地逐步达成本节课的教学目标,教师需要以生为本,真正让学生学会如何学习。学生通过评价和自我监控提高了批判性思维,提升了自主学习能力。本课中,学生课中自主生成评价量表,对自我和他人的产出进行评价,习得批判性思维的学习方式和思考习惯。

(本案例由杭州市建兰中学沈宁老师提供)

二、*Go for it*! 八下 Unit 6 An old man tried to move the mountains. Section A 1a—2d 课例

(一)案例背景

培养学生的批判性思维是当前初中英语教学的重要目标之一,听说课因其独特的课型优势,可以成为培养学生批判性思维的良好载体。作为语言学习的输入环节,听的技能的训练可以与听力策略的习得相结合,从而发展学生的批判性思维。语言是思维的载体。作为语言的输出环节,说的技能的训练更能提升学生的批判性思维。然而现阶段初中英语听说教学过于模式化,对思维培养的关注不够,导致学生思维活跃度不高。

现以八年级下册一堂听说课为例,探讨教师如何在听说教学中有效培养学生的批判性思维。

(二)文本解读

本课例的教学内容是 *Go for it*! 八下 Unit 6 An old man tried to move the mountains. Section A 1a—2d。本单元的主题是"经典的童话故事",本课例的教学内容从愚公移山的故事展开,语言功能为讲故事(tell a story),为学生学习如何用英语讲故事做好铺垫,并为后续的学习积累相应的语言知识、发展语言技能。

语篇内容(What is conveyed?)

文本对话发生在两位同学的课后交流之中,通过问答的形式引出愚公移山的起因、发展、高潮以及结局。1b 的对话从起因与发展切入,内容丰富、结构清晰,详细介绍了故事发生的时间(when)、人物(who)、地点(where)、经过

(what)等寓言故事的基本要素以及愚公在移山时遇到的困难与阻碍。2a、2b通过独白的形式,运用人物对比的手法,凸显愚公坚持不懈的恒心与毅力。最后,将故事所传递的"You can never know what's possible unless you try to make it happen."的主题意义与学生的现实生活相融合,实现情感教育。

语篇功能(Why is it conveyed?)

两段对话均为对故事情节的叙述,旨在引导学生完整讲述故事的起因、经过以及结果。同时,文本中愚公遇到的困难以及老人的劝阻从侧面衬托出愚公坚韧的意志。对人物形象的推测与分析,为培养学生批判性思维提供了契机。

语篇形式(How is it conveyed?)

对话讨论了中国传统故事愚公移山的发展与结局,引导学生学会用英语讲故事以及表达故事所传递的含义。

1b 的文本采用一问一答的形式,依托"How does the story begin? So what happened next? And where would they put all the earth and stone from the mountains?"等问句推动故事的发展。文本通过动词词组,清晰展现愚公移山的过程。2a、2b 的独白运用 because, and, as soon as, but 和 so 等逻辑连词,呈现出一波三折的故事情节,也为学生后续复述故事搭建了不可或缺的支架。该故事对学生人生观的培养也产生了情感导向作用,例如 continue to move the mountains after he died, kept on digging, day after day 和 year after year,这些短语需要学生分析背后的含义,并能明白 make it happen 的意义。

(三)学情分析

本次授课对象为八年级学生。对于该阶段的学生而言,他们熟悉中国传统故事,也已经具有一定的词汇量,但用英文讲故事仍存在一定的难度。学生在此前的学习中具备了一定的读图能力,会用一定的动词词组描述图片,并能熟练使用连词使语篇更富有逻辑性。

(四)教学目标

通过本节课的学习,学生能够根据故事情节找出愚公移山的理由以及解决困难的方法;利用归纳与演绎的方法总结连词的使用方法;在自我评价的基础上学会自我更正。

(五)过程图示

根据解读、分析、推理、评价、自我监控等批判性思维认知技能，并结合听说课堂教学实例，以情境、冲突和评价三要素为载体，尝试归纳出有效培养初中生英语批判性思维的听说教学框架(见图 8-5)。

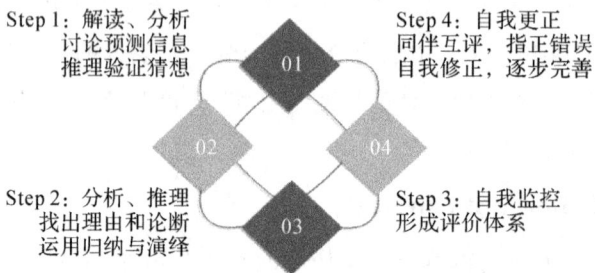

图 8-5 以批判性思维能力培养为导向的听说课教学模式

教师在听中活动充分利用听力文本，以有效问题链为载体，培养学生解读、分析、推理等批判性思维认知技能。对故事关键信息的推测与验证，提高了学生的思维活跃度，与随后对故事语言特点的分析与归纳相结合，共同为评价体系的形成做好语言技能与内容层面的铺垫。依靠听中活动归纳出的评价表，为学生创造口语输出与自我更正的契机。教师以调动学生的解读、分析、推理能力为基点，以自我监控的评价表为支架，为学生搭建自我更正与逐步完善的批判性思维平台。

(六)听说课批判性思维培养片段解析

1.输入理解阶段：通过预测与核对，培养学生推理预测能力

以文本标题为基点，教师引导学生预测愚公移山的原因，以及愚公在移山的过程中遇到的困难(见图 8-6)。学生根据第一遍听的内容以及图片信息，进行小组讨论，大胆提出不同猜测。这样的头脑风暴有助于调动学生的学习积极性。在第二遍听文本音频时，教师引导学生对预测进行验证，并建议学生用记录关键词的方法进行验证。教师从故事的起因着手，让学生带着问题与好奇心进入故事情节。

Guess what trouble Yu Gong might have.

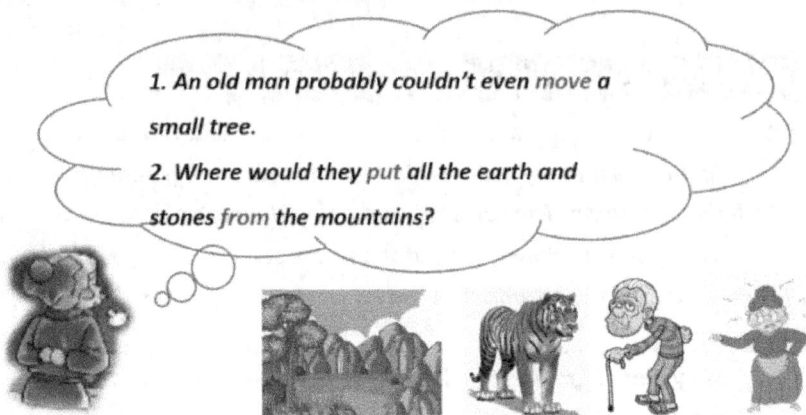

1. An old man probably couldn't even move a small tree.
2. Where would they put all the earth and stones from the mountains?

图 8-6 推理预测信息

T: After we know why Yu Gong wanted to move the mountains, can you guess what troubles Yu Gong might have? You can look at the pictures.

S1: Maybe Yu Gong will face some dangerous animals.

T: Oh, that's so scary! Any more ideas?

S2: Maybe Yu Gong was too old to move the mountains and he might get ill.

T: I think it is quite a good guess. It is difficult for an old man to finish it.

【设计意图和策略评析】

在导入环节,教师引导学生对故事关键性因素进行预测,这有助于学生对故事的主题、情节以及人物关系等进行合理预测,学生的推理、质疑、猜测、判断、辨析、创新等思维能力得到了有效训练。预测与核对关键词的方式,考查了学生解读与分析的批判性思维认知技能。在激发学生对于故事文本的学习兴趣、提高思维活跃度的同时,也为最后的语言输出降低了难度。

2. 表达内化阶段:巧用对比与归纳,分析文本语言特点

随着故事情节的发展,愚公家人等人物之间的关系以及事情的原委需要用到一定的连词来连接。教师将句子中的连词删去,让学生感知句子的流畅度(见图 8-7)。通过横向对比,探究连词在文本中的重要性。教师鼓励学生

运用连词实践操练,通过小组讨论的形式补全句子。对比、归纳和演绎的方法极大程度地加深了学生对于语境中连词重要性的认识,强化了语言的使用。

Find the differences among the sentences.

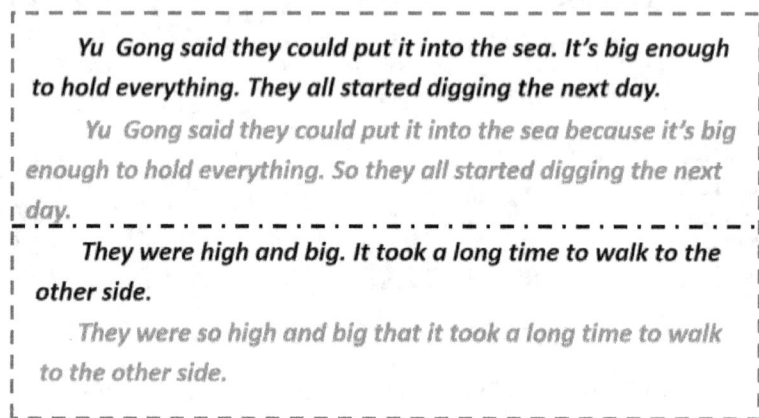

Yu Gong said they could put it into the sea. It's big enough to hold everything. They all started digging the next day.

Yu Gong said they could put it into the sea because it's big enough to hold everything. So they all started digging the next day.

They were high and big. It took a long time to walk to the other side.

They were so high and big that it took a long time to walk to the other side.

图 8-7　分析归纳语言特点

T:Look at these sentences. Let's read them together. Do you think there are any differences between them? For the first group, which one do you think is better?

S1:I think the second sentence is better.

T:Why do you think so?

S1:Because it uses some linking words to make the sentence logical.

【设计意图和策略评析】

教师鼓励学生对文本进行质疑,通过对比、同伴讨论的方式分析与查证,形成思考与评价。通过对前后句子的对比分析,学生可以清晰地发现第二句话中连词的使用加强了语言的逻辑性与连贯性。because,so,so…that 等连词的使用帮助学生感知海洋的巨大与愚公解决如何处理石头这一问题之间的逻辑关系。同时通过阅读对比,让学生理解愚公移山与其所遇困难的因果关系。教师通过归纳的教学模式,让学生在实例的对比中加深对于连词使用的印象,自主探究语言特色。

3.输出运用阶段:构建评价体系,引导学生自我监控

教师引导学生运用课堂所学的动词词组,并根据图片描述故事的发展过程以及人物之间的矛盾。在描述故事的同时,学生根据听中总结出的checklist评价量表,关注故事的情节、连词的使用以及其他学生对愚公移山的看法。在自我评价的过程中,教师引导学生发现自己在描述时的优点和不足,以可量化的方式,让学生为自己的输出做客观的评价。针对具体的、操作性强的评价量表,教师布置了分层作业。完成不同层面学习目标的学生可以领取不同难度的作业。

T：Please look at the pictures and phrases. Let's try to describe each picture together.

S1：The mountains were high and big and it took him a long time to go there.

S2：…

T：Good job! It's time for you to tell the story by yourself. Here is the checklist.

【设计意图和策略评析】

教师引导学生根据图片以及关键动词词组,回顾故事情节。在图片与关键信息的帮助下,进一步激发学生口语表达的欲望。在说前活动中,教师引导学生梳理出评价表。这种"教—学—评"一体化的教学模式不仅能使学生对故事的脉络有更清晰的了解,也能在产出活动中培养学生自我评价与自我监控的批判性思维认知技能,真正提升学生用英文讲故事的能力。

(七)案例综述

将批判性思维听说教学策略应用于初中英语教学中,极大帮助了学生激活思维,有助于学生发展听与说的技能,提高学生发散思维、辩证分析、客观评价的能力。同时,针对批判性思维的训练也有效培养了学生预测、质疑、分析、评价与创新等综合能力。在课堂教学时,教师设计出体现自主合作与探究的教学活动,也会使学生逐步加深对文本的认识,提高思维的活跃度。在本课例中,在用英语讲故事教学目标达成的同时,对培养学生批判性思维进

行了如下的尝试。

1.创建信息差，激发学生预测推理欲望

在说前活动中，教师通过设置听说活动，激发了学生的求知欲，提高了课堂效率。尽管学生对于愚公移山的故事较为熟悉，但是教师有意识引导学生思考愚公在移山的过程中所遇到的困难，并通过学生小组讨论的过程实现了相互质疑、相互论证的教学目标。教师以创建信息差的方式培养了学生推理分析的批判性思维认知技能。

2.推进听中活动问题链，搭建思维技能平台

有效的问题链设置能够引领听说课教学稳步前进。教师通过设问"What trouble might Yu Gong have?"引导学生讨论预测信息并验证猜想。而后为了让学生感知连词在文本衔接中的作用，教师采取文本对比的手法，通过"What are the differences between these sentences? Which one do you think is better?"引导学生自主阅读，做出判断。同时问题链直击文本语言目标，培养了学生归纳和推理的批判性思维认知技能。

3.重视"教—学—评"一体化，培养学生自我监控能力

课堂教学的主体是学生，教师通过听说活动的引导，提升了学生的思维活跃度。在梳理故事情节的过程中，教师引导学生巧妙归纳出评价量表，一步步帮助学生在口语输出的过程中实现自我监控与自我更正的教学目标。同时，同伴的相互评价也有助于学生感知讲述故事的语言与内容层面的独特性。这种"教—学—评"一体化的教学模式充分调动了学生的积极性，培养批判性思维能力。

（本案例由杭州市建兰中学郑浩南老师提供）

三、*Go for it!* 九年级 Unit 7 Teeagers should be allowed to choose their own clothes. Section A 1a－2d 课例

（一）案例背景

思维品质是体现英语学科核心素养的心智特征。在听说课中，如何在充

分输入的前提下，让学生充分地说，同时在教学各环节有意识地培养学生的批判性思维，已成为对听说课型更高层次的要求。现以九年级 Unit 7 第一课时的听说课教学为例，探讨如何在听说课中培养学生的批判性思维。

（二）文本解读

九年级 Unit 7 的核心话题是"规则"。本课时是对 Section A 1a－2c 部分的教学，含有两个任务链。1a－1c 通过图文及听力活动导入单元话题。1a 的主题图展现了一对母女对话的场景以及她们讨论的内容，同时呈现了本单元重点语言结构：与情态动词连用的被动语态。1b 的对话则结合主题图将本单元的话题、语法和句型呈现出来，训练学生在听的过程中捕捉细节信息的能力。1c 要求学生进行控制性口头操练，完成最基本的语言输出。1a－1c 任务链重点训练"同意"和"不同意"的表达。2a－2c 的主要目的在于巩固和拓展本单元话题、语法和句型。2a 的对话是两个女孩讨论她们的朋友，要求学生了解她们各自的观点，以及对彼此观点是否认同。2b 要求关注她们所陈述的理由。2c 是一个头脑风暴活动。

语篇内容（What is conveyed?）

两个任务链中的两则听力对话分别是母女之间和好友之间的对话，呈现了青少年最熟悉的两个场景。在生活中青少年经常会有与父母以及自己的好友意见不同的情况，容易引起学生共鸣，启发学生思考生活中哪些事是被允许做的，哪些事是不被允许做的。

语篇功能（Why is it conveyed?）

通过两则听力的学习，启发学生用不同的语言合理地表达自己的观点，并学会为自己的观点找出理由来增加说服力。

语篇形式（How is it conveyed?）

两则对话围绕 what you are allowed to do 和 agree or disagree 展开，但在表达观点时用的语言非常丰富。不是简单地回答 agree 或 disagree，而是用"Well，ok. /Mom，I'm not a child！/Oh，I disagree with you. /That's true. /Oh，I don't know. Do you think it's too long? /Yeah，I know."等表达自己的意见。学生需要通过对上下文的理解和对说话者语气的判断解读说话者

的意图。

(三)学情分析

本单元的重点语言结构是与情态动词连用的被动语态,有一定难度,但是有了 Unit 5 一般现在时的被动语态结构和 Unit 6 一般过去时的被动语态结构做铺垫,学生已经对被动语态结构有一定了解。

本单元的主题是"规则",而且书本中涉及的主题也都是学生学校生活或者家庭生活中的常见内容,是学生较为感兴趣的话题。教师可以鼓励学生对同一话题发表不同的看法,激发学生的参与意识和提高积极性。这个年龄段的学生想要独立的意识开始显现,他们能够在教师的引导下对各种规则进行讨论。

(四)教学目标

通过本课的学习,学生能够对不同话题发表观点并给出理由;通过对不同话题发表自己的观点,培养对既定规则评价的能力;通过对听力文本的解读,提高分析和归纳能力。

(五)过程图示

依据教学范式和六项批判性思维认知技能,尝试建构可实施的中学英语批判性思维培养的听说课教学流程(见图 8-8)。

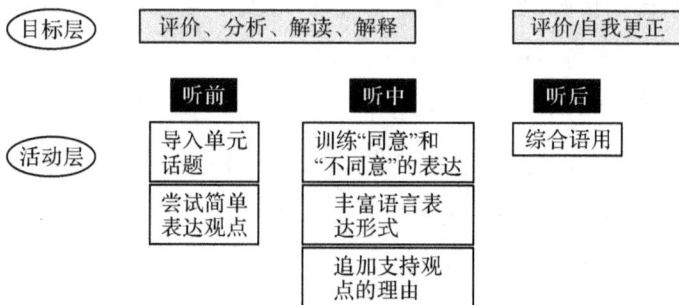

图 8-8　指向批判性思维培养的听说课教学流程

整节听说课分为听前、听中、听后三个板块。听前部分教师导入单元话题,逐一呈现课本 1a 中的五个句子,并处理生词,帮助学生克服生词障碍;带领学生在理解的基础上尝试简单地发表自己的观点,对规则进行评价。听中部分教师带领学生理解并分析两则听力文本,完成课本配套听力练习和附加听力任务;学生跟读模仿听力材料,根据图片对话,综合归纳语用;教师带领学生由浅入深,用丰富的语言表达"同意"和"不同意"并陈述理由,培养学生评价、分析、解读、解释的思维能力。在听后部分,学生利用本节课所学知识,使用目标语言对学习或生活中的规则展开讨论,发表观点,表达"同意"或"不同意"并给出理由,进而实现更深层次的批判性思维能力的提升。

(六)听说课批判性思维培养片段解析

1.输入理解阶段:导入核心话题,启发观点碰撞

此环节涉及课本中 1a 部分的教学,主要目的是向学生呈现本单元的重点语言结构:与情态动词连用的被动语态,导入核心话题"规则":哪些事情是青少年被允许做的,哪些事情是不被允许做的。

(1)导入环节依次呈现五个句子,帮助学生扫除生词障碍。学生在理解语言的基础上进行独立思考,并使用 I agree 或 I disagree 来表达同意或不同意。1a 活动中的五个句子实际上包含了五个小话题,都是学生很感兴趣的内容。特别是针对"Teenagers should be allowed to choose their own clothes."这一主题,学生发表了很多观点。教师可以引导学生简单陈述理由,激发学生的参与意识,激活脑海中已有的相关语言知识并学会在交流中加以运用。

T:Teenagers should be allowed to choose their own clothes. What do you think of that?

S1:I agree. Because we want to make our own decisions. We are old enough.

S2:I disagree. Because I think school uniforms are already beautiful and we don't need to think about what to wear every day.

S3:I disagree. Because we don't have enough money to buy the clothes we like. We all depend on our parents.

(2)除了以上"choose their own clothes"这个话题以外,"have part-time jobs"这个话题也引起了教师和学生的思考。课堂讨论中,学生对于此话题发表了多个观点。

S1：I disagree. Because having part-jobs will have bad influence on our study.

S2：I agree. I want to have different experiences by doing different jobs. Then I can know which job is suitable for me.

S3：I agree. I want to know more about our society.

教师在此时适当穿插了一些中西方教育文化的对比。例如,在西方文化中,学生是被允许做一些兼职工作的,许多西方学生中学毕业后就自己找兼职工作了,即使升入专科学校或大学,许多人也是边工作边读书,经济上不再完全依靠父母;而对于年龄小的孩子来说,通过干家务活来得到报酬也是非常常见的。

【设计意图和策略评析】

这一环节的讨论主要涉及批判性思维中的评价维度。对同一话题发表不同的观点体现了对批判性思维的培养。教师在教学过程中鼓励学生发表不同的观点,对既定规则进行再一次的审视和质疑,激发其独立思考的能力。同时,在讨论过程中,学生会了解并关注中西方教育观点和方法的异同。这种比较的过程,也对学生的批判性思维培养起到了积极的作用。另外,教师在备课过程中预设学生对"兼职工作"这一话题都会持反对观点,但在真实课堂中,学生的观点呈现了多样化,这其实也是教师观点和学生观点的一次碰撞。

2.表达内化阶段:解读听力文本,培养分析能力

本课时包含两则听力。第一则听力是母女两人的对话,谈论的内容是青少年是否应该开车、挑选自己喜欢的衣服和穿耳洞、戴耳环。这部分将本单元的话题、语法和句型完整地呈现出来,训练学生在听的过程中捕捉细节信息的能力。第二则听力是两个女孩就她们的朋友表达了各自的看法,以及对彼此的观点是否认同。这部分主要目的在于巩固和拓展本单元话题、语法和句型,并要求学生关注说话者所陈述的理由。教师在课堂中除带领学生完成课本配套听力练习以外,对两则听力文本进行了进一步挖掘。

(1)在第一则听力练习完成后,要求学生跟读模仿,并找出更多表达观点的语言。此时学生发现,在表达"同意"和"不同意"时,不仅可以使用 I agree

或者 I disagree，还可以使用 Well，ok．/Mom，I'm not a child! 尤其是"Mom，I'm not a child!"这一句，教师可以带领学生多模仿几次，引导学生通过模仿语调来体会语言中所表达的意思。

（2）在第二则听力的第一个任务（圈出 Molly 同意或不同意）完成之后，要求学生再听一遍，记录 Molly 表达观点时所用的语言。此环节是对上一则听力的拓展和延伸，旨在进一步丰富学生的语言表达。学生可以整理出更多表达观点的句子，如 Oh，I disagree with you．/That's true．/Oh，I don't know. Do you think it's too long? /Yeah，I know. 通过再听一遍并记录信息，学生不仅完成了书本上的任务，还在教师的引导下学会了分析和归纳。

【设计意图和策略评析】

对听力文本的处理体现了教师对学生批判性思维认知技能中解读能力的培养。比如，在第一则听力中听到女儿说"Mom，I'm not a child!"这一句时，学生需要思考应该怎么理解这句话，说话者的意图是什么。在第二则听力中，教师在第一个简单圈出同意不同意的任务之后追加了一个环节，鼓励学生再听一遍，记录下听力中的关键词句，以此为自己的结论找到依据。这培养了学生对信息进行分析的能力。两则听力文本处理完后，学生能够理解并整理出表达同意和不同意的多种句型。

3．输出运用阶段：综合运用语言，达成语用目标

此环节是本节听说课的口头输出环节，以"亮出你的观点"为主（见图 8-9），以图片和简单的语言结构为辅，启发学生使用目标句型谈论各种规则。

Find your
voice!

A: Do you think teenagers should be allowed to ...
B: Yes, I...
C: No, I...
D: I don't know. I...

图 8-9 真实情境运用

以下呈现课堂中两组学生的对话。

第一组：

A：I think teenagers should be allowed to have their own mobile phones.

B：Well，I disagree with you. Teenagers don't have the time to use their phones.

C：I don't know. I want to have one，but my mother thinks it's bad for my study.

D：We are students. We need to study hard，so we can't play with our phones.

第二组：

A：I think teenagers should be allowed to get up late.

B：Yes，I agree with you. We always don't have enough sleep and we often feel sleepy in class.

C：That's true. We go to bed very late. It's hard for us to get up early next morning.

D：Hmm… I don't agree with you. I think it's a good habit to go to bed early and get up early.

【设计意图和策略评析】

此环节是本节课的输出环节，属于综合语用环节。学生对他人的陈述进行评价，发表自己的观点，这是不同观点间的碰撞。在表达自己"同意"或"不同意"之后，学生还需要给出理由来佐证自己的观点。这个过程培养了学生批判性思维认知技能中的解释能力，以求增加自己观点的说服力。

(七)案例综述

近年来，英语听说课的教学方式已发生巨大变化，从最初以传授语言知识为核心的教学方式逐渐向以学生思维能力发展为核心的教学方式过渡。教师应该在各个教学环节中渗透对学生批判性思维的培养。本课时教学的成效和反思如下。

1.充分解读文本，挖掘文本信息

教师在开展教学设计时，对文本进行了细致的分析，发现 1a 部分的五个话题贴近学生生活。对五个话题的讨论不仅能够帮助学生理解本课时的重点语法结构，还能够有效地启发学生思考，培养批判性思维。在对听力文本进行深入解读后，发现两篇听力材料呈现了不同的语言表达形式，第二篇听力材料更是第一篇的拓展和延伸，增加了表达理由的语言。通过学习两篇听力文本，学生能够由浅入深，丰富自己的语言表达，同时学会以追加理由的方式让自己的观点变得更具有说服力，能更全面地思考问题，更有力地表达观点。

2.注重语用分析，提高解读能力

两篇听力文本中，说话者用于表达观点的语言不是简单地回答 agree 和 disagree，而是用"Well, ok. /Mom, I'm not a child! /Oh, I disagree with you. /That's true. /Oh, I don't know. Do you think it's too long? /Yeah, I know."等多种表达方式。有些表达方式直接，有些表达方式则需要学生结合语境体会分析。教师充分挖掘听力材料中的细节，进行了充足的语用分析，在板书和课件中呈现重点的表达方式，帮助学生提高解读、分析和归纳整理的能力。

3.增加同伴互评，重视"教—学—评"一体化

在最后的输出环节中，学生的产出都不错，不论是谈论到的话题内容还是使用的目标语言，都紧紧围绕着这节课的教学目标。教师应努力做到"教—学—评"一体化，引导学生在课堂上积极思考，并使用评价量表进行评价，提升批判性思维。

（本案例由杭州市开元中学汪虹老师提供）

第二节　阅读教学案例

一、*Go for it*！七年级上 Unit 6 Do you like bananas? Section B 2a－2c 课例

（一）案例背景

阅读是初中英语教学的重中之重。在语言学习过程中，英语阅读是学习者语言输入的主要方式。现阶段，学生在阅读时普遍盲从阅读材料，无法享受作为读者与作者之间共建意义的乐趣，最终导致学生阅读兴趣减弱，学习成效大打折扣。因此，增强学生的批判性思维意识，培养批判性思维能力是提升其阅读能力的核心。

现以一堂阅读公开课为例，探讨如何在阅读教学中培养学生的批判性思维能力。

（二）文本解读

语篇内容（What is conveyed?）

七上第六单元的阅读文章"Sports Star Eats Well"是 *Go for it*！教材中为数不多的杂志访谈类文章。文章以记者 David 与排球明星 Cindy Smith 之间的访谈对话实录为载体，着重介绍了 Cindy 健康的饮食习惯。记者用"What do you like for breakfast? What about lunch? Do you like salad?"等问题询问早餐、午餐、晚餐及餐后吃什么。而被采访者 Cindy 则通过"I like… I think it's healthy. I really love… 及 I don't like… but I like…"等句子表达自己的饮食习惯并陈述理由。

语篇功能（Why is it conveyed?）

该文章从记者和被采访二人的不同角度展开对话。由于一个是记者，一个是排球明星，因此在问答时，由特殊身份所带来的对话方式值得探讨。

从记者的角度看,学生需思考作为记者如何提出有效问题,如何始终围绕话题进行提问,如何在对方难以回答时给出提示避免尴尬等。而从被采访者的角度看,学生则需思考如何清楚地表达饮食习惯和喜好,如何给出恰当真实的理由。这些都需要学生具备一定的批判性思维能力。

语篇形式(How is it conveyed?)

文章有两条清晰的脉络——记者的问和排球明星的答。学生可以通过分析记者的提问方式,归纳出作为一个好记者需要具备的提问技巧,也可以通过排球明星 Cindy 的回答,归纳出表达喜好并陈述理由的方式。文章为学生读后模拟采访提供了范式。

(三)学情分析

七年级学生已经掌握了关于食物的词汇,也能够较为准确地表达自己喜爱和讨厌的食物。但是学生对于访谈体裁还不太熟悉,对于访谈类的杂志文章更是陌生。同时在以往的初中英语阅读教学中,学生缺乏主动思考的现象普遍存在。大部分学生习惯无条件地接受教师讲授的内容,很少提出自己的疑问,不会根据自己的理解做出判断和合理的推测,即使有困惑,也大都以教师的观点为主。因此,学生既缺乏批判性思考的意愿也缺乏批判性思维的相应技能。

(四)教学目标

本课具体教学目标围绕批判性思维的六项认识技能设置。

学生能够正确解读文章标题"Sports Star Eats Well",能够通过文章中 Cindy 对自己饮食习惯的回答及其给出的理由,理解 eat well 的含义,使解读技能得到提升。

学生能够识别 David 作为记者所提的不同类型的问题,分析哪些是属于比较宽泛的大问题,哪些是比较具体的小问题,并从记者的角度,给出其他备选问题,使分析技能得到提升。

学生能够通过记者提问所围绕的话题及 Cindy 给出的回答,推测并给出符合文章主旨大意的标题,使推理技能得到提升。

学生能够评价他人所给的文章标题的合理性,并在最后产出环节,对其他小组的采访表现进行合理而全面的评价,使评价技能得到提升。

学生能够对自己给出的文章标题进行有说服力的论证,并在采访环节给出合乎语境的理由,使解释技能得到提升。

学生能够在最后采访环节,对照评价量表进行自我监控和自我更正,使自我监控技能得到提升。

(五)过程图示

依据六项批判性思维认知技能,尝试建构以批判性思维能力培养为导向的阅读教学流程(见图 8-10)。

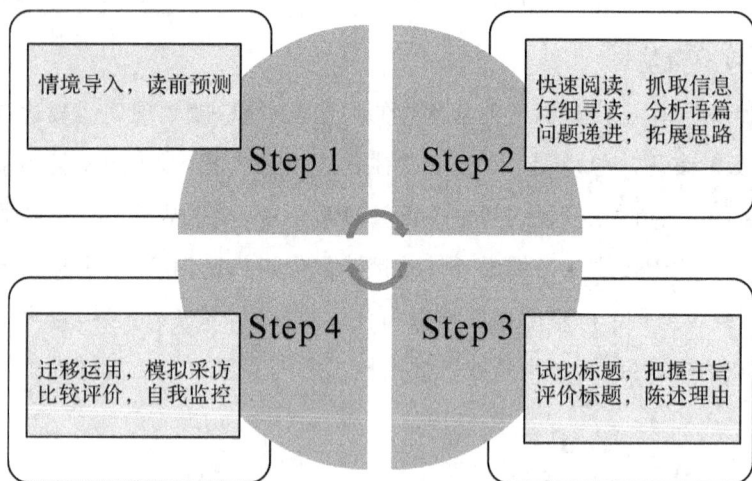

图 8-10 以批判性思维能力培养为导向的阅读教学流程

读前环节,教师以学校的电子期刊杂志为载体导入文章,要求学生解读图片信息、预测文章内容,学生的思维被激活。读中环节,以问题促思考,通过开放的、富有挑战性的问题链促进学生进行多层次、多角度的思考,不断训练学生的解读、分析、推理等批判性思维认知技能。在补全文章标题并评价他人标题的环节中,学生的解释、评价技能得到充分的训练,为读后模拟采访环节奠定了基础。整堂课在发展学生阅读能力的过程中渗透着对批判性思维认知技能的培养,并通过对批判性思维认知技能的训练进一步促进学生阅读能力的提升。

(六)阅读课批判性思维培养片段解析

1.输入理解阶段:问题链推进,引发学生思考

本课例为一篇采访类的杂志文章,记者 David 共问了排球明星 Cindy Smith 五个关于饮食习惯的问题。在学生画出记者提出的五个问题后,教师将问题呈现在黑板上,然后提出问题:Before interviewing somebody, a reporter needs to think about the questions that he is going to ask. So as a good reporter, how does David ask questions? 提出问题是开展批判性阅读的重要手段。学生在读的过程中不再是被动地接受信息,而是主动积极地思考。以下是学生的回答。

S1:He asks questions about the topic eating habits. He doesn't ask other questions.(学生对五个问题涉及的内容进行了分类,得出结论)

教师进一步追问:Sometimes, if the question is too big and it's not easy to answer, what should a reporter do? 教师引导学生以记者的角度思考采访过程中还需要注意被采访者的接受程度。学生重新阅读 David 问的五个问题,发现有些问题比较大,让被采访者无所适从。但是有些问题却相对小一些。学生不仅发现了问题的不同,而且还总结出对于太大的问题,记者可以给被采访者一些提示。以下是学生的回答。

S2:If the question is too big and not easy to answer, you can give an example.

该学生以 David 所提的两个问题为例,证明了自己的结论。如一个大问题"What fruit do you like?"后面追加了一个具体的问题"Do you like bananas?"而"What about lunch?"后面追加了"Do you like salad?"

随着学生逐步了解记者该如何提问,教师向学生发起挑战,提出问题 What other questions can David ask about Cindy's eating habits? 以下是学生们给出的问题。

S1:When do you have breakfast?

S2:Why do you eat chicken,but not beef for dinner?

S3:Do you often eat out or at home?

S4：Do you do sports after dinner?

【设计意图与策略评析】

开放的、富有挑战性的问题能够促进学生多层次、多角度地进行思考。巧妙、连贯的追问能够最大限度地启发学生的思维,促使他们不断思考。学生的思维很开阔,他们问了很多与饮食习惯相关的问题。从他们的问题中可以看出,学生已经在思考体育明星的饮食不管是在时间上、地点上还是食物品种的选择上都关注健康。值得注意的是,当同学们听到第二位学生提出的问题后,马上有学生举手表示,这个问题并没有围绕饮食习惯主题,属于偏题。学生能够通过分析文中的五个问题,将其分类,并以其中的两个问题为实例,陈述并论证自己的结论,在此过程中学生的解读、分析、推理能力得到了提升。同时,学生们对其他同学的问题,也能有意识地做出合理的评价和判断。

2.表达内化阶段:深挖文本内涵,探讨文本标题

在学完整篇访谈文章后,教师引导学生补全文章标题"Sports Star _____"。

经过小组讨论后,学生们给出了以下标题。

S1：Sports Star Cindy Smith.

S2：Sports Star Cindy Smith's Eating Habits.

S3：Sports Star has Good Eating Habits.

S4：Sports Star Eat Healthily.

S5：Sports Star Eat Healthy Food.

教师问学生,文章的标题有什么特征? 你觉得以上哪个标题最好? 为什么?

【设计意图与策略评析】

标题是文章的点睛之笔,标题的好坏往往影响文章的可读性,故标题应比较醒目,以吸引读者的注意力,激发读者对文章阅读的兴趣。标题应囊括文章的主要内容,体现主旨。这就需要学生仔细体会文章字里行间的意思,从全局的高度归纳和概括标题,防止出现本末倒置、主次不分、以点代面或以偏概全等现象。标题的外延既不能太大,也不能太小,而应直接指向文章的主要内容。

给文章确定最佳标题能够引导学生区分论点或论据,使其把握论点和论据的一致性和文章主旨大意的能力得到提升。

（七）案例综述

开展批判性阅读教学,使学生养成批判性反思的好习惯并着重培养解读、分析、评价、推理、解释和自我监控六大认知技能,应成为初中英语教学的一个重要目标。本课的亮点有以下几个。

1.巧设问题,层层递进,引发深度思考

教师在问题设置上,成功地引导学生由浅层阅读进入到深层阅读,在阅读的过程中,学生不断接受挑战,开始有意识、有目的地进行反思性判断,认真解读、仔细分析、合理推断、客观陈述并做出有依据的评价。学生的批判性思维意识得到增强,批判性思维技能得到提升。

2.聚焦文眼,引导学生宏观把握语篇内涵

标题是语篇的文眼,隐含语篇主题、内容、类型等重要信息。教师将标题关键内容隐去,呈现半开放的标题,要求学生思考标题内容。学生进行了多角度、多层次的思考,并在评价他人标题的同时,不断反思自己所给标题的合理性。

此外,在评价标题合理性的环节,需要给学生更多的时间,以便他们能够更充分地论述自己评判的依据。同时,在接下去的教学中,教师应尝试为学生提供可视化、可量化的工具,开展批判性思维评价,使学生对于自身的批判性思维能力有更清晰的认识和评判。

（本案例由杭州市杭州中学姚冰玲老师提供）

二、*Go for it*！八年级上 Unit 5 Do you want to watch a game show? Section B 2a－2e 课例

（一）案例背景

在初中英语阅读教学中,学生的批判性思维提升体现在学生能够进行批判性阅读,不盲目遵循阅读文本,批判性地解读文本内容,有逻辑地表达自己

的观点，并论证自己观点的合理性。现以一堂英语阅读课为例，探讨如何在阅读教学中渗透对学生批判性思维能力的培养。

(二)文本解读

语篇内容(What is conveyed?)

本课例的教学内容是 *Go for it*！八上 Unit 5 Do you want to watch a game show? Section B 2a－2e 部分。这是本单元的第四课时。阅读主题是关于美国文化象征之一的动画角色——米奇(Mickey)的发展历程。文本介绍了 20 世纪 30 年代美国经济大萧条时人们的状况、米奇的第一部电影《威利号汽船》和好莱坞星光大道等，给学生补充了大量的文化背景知识。让他们通过思考重新认识米奇这一卡通形象，思考其勇敢坚强的形象。阅读文本让学生真正了解米奇对于美国人的重要性及其受欢迎的原因，并让他们了解这一卡通角色诞生的背景。

语篇功能(Why is it conveyed?)

文本属于说明文，三段文字结构清晰，内容逻辑缜密。文本对米奇出现的缘由、米奇故事的特点和米奇当下的发展做了全方位介绍。学生可通过阅读文本厘清篇章逻辑结构，深度理解作者写作意图，解读、分析、评价、解释文本语言，其批判性思维也得到了充分的训练和发展。

语篇形式(How is it conveyed?)

作者在撰写文本时，运用反语等写作手法为批判性思维的训练埋下一些伏笔，从而加强了文章内涵的深刻性，可供学生反复品读和思考。第一段和第三段通过时间顺序将米奇的出现及其当下的发展进行了串联。第二段兼具说明和记叙的特点，对米奇受欢迎的原因进行了充分说明。教师可通过深入挖掘背景和语言信息，引导学生进行解读、分析、推理，培养学生的深层思考能力。

(三)学情分析

本课的授课对象是八年级学生。他们对卡通动漫话题感兴趣，阅读内容符合他们的年龄特点和认知水平。学生对米奇这一卡通人物形象比较熟悉。在语言方面，学生有一定的知识和语言储备，善于表达和分享观点，但是对于米奇在美国的地位、其产生的背景、历史意义和所蕴含的精神力量等了解不够充分,需要教师引导并启发学生深入解读文本和思考内涵。八年级学生面临较大的学习压力和青春期各种问题,需要有米奇这样的偶像作为精神支撑。而该阅读文本可以教导学生如何勇敢面对生活中的困难和艰辛,成就更优秀的自我。

(四)教学目标

通过本课学习,学生能够通过泛读、略读等技巧获取米奇的基本信息,分析文章逻辑,归纳主旨;学会使用文中重点词汇和句式,借鉴原语篇的方式针对新话题进行表达;通过评判性阅读,分析米奇在美国文化中的地位及象征意义,了解其精神内涵;使用目标语言向外国人介绍代表中国文化的卡通人物,培养跨文化交际意识。

(五)过程图示

以六项批判性思维认知技能为基础,围绕情境、冲突和评价三大要素,制定批判性思维能力培养目标,本课的教学流程如图 8-11 所示。

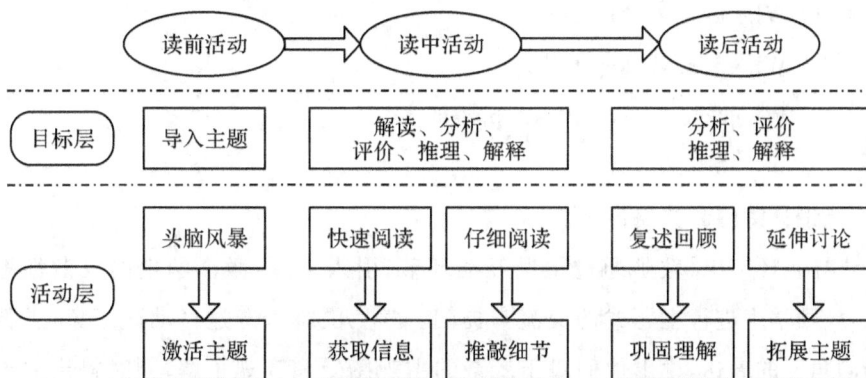

图 8-11 以批判性思维培养为导向的阅读教学流程

教师要在引导学生阅读之前,通过师生对话、头脑风暴等活动充分预热主题,为训练学生的批判性思维做好准备。学生进行第一次阅读时,通过快速浏览了解文章结构,解读相关信息点,对文本有一个宏观的认识。学生再次仔细阅读时,逐段推敲文本细节,批判性地分析、评价、推理、解释关键信息点。读完后,借助思维导图和提示信息,对文本进行复述回顾,巩固理解。最后环节,借助文本的结构框架和语言表达,进一步讨论代表中国文化的动画形象,分析和评价形象的特点和要素,并解释理由。

(六)阅读课批判性思维培养片段解析

1.输入理解阶段:头脑风暴,调动兴趣,导入话题

教师快速导入本课的话题,用简笔画勾画出米奇的形象,让学生猜测这个形象是谁。之后,教师引导学生回忆已有的关于米奇的信息和知识,同时提出相关问题。学生之间可以相互解答疑惑。无法解答的问题可以在稍后的阅读中寻找答案。

(Teacher draws a picture of Mickey on the blackboard.)

T:Can you guess who is that cartoon?

Ss:Mickey Mouse.

T:What do you know about him?

Ss:…

T:What question do you have about Mickey?

Ss:Who created Mickey?

Where is Mickey from?

When did Mickey first appear?

…

【设计意图和策略评析】

导入环节中,教师通过主题互动环节,引入主题,激活学生的发散性思维,鼓励学生进行主题式的交流与提问。学生围绕米奇这一动画形象,进行不同角度的表达,说出他们对于米奇的主观感受和客观了解,同时提出关于米奇的问题。学生可以根据自己的认知,解答别人的问题,也可以带着问题进入阅读环节寻找答案。在师生互动中,教师充分扮演引导者角色,激活学生原有的知识储备,唤醒学生提问的意识,让学生主动地深入了解米奇。在生生互动中,学生通过提问和回答进行了知识和思维的碰撞,问题从学生中来,回答也从学生中来。同时,学生又带着自己的问题进入阅读环节,真正地激发了他们阅读的欲望。

2.表达内化阶段：分步阅读，深度提问，解决困惑

(1)学生快速阅读文本，了解文章主旨大意，掌握米奇的基本信息，解决导入环节自己提出的问题，并检验其他同学提供的答案是否正确。

(2)学生再次快速阅读文本，回答五个关键问题。教师通过这一任务训练学生的略读技巧，培养其寻读策略，同时为后面的深层阅读奠定基础。

T：Read paragraph 1 to 3 and find the answers to these questions：What does Mickey look like? Who created him? What was his first cartoon? Who is his girlfriend? Why is he popular?

【设计意图和策略评析】

学生两次进行快速阅读，完成两个不同的阅读任务。第一次快速阅读是对导入环节中交流内容和提出问题的回应。学生带着自己对米奇的原有认知和现有问题进行略读，检验并纠正相关问题，完成自我监控和必要的自我更正。学生带着老师提出的五个问题进行第二次快速阅读，通过寻读找到关于米奇外貌、身世、作品等相关细节，将信息进行分类，对米奇这个形象进行解读。完成这两次快速阅读后，学生了解了文本梗概，掌握了细节信息，通过自我监控和解读为下一阶段进一步批判性阅读做好充分准备。

(3)学生仔细阅读文章第一段和第三段，找出时间轴中的四个时间节点。在这四个重要时间节点中，米奇分别经历了诞生、小有名气、成为巨星、受人爱戴等重大变化。学生经过仔细阅读和总结梳理后，将每一个大事件进行概括归纳，同时分析和体会作者在第一段和第三段的写作意图。

(4)教师借助一系列的问题链，引导学生对第二段进行批判性阅读。学生在反复品读文章之时，能够试着理解文本传递的基本信息和深层含义。

T：Please read paragraph 2 word by word and try to answer the questions：What kind of character is Mickey Mouse? What title does the writer give Mickey? Why? Why do people want Mickey to win? What about you? Why do people want to be like Mickey?

【设计意图和策略评析】

根据文章的内容和结构，第一段和第三段在时间节点上有很多相似之处，适合学生进行整体阅读。教师首先通过不同时期的米奇头像图片和时间轴，引导学生将 1928 年、20 世纪 30 年代、1978 年和当下这四个时间节点中的重要的事件进行分析和归纳。同时，通过对第一段和第三段的整体阅读，让学生概括两段的主旨，锻炼学生概括能力。

第二段主要对米奇进行了客观描述和主观介绍，挖掘了米奇个人经历和受欢迎的原因。教师凭借四个主线问题构成的问题链，对学生进行了深度提问，促使学生批判性地理解和表达。第一个问题要求学生谈论米奇是一个什么样的角色。学生找出理由和线索，进行分析梳理，并对米奇进行评价。学生抓住了各类线索，给予了米奇平凡、勇敢、善良等多元化的评价。第二个问题中，教师让学生对于米奇的"小人物"头衔谈谈自己的理解。学生在文本中查找证据、归纳推理，陈述和解释自己的看法。学生发现米奇这么一个世界闻名的卡通形象被称为"小人物"，是一种反语的修辞手法，通过这个看似矛盾的头衔和米奇的所作所为更体现出他的勇敢和不平凡。而第三和第四个问题都旨在让学生将米奇和自己进行类比。学生通过分析和推理可以发现，人们希望米奇能够赢是因为在其身上看到了自己的影子，希望能够像他一样具有勇敢、善良等优秀的品质，战胜现实中的困难，永不放弃。问题由浅至深，使学生的分析、推理、解释、评价能力得到运用与发展，极大地促进了批判性思维提升。

3. 输出运用阶段：分析总结，预测发展，迁移创新

（1）在深度理解文本之后，教师引导学生进行延伸讨论，要求学生进一步思考米老鼠在未来是否依然如此流行。学生根据对文本的理解和分析，推理出不同的结果，并陈述理由。

T：Will Mickey still be popular in the future?

S1：I think so, because Mickey is so popular that many people know him in the world and it is an educational cartoon for children.

S2：Of course. Mickey is a symbol of American culture. America is one of the most powerful countries in the world.

S3：I don't think so. Mickey is out of date. Nowadays, new cartoon characters come out every day. Young people like Marvels better.

（2）最后,教师结合文本内容,尝试让学生进行迁移创新的小组活动,探讨谁是能够代表中国文化的卡通形象。

T：What cartoon character can be a symbol of Chinese culture? Why?

S4：In my opinion, Monkey King can be a symbol of Chinese culture. One of the main reasons is that he always tries to face any danger. He is a "little man", not tall but very smart. He can make 72 changes. Everyone knows and loves him. He is brave and confident. He never gives up when he faces any trouble.

【设计意图和策略评析】

学生结合所学文本内容和生活实际进行合理的分析、判断、推理,就米奇是否会继续流行表达正反两方的观点。学生进行思辨后,产生了不同的看法和观点。教师对于各类观点进行肯定和引导,旨在培养学生的思辨力。之后,学生进行迁移和创新,尝试讲述能代表中国文化的卡通人物。在这个过程中,学生首先选择合适的卡通形象,着重从外表、精神品质等方面进行评价,陈述观点并解释理由。学生需要在理解的基础上,通过模仿、借鉴、创新阅读文本来阐释观点。通过本节课,不仅让学生掌握了目标语言和句式结构,还深化了其对中国传统文化、经典人物形象的思考和理解,更能使用解读、分析、评价等批判性思维认知技能来进行英语语言学习。

（七）案例综述

提升学生英语核心素养的关键路径是培养学生的批判性思维。阅读活动作为语言输入和理解的主要环节,需要学生在信息输入过程中快速抓取重要信息,恰当理解,进行批判性的思考。常规阅读课大多聚焦于语言知识的传授和文本结构的梳理,往往忽略了对学生批判性思维能力的培养。批判性思维中的六种认知技能可以为阅读活动有效开展提供思维保障,让学生的思维在英语阅读过程中最大限度地得到操练。本节阅读课的教学目的不仅仅是让学生掌握语言知识和分析语篇结构,更是引导学生学会运用解读和推理技能解构非语言信息、分析和解释语言逻辑,并且运用推理和评价技能,评判语言意图。学生的批判性思维能力可以在阅读文本和表达观点的过程中得到锻炼。以下是本课例为实现批判性思维培养目标做出的几点努力。

1. 引"生"入境，提高思维探索欲望

米奇是学生非常熟悉的卡通形象，教师借助简笔画、头脑风暴等课前热身活动，带领学生迅速进入文本主题，创设真实情境。这样的热身活动能够充分调动学生的主观能动性和学习兴趣，从而提高学生思维探索的欲望。教师要引导学生进入文本语境和激发学生的学习兴趣，培养学生积极思考的习惯，为课堂中的深度思考做好情绪铺垫。

2. 深度解读，巩固思维分项技能

学生进行了三次带有不同目的的主题阅读，对文章的语言知识、细节描写、结构框架等有了充分了解，批判性思维认知技能得到了充分训练，特别是对第二段的深度阅读，具有批判性理解的色彩。学生自主评价米奇这个角色，需通过分析文本对米奇的描写，推理概括出他的特点。文本定义米奇是"小人物"，学生需要分析和推理作者的写作意图，解释自己对于"小人物"的理解。学生讨论人们想成为米奇的原因，更是将文本内容和自己的理解进行结合。通过教师的引导，学生在完成阅读任务的过程中充分调动了分析、评价、推理等批判性思维认知技能。

3. 突出点评，强化思维评价能力

学生在课堂最后阶段进行了三次多维度的评价活动。首先，对米奇进行综合性评价，从自己对所学文本的理解和分析出发，来判断今后米奇是否依旧能够在全世界风靡。而后，从众多的优秀中国卡通形象中挑选最具有代表性的一个，分析和评价其独有的特点。在学生进行前两次评价的过程中，其余同学进行及时评价，通过监控和分析，对前两个问题中学生的回答提出支持或反对的意见并解释说明理由。

总之，在本课学习过程中，学生能积极将批判性思维认知技能运用于阅读活动中，在解读分析、评价推理和解释陈述等方面有较好的完成度。但是在小组讨论活动中，教师参与度较高，一定程度上限制了学生发散性思维，因此，可以进一步加强小组合作，让学生独立自主地分析、推理和总结。此外，本课还可以在自我监控方面再进行强化设计,通过学生间相互评价来实现自我监控和自我更正,强化深层理解,提升批判性思维能力。

(本案例由杭州市惠兴中学王超老师提供)

三、*Go for it!* 九年级 Unit 5 What are the shirts made of? Section B 2a－2e 课例

(一)案例背景

阅读教学是英语教学中的重要组成部分。它不仅能提升学生语言能力,还在发展学生思维能力上起着关键作用。日常教学中教师往往只关注语言知识的教授而忽视学生思维能力的提升,尤其缺乏对学生批判性思维能力的培养。因此,教师要结合语篇的具体话题内容,深挖内涵,创设情境,促使学生积极交流,进行深层阅读,培养学生的批判性思维。现以九年级 Unit 5 Section B 为例,探讨如何在阅读教学中培养学生的批判性思维,促进核心素养的形成。

(二)文本解读

语篇内容(What is conveyed?)

"Beauty in Common Things"是一篇介绍中国传统艺术的说明文。第一段总体介绍了中国传统艺术,虽然传统艺术仅涉及最平凡的东西,但却展示出人们对爱、美、家庭等生活中重要事物的热爱。第二、三、四段围绕制作材料、步骤和象征意义等方面具体描述孔明灯、剪纸和泥塑等三种具有中国特色的艺术品。

语篇功能(Why is it conveyed?)

该文是一篇典型的说明文,采用了"托物言志"的写作手法。其明线是介绍三种传统艺术形式,暗线是展现这些艺术形式背后的共同点,即人们对生活中美好事物的向往,从而传达出积极的生活态度:生活中最平凡的事物也可以是美好的。

语篇形式(How is it conveyed?)

在结构上,全文和每个段落都遵循"先总体介绍,后细节描述"的写作框架。在语言上,由于本单元聚焦一般现在时的被动语态,因此,语篇中有较多

被动语态的使用，如 They are made of bamboo and covered with paper. They are then polished and painted. 在传递主旨上，文章分别提到了孔明灯、剪纸和泥塑材料的平凡之处，同时也提到了这些传统艺术的美丽之处，如 When the lanterns are lit, they slowly rise into the air like small hot-air balloons. They are seen as bright symbols of happiness and good wishes. 从而体现了标题"Beauty in Common Things"的含义。

（三）学情分析

"传统艺术"这一话题离学生生活较远，故教师应在课前创设情境拉近与学生的距离，并做一些语言准备。九年级学生的逻辑性思维和抽象思维已有一定的发展，教师可引导学生自主梳理文章信息并在此基础上提出更深层次的问题，发展学生的批判性思维。

（四）教学目标

本课时设定的教学目标如下：通过预测、寻找文章细节和概括文章框架，发展批判性思维中的解读、推理和解释技能；思考传统艺术是否平凡却美丽，联系生活实际发表对文章标题的看法，培养学生批判性思维中的分析、评价和自我监控技能。

（五）过程图示

以六项批判性思维认知技能为依据，围绕情境、冲突和评价三要素，尝试建构以批判性思维能力培养为导向的初中英语阅读教学流程，如图 8-12 所示。

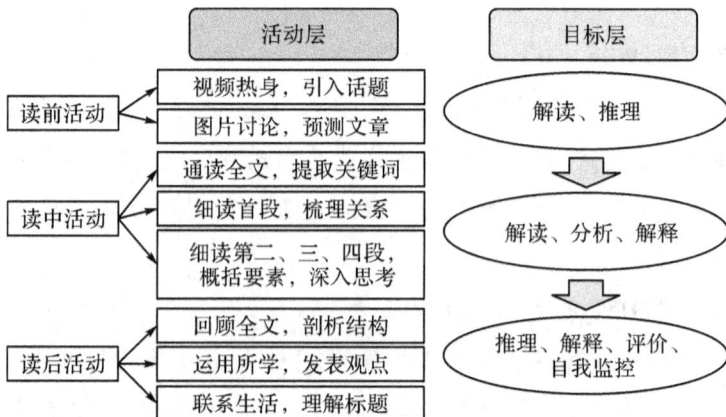

图 8-12　以批判性思维能力培养为导向的初中英语阅读课教学流程

教师在激活学生背景知识的前提下，引导学生根据标题和主题图预测文章内容，然后通过整体阅读和分段阅读引导学生对文本进行解读、分析和解释，帮助学生理解全文及文字背后的深层含义。最后通过归纳文章结构、观点表达以读促说，进而发展学生的推理、解释、评价、自我监控等批判性思维认知技能，让学生在阅读中发展思维，从阅读中感悟到平凡生活中的美。

(六)阅读课批判性思维培养片段解析

1.输入理解阶段：品读细节，思考主题

在完成关于剪纸的阅读之后，教师引出与主题意义相关的思考问题：Do you think paper cutting is common but beautiful? 引导学生关注语篇背后传递的文化信息。

T：Do you think paper cutting is common but beautiful?

S1：Yes. It's made of red paper, so it is common. But they are seen as symbols of wishes for good luck and a happy new year, so their symbols are beautiful.

S2：I think paper cutting is common but beautiful because it is easy to get the material and we can make beautiful pictures from the red paper.

S3：The pictures are common but beautiful. They are flowers, animals, and things about Chinese history. They are things from our life, but they can make our life beautiful.

【设计意图与策略评析】

此问题引导学生根据文章内容提出自己的观点并阐释理由，学生首先要理解文本意义，然后找出文本中与"common"和"beautiful"相关的描述，从而得出结论。学生的观点可以是多角度的，只要言之有理即可。此外，没有通过直接问"What is common? What is beautiful?"把"common"和"beautiful"强加给学生，而是询问 Do you think paper cutting is common but beautiful? 从而引导学生思考。通过这个问题，学生能对主题意义有了深刻的理解，并发展了批判性思维的分析和解释技能。

2.表达内化阶段：品味语言，感悟文化

文中有关中国泥塑的描写非常特别，作者通过描述泥塑的外貌和制作过程，将泥塑这种艺术形式背后的精湛技艺体现得淋漓尽致。因此，在读中环节，针对中国泥塑，教师提问：Is it easy or difficult to make clay art pieces? Why? 学生的回答如下。

S1：It's difficult to make clay art pieces because they are <u>so small</u> but they look <u>very real</u>.

S2：It's difficult to make clay art pieces because the pieces are <u>carefully</u> shaped by hand from a very <u>special</u> kind of clay. It's difficult to get the special clay and you need to be careful when you make them.

S3：It's difficult to make clay art pieces because it takes <u>several weeks</u> to complete everything. It takes a long time to finish them.

S4：It's difficult to make clay art pieces because they are fired at <u>a very high heat</u>. It's not easy to get high heat.

随后，教师继续追问：It is really difficult to make clay art pieces，but why do Chinese people make them?

S1：Because it shows the love that all Chinese people have for life and beauty.

S2：It shows Chinese people have wisdom. We can make so beautiful clay pieces out of clay. And we have love for life and beauty.

【设计意图与策略评析】

教师的问提需要学生先理解文本，然后根据文本相关内容做出判断，并从文中找出依据来支撑自己的观点。这一环节培养了学生解读、分析、解释的批判性思维认知技能。教师引导学生关注中国泥塑制作工艺的复杂流程，并通过追问引发学生思考：中国泥塑不仅体现了精湛的工艺，更体现了中国人民的智慧以及人们对生活的热爱和对美的追求。实际教学中，学生能仔细品读文本，发现关键字，探究语言背后的主题意义。

3.输出运用阶段：联系生活，深入主题

在学生通过读前视频初步感受各种传统艺术形式、读中仔细品味语言理解孔明灯、剪纸和泥塑的平凡和美之后,教师在课堂的最后环节,设计了标题理解活动,学生互相讨论标题"Beauty in Common Things"的含义。

T: How do you understand the title "Beauty in Common Things"?

S: We can use common things to make beautiful objects.

T: Why do you think so?

S: Red paper is common but we can use them to make beautiful pictures.

S: The materials and steps are common, but the symbols such as love and beauty are beautiful.

T: Good idea. What else?

S: Although some things are common in our life, they are important in our life and can change our life.

T: Why do you think so?

S: My family members are common, but their love is beautiful. And they have a great influence on me. They are important to me.

【设计意图与策略评析】

在之前活动的铺垫下,学生能理解并概括出"Beauty in Common Things"的浅层含义,即孔明灯、剪纸和泥塑所承载的物质文化虽然普通但很美丽。在此基础上,学生能针对语篇背后的价值进行探索,把握"Beauty in Common Things"这一标题的本质。通过联系生活实际,学生表达观点和情感,意识到自身平凡生活中的美,从而加深对主题意义的理解。在解读的基础上,学生能对文章标题进行评价、分析和解释,对思维认知进行自我更正,发展批判性思维。

(七)案例综述

培养批判性思维一直是提高学生核心素养的聚焦点,阅读教学是培养学生批判性思维的好阵地。本课例基于六项批判性思维认知技能,尝试在传统艺术的语篇话题下,深挖内涵,促进学生批判性思维的发展。以下是为实现批判性思维培养目标做出的几点努力。

1. 充分落实阅读策略

人教版教材从八年级下册开始每个单元都会着重讲解一个阅读策略，本单元的阅读策略为 moving from general to specific（从总到分）。首先，教师在阅读之初引导学生通过整体阅读寻找每个段落的关键词，然后通过精读归纳出孔明灯、剪纸和泥塑的几大要素，这都需要学生破译词句的含义，发展了他们的解读技能。其次，在精读之后再一次整体阅读，学生通过分析段落之间的关系找出文本框架，发展了归纳推理技能。最后，教师创设真实情境，引导学生将"从总到分"的策略运用到口语表达中，选择自己最想学习的一项传统艺术并说明理由，以读促说，学生需要陈述观点并提出论证，发展了他们的解释技能。教师从整体阅读输入，再从整体阅读输出，中间穿插精读，引导学生深刻理解此策略并将其运用到口语表达中，同时培养了解读、推理和解释技能。

2. 深入挖掘标题内涵

语篇标题"Beauty in Common Things"高度概括了语篇主题。为帮助学生更深刻地理解标题，教师通过读前、读中、读后多个活动深入挖掘了其内涵。阅读前，学生结合标题和主题图对文章进行预测，形成阅读期待。阅读中，教师在处理完每一段的基本信息后，针对三种传统艺术的不同特征精心设置了三个深层思考的问题，引导学生挖掘文本背后的深层意义。学生需要分析文本，品读语言，得出结论并找出理由，发展其分析的技能。阅读后，学生通过讨论对文章的标题做出评价与解释，发现了传统艺术本身的美以及其背后人们对美好生活的向往。同时，学生们能进行自我更正，开始慢慢意识到身边普通事物的美。

在本课堂中，学生能在读前迅速进入情境，燃起阅读兴趣，在读中通过"控制—半控制—开放"的活动深入理解语篇，在读后把握语篇结构，运用语言并深刻理解标题，在此过程中发展了解读、分析、评价、推理、解释、自我监控等批判性思维认知技能。但如何让学生在读后能够更深入、开放地进行语言表达仍需在后续的课堂教学中继续探索。

（本案例由杭州市开元中学蔡雅娜老师提供）

第三节 语法教学案例

一、Go for it! **八年级上** Unit 4 What's the best movie theater? SectionA Grammar Focus 3c **课例**

(一)案例背景

语法是语言学习、输出和应用的基础,在初中英语教学中起着至关重要的作用。在语法教学中渗透批判性思维的实践为开启了新思路,教师可以更好地关注和培养学生的综合语言应用能力,发展学生高阶思维,帮助学生从语言形式的学习更好地进入语言运用的学习。将语法教学与批判性思维认知技能的培养相结合,有助于学生的语法学习进一步深入。

教师在语法课上常常以讲授语法知识为主,学生被动接受语法知识,缺乏主动探究和学习的意识,导致其学习未能切实落实到语法结构在真实语境中的运用。此外,语法教学形式单一,缺乏合作探究的学习活动使学生感知语法知识。教师没有进行深入的文本解读,导致学生对语法的理解停留在表面,缺乏对批判性思维品质的渗透和培养。语法的学习不仅需要掌握语言知识,更需要培养良好的思维品质。语法教学应体现工具性和人文性的双重特点,依托语篇、语境和语用,引导学生在真实情境中运用语法思维。

(二)文本解读

本课例教学内容是人教版 Go for it! 八上 Unit 4 What's the best movie theater? 语法课。

语法内容(What is conveyed?)

本课时是在前面听说课基础上进行语言形式和语义的归纳,也为语法运用打下基础。3a—3b 是控制性和半控制性的语法操练,学生在有意义、主题式的情境中运用语法规则进行语法操练;3c 则是开放性的语言活动,学生在综合性的语言活动中运用语言。整个任务链以语篇交际对话导入,到语法规则整合阐释,再到进行词句控制性练习,最后到完成语篇开放式运用任务。

语法功能(Why is it conveyed?)

本课例主要涉及形容词和副词最高级在不同语境和语篇中的使用,学生需要自主总结归纳形容词和副词最高级的语法规则,并尝试在具体语篇和语境中恰当有效地使用形容词和副词最高级。

语法形式(How is it conveyed?)

本课例通过引导学生运用批判性思维,不断归纳并自我更正,从感知语法到分析评价再到活化应用、自我更正,体现以学生为主体、小组合作的语法学习样式。

(三)学情分析

本节课的语法教学内容是帮助学生正确运用形容词和副词的原级和比较等级(特别是最高级)来描述事物。学习难点会出现在对最高级的语法规则的具体运用上。在整个语言学习的过程中,教师要有目的地引导学生主动进行解读、分析、推理、评价和自我监控。在整个语法教学的过程中注重培养批判性思维能力(评估、判断和推理等),强化批判性思维背景知识(学科知识和方法论层面的知识),引导学生形成运用批判性思维的态度(谨慎、客观和开放等)。

(四)教学目标

本节课设定的教学目标如下:通过语篇交际对话体悟理解形容词和副词最高级;通过语法聚焦活动归纳、阐释形容词和副词最高级这一语法项目;通过头脑风暴和3a、3b词句控制性练习来发展和分析语法项目;通过小组讨论帮 Greg 设计旅行攻略来活化应用并互相评价,培养学生的语言能力和思维品质。

(五)过程图示

在语法教学中培养批判性思维,要求学生不仅要关注语法规则、判断语法使用的情境,还需辨别语言学习过程中语法逻辑的一致性。在整个教学设计中,实现语法教学目标和批判性思维认知技能的培养是相辅相成、密不可分的。导入环节的语法情境设置和语法规则呈现重点引导学生关注整合和阐释等批判性思维认知技能的特点。语法规则的归纳和分析评判则要求学生在不同的语言交际情境下对所学的语法内容进行适用性的检验,并对相关事物进行价值与意义的评价,重点引导学生关注分析和评价技能。对语法知识的运用进行自主归纳总结,实现从"概念迁移"到"意义迁移"的转变,依托不同形式和具体语境下的语法操练和活化应用,发展自我监控和自我更正技能,这一环节重点引导学生关注推理和自我监控等批判性思维认知技能(见图 8-13)。

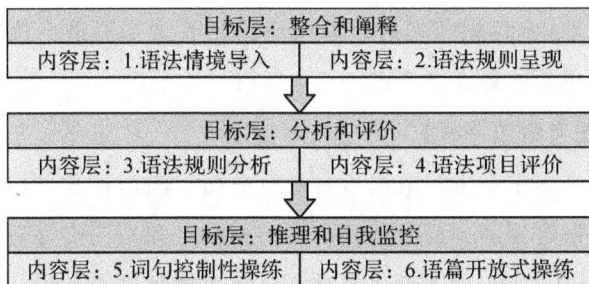

图 8-13　以批判性思维能力培养为导向的语法教学流程

(六)语法课批判性思维培养片段解析

1.输入理解阶段:导入情境对话,呈现语法项目

首先,学生两人一组进行 pair work,在此环节,学生复习了前一课时的对话并进行角色扮演。在大量的语料输出中,学生初步感知体悟形容词和副词最高级这一语法项目。接着教师引导学生关注并标出形容词和副词最高级,让学生将注意力集中到形容词和副词最高级这一语法内容。对于情境对话中出现的大量形容词和副词最高级语料,学生分组进行探讨,自主归纳形容词和副词最高级构成的规律,教师适时进行补充小结。

【设计意图与策略评析】

批判性思维是做出有目的的、自我监督的判断的过程。在这一教学环节中学生对语法项目进行解读、分析、评价、推理和解释。解读技能是理解语法项目的含义,对相关的形容词和副词最高级概念进行分类;分析技能是识别不同的形容词和副词最高级构成规律等,找出理由和得出结论。在语法教学中,批判性思维认知技能间可以进行组合及多维互动。

2.表达内化阶段:归纳语法项目,活化语法规则

学生制作最高级的语法规则表格,并对比课本附录进行总结,分析形容词和副词最高级构成规则,并进行分类记忆。让学生通过小组讨论,再举出其他例子,进一步巩固对语法规则的掌握。

教师引导学生独立完成 3a 的练习,让学生从词汇层面感知和运用形容词和副词最高级,并让学生谈论 Greg 所做的具体活动。同时继续 Greg 的话题,自然过渡到 3b 句子层面的练习。让学生板书句子,并让其他学生评价板书句子是否正确,形容词和副词最高级使用是否恰当有效。接着,全班标出所有 3a 和 3b 里面的最高级形式。

【设计意图与策略评析】

这一教学环节中学生对语法项目进行分析、评价、推理、解释。分析技能是识别不同的形容词和副词最高级构成的相同点和不同点等,得出结论并进行检查;完成分析之后,利用归纳法对这一语法项目进行评价,并进一步推理论证。学生需要在这一环节对整个语法规则进行解释并陈述结论。

此外,教师创设情境,让学生对杭州之行的方方面面开展头脑风暴,并顺利地过渡到 3b 的任务:为 Greg 挑选最佳购物点。让学生通过完成 3b 的六句话,从句子的层面感知和运用形容词和副词最高级。同时通过学生板书,关注学生书写过程中暴露出的语法错误。本环节中语法操练培养了学生以下思维品质:(1)观察与分析。教师让学生观察分析板书各个句子,关注其中暴露的语法问题。(2)比较与对比。在本课时中,通过比较和对比,让学生理解形容词和副词原级、比较级和最高级在具体语境中的使用。(3)归纳与总结。充分发挥学生在学习中的主体地位,引导学生自己归纳总结语法规则。引导学生学会观察,自主进行分类和归纳。同时,在头脑风暴的基础上,小组合作用形容词和副词最高级来给 Greg 制定旅游攻略,活用所学语言知识,促进学习者之间的协作学习。

3.输出运用阶段:应用语法规则,体验真实语境

接着让学生进行头脑风暴,引导学生对 Greg 的旅途进行规划设计。引

导学生进行多角度多维度思考,从衣食住行玩等方面进行小组讨论。

T: Greg likes traveling somewhere new. He plans to visit Hangzhou for two days. What will he do?

S: He has to think about transportation, restaurants, hotels, views, entertainment, shopping…

学生五人一组,每组选择衣食住行玩中的一个角度进行深入的设计,并填写设计报告。接着,教师引导学生关注语法和语用,让学生依据这两个维度来评选最佳设计报告。最后,学生对报告进行具体评价,评价过程也需要巧妙使用形容词和副词最高级。

【设计意图与策略评析】

本环节旨在通过综合性的语言活动引导学生运用语法项目,以达成语用目的。学生通过头脑风暴,使课堂生成内容有趣生动,不同的学生呈现出了不同的观点,真实有效地体会形容词和副词最高级的语用功能。学生各抒己见,进行观点碰撞,很好地运用了评价技能和自我监控技能,培养了思维的批判性。通过同伴评价,学生对语法项目在语言情境中的应用情况进行了自我监控和自我更正,并进行论证和批判,体现了学中用、用中学。

(七)案例综述

教师备课时对于不同课型文本的深入解读是培养学生批判性思维的前提。对于语法课,教师需要在教学目标的设置上同时关注语法项目内容和学生思维能力培养。以下是本课例为实现批判性思维教学目标而做的几点实践。

1.基于探究,整合语法知识,培养批判性思维技能

在初中英语语法教学中,培养学生批判性思维能力与教授语法规则可以有效结合。教师是教学的组织者,起到启发学生思考的作用。学生在实践活动中应用已知解读未知,探索语法问题的解决方法,发展主动质询能力。因此,基于批判性思维能力培养的语法教学就是让学生参与完整的语料输入、信息挖掘、归纳总结、活化应用和监控更正的过程,从而自主建构语法体系。

2.基于情境，掌握语法技能，关注批判性思维过程

教师创设语法使用的情境，让学生在大量语料中探究语法项目的构成，归纳语法项目的规则，并对与语法内容高度相关的语料进行应用层面的训练。学生在语言交流的过程中，逐一验证语法在情境中是否使用得当。这样的过程使语法教学实现了从概念教学到意义教学的迁移。在语法教学的各个环节，重点关注学生运用批判性思维的过程，这样可以使语法技能教学和思维培养更好地结合，提升语法教学的灵活性和逻辑性。

初中英语语法教学中有很多教学环节是与批判性思维能力挂钩的。但是，语法教学的多样性和高阶思维能力的培养不是一蹴而就的，需要教师进行深入的探索和分析思考。

（本案例由杭州市开元中学麻纯纯老师提供）

二、*Go for it*！九年级 Unit 6 When was it invented? SectionA Grammar Focus 4c 课例

（一）案例背景

尽管思维品质的培养已经成为一个热门话题，但是在初中英语语法课中培养学生思维品质的实践仍处于起步阶段。对于语法教学，多数教师仍停留在语义和语言形式层面，语法课很大程度上依然是作业讲评课。英语语法教学不能仅仅着眼于语法规则，还应重视语言形式的意义，与之关联的社会因素、文化背景和语篇语境等（程晓堂，2015）。《普通高中英语课程标准（2017年版）》中所倡导的英语教学语法观，是以语言运用为导向的"形式—意义—使用"三维动态语法观。语法教学的目的不是让学生背诵语法规则，也不是让学生学会做语法题，而是要让学生学会用英语表达真实情感，提高用所学语法进行交际的能力，体现"为用而学、在用中学、学而能用"的教学理念。

（二）文本解读

该课例为 *Go for it*！九年级英语 Unit 6 When was it invented? Section A Grammar Focus 4c 的语法课。

语法内容(What is conveyed?)

Grammar Focus 围绕 invention 的话题,通过 when,who,what 引导的问句,呈现发明物的相关信息。4a 的练习是让学生将一般过去时主动语态的句子变成被动语态,4b 的练习是让学生在句子中运用一般过去时的被动语态,4c 的练习是让学生在语篇中综合运用不同时态的被动语态。结合其他单元的语法课时分析,4c 往往是一个进行综合语言输出的活动,因此本课时可以作为教材综合性输出活动的补充。

语法功能(Why is it conveyed?)

Grammar Focus 中句子的功能性体现在谈论发明物的历史,包括由谁发明、什么时候发明以及发明物的用途。本课时重点学习一般过去时的被动语态,但也和一般现在时的被动语态建立联系。学生可以从时态上思考发明物的发展和变迁,为批判性思维培养提供契机。

语法形式(How is it conveyed?)

语法操练层次清晰,从词的层面到句子的层面,再到语篇综合运用的层面,为学生模仿谈论发明物的历史提供了范本,并且扩宽学生的思维面,为学生能够将被动语态用在更多的生活情境中提供学习样式。

(三)学情分析

学生在第五单元中已经初步接触了一般现在时的被动语态。本单元学习一般过去时的被动语态,聚焦话题发明物来教授一般过去时的被动语态。学生对这一话题并不熟悉,容易造成信息储备不足。学生在使用被动语态介绍发明物的相关情况时也会有困难。被动语态的结构并不复杂,难点在于掌握过去分词尤其是不规则动词的过去分词,更难的是让学生建立被动语态运用意识以及区分主动语态和被动语态的表意功能。

(四)教学目标

本节课设定的教学目标如下:建构“发明物”的概念,培养学生解读能力;操练语法,归纳语法建议,培养学生分析推理能力;小组合作对话,同伴互评,培养评价和自我监控能力。

（五）过程图示

以六项批判性思维认知技能为基础制定思维能力培养目标，围绕情境、冲突和评价三要素，尝试构建可实施的指向初中英语批判性思维培养语法教学流程（见图 8-14）。

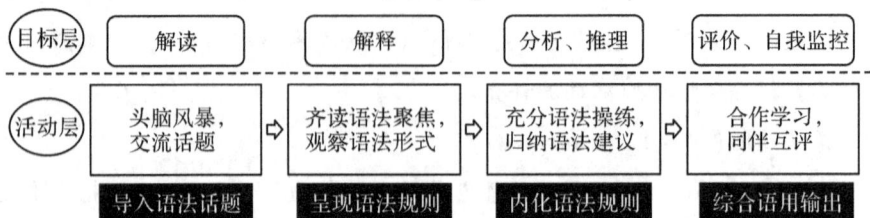

图 8-14　以批判性思维能力培养为导向的语法教学流程

教师将批判性思维的种子播撒在课堂提问和追问中，以"small inventions that changed the world"作为切入点，让学生构建发明物的概念，并阐述简单的理由，导入话题。在前面听说课时的基础上，引导学生观察 Grammar Focus 中的语法形式，自主解释语法规则。进行充分的语法操练、内化语法规则，让学生归纳语法建议并形成评价量表，为输出环节发展自我监控和自我更正技能搭设思维的脚手架。简言之，教师以学生自主归纳并运用评价量表的教学设计为抓手，实现写作语法思维课堂活动层和目标层的有效互动，让枯燥的语法课充满思辨性，也有利于学生进一步掌握语法知识。

（六）语法课批判性思维培养片段解析

1. 表达内化阶段：语法操练内化规则，培养分析推理能力

学生完成课本 4a 的语法练习，把主动语态的句子改成被动语态。教师首先请学生齐读第一题中的例子，让学生感受分析例句。然后请四位学生在黑板上板演，用被动语态改写其余四句。教师引导学生自己总结归纳语法规则，并得出语法建议。

在板书过程中发现有学生第二题的答案如下。

S：My camera was stolen from my hotel room by somebody.

T：Do you think it's important to use *by somebody* in this situation?

S：Maybe not.

教师在其板书上，将 by somebody 加上括号，表示可以省略。

在板书过程中发现有学生第三题的答案如下。

S：Where were these photos taken by you?

T：Do you think it's necessary to use *by you* in this situation?

S：Maybe it's not necessary.

T：Why is it unnecessary?

S：Because I'm talking to you.

在板书过程中，学生第四题的错误主要是不能将主动语态的宾语 us 转换成被动语态的主语 we，导致句型混乱，但是学生能够用"by our parents"。同样地，学生在第五句的被动语态中也用到了"by different writers"。教师问：Do you think it's necessary to use by sb. in these situations? 学生答：Yes, it's necessary. 教师追问：Were we advised not to go out alone by our friends? 学生答：No, we were advised by our parents. 此时教师引导学生得出两条语法建议：在一些情况下，比如不清楚、不重要或没必要说动作的执行者时，可以省略 by sb.；想要强调动作的执行者时，用 by sb.。

学生完成 4c 部分介绍电话机的发明过程的语法练习，从语篇层面进一步操练语法。学生独立完成语法填空的练习，然后朗读、校对答案。学生找出并齐声朗读两个主动语态的句子，再一次体会和感悟主动语态和被动语态的区别。引导学生得出另外两条语法建议：要注意区分主动语态和被动语态，根据情境体会主语和宾语之间是主动关系还是被动关系；要关注被动语态的不同时态，区分一般现在时和一般过去时。

【设计意图和策略评析】

这两块语法操练培养了学生以下分析推理能力：(1)观察与分析。在本课时中，教师让学生观察各例句，比较例句之间的差异，思考用 by 和不用 by 的表意区别，找出规律；(2)归纳与推理。在给出语法建议时，教师都是引导学生自己慢慢归纳，而非教条式地传授新知。通过提问、追问，让学生充分理解被动语态并在理解的基础上进行归纳、推理，充分预测实际运用时会遇到哪几种主要障碍，提升学生的综合语言运用能力。

2.输出运用阶段：创设情境升华语用,提升评价监控能力

在此环节中,学生需要综合本课时所学和已有的生活学习经验在真实情境中运用语言。学生利用预习环节中所搜集的关于发明物的信息跟同伴进行合作,谈论发明物,并且发表自己的观点。在准备对话时,学生依据四条语法建议所形成的评价量表进行自我修正。在呈现对话时,其余学生根据他们的对话内容进行猜测。如果不能根据已有信息猜出答案,可以重复提问对话中的已有信息或提出其他问题直到最终猜出发明物,最后依据评价量表进行评价。

以下是课堂中真实的生生对话。

A：Today I want to share an interesting invention.

B：What's it used for?

A：It was first used for refreshing and relieving cough, but now it's used for drinking.

B：When was it invented?

A：It was invented in 1886.

B：Who was it invented by?

A：It was invented by John Pemberton.

B：Why do you think it's an interesting invention?

A：Because it tastes really good and makes me excited.

C：What's it used for?（学生 A 重复答案）

D：Who was it invented by?（学生 A 重复回答,学生 D 由此猜出答案）

这一组对话中,学生运用了前面环节的语法建议,在真实语境中描述可乐的用途,准确地区分了一般过去时的被动语态和一般现在时的被动语态,并认识到有些发明的用途会随着时间和社会发展而变化。

【设计意图和策略评析】

在这个语言运用环节中,主要培养学生评价与自我监控的思维能力。(1)评价。由于在前面两个课时中学生已经学习了一些国内外重要的发明,比如电话、电脑、拉链、茶和一些有趣的发明等,从情感态度上看都是一种正向的引导。实际上,在生活中也有很多发明是负面的,给人们造成负面的影响,需要

学生积极地思考、辩证地去认识。学生在准备对话过程中,教师积极参与互动,发现有一些小组的同学虽然谈论同样的发明物,但是对于发明物的观点却存在差异。比如,有学生认为手机是非常有用的发明,方便了人们的生活,但是也有学生认为过度使用手机对学习有坏处。(2)自我监控。学生在准备对话和呈现对话时始终围绕评价量表中的要素去监控和修正自己的对话,以达到语言流利和准确进行综合输出的目的。充分实现以学生为主体,评价方式多元化。在课堂教学中不只是需要让教师进行课堂反馈和评价,还需要让学生真正参与进来,对同伴的对话做出评价和反馈,促进教学目标的达成。

(七)案例综述

本堂课探索了注重提升学生批判性思维能力的语法教学。以下是本课例为实现思维目标做出的几点努力。

1.创设真实情境,激发解读能力

学生对于"发明物"这一话题并不熟悉,因此让学生在课前预习环节搜集相关信息,鼓励学生根据自己的兴趣了解更多的发明物,为最后的综合语用输出做好铺垫。当学生谈论自己感兴趣的话题时,他们的求知欲和探索欲才能被真正激发出来。

2.内化语法规则,注重分析推理能力

教师机械地教授语法规则,学生完成相应练习,这样的做法只能达到操练的目的,学生只是记忆了语法规则,并非理解了语法的表意功能,达不到语用目的。在指向批判性思维培养的语法教学中,教师要积极引导学生自己观察、分析与推理语法规则,变机械、被动地接受知识为主动探索并内化知识。

3.综合语言运用,提升评价与自我监控

在最后的小组合作环节,学生充分理解语法操练环节得出的建议、形成评价量表,并落实到综合语用输出中,学会思考发明物变化与发展的特点。不同的人对于同样的发明物可能会有不同的观点,因此,让学生学会多维度地看待和思考事物。此外,同伴之间依据评价量表互评,实现以学生为主体的多元评价。

(本案例由杭州市开元中学徐瑜老师提供)

第四节　写作教学案例

一、*Go for it*！七下 Unit 11 How was your school trip? Section B 3a－3c 写作课例

(一)案例背景

作为英语综合语言运用能力的重要组成部分,写作一直是初中英语教学的重点。作为语言的输出环节,写作是展现学生认知和思维能力的重要载体。现阶段,中学生日常写作中存在内容空泛、逻辑不通、语意不连贯等问题。因此,培养学生的批判性思维能力、提高学生构建篇章时的思维品质成为提升学生写作能力的核心。

现以一堂"读写整合"的写作课为例,探讨如何在写作教学中渗透对学生批判性思维能力的培养。

(二)文本解读

本课例的教学内容是 *Go for it*！七下 Unit 11 How was your school trip? Section B 3a－3c 的读写课。在本单元前四个课时,学生围绕单元主题"学校旅行"(school trip)以及语言目标谈论"过去发生的事"(talk about past events)已经积累了相关的语言知识,做好了技能层面的铺垫。本课素材包含 3a 和 3b 的两篇写作范文以及 2b 的两篇阅读文本。

语篇内容(What is conveyed?)

四篇文本的体裁都是以学校旅行为主题的日记,属于记叙描写类文本。文本框架清晰,包含时间(when)、地点(where)、活动(what)和感受(how)等游记类日记的常规信息要素。2b 和 3a、3b 两组阅读文本都是基于不同视角对同一次学校旅行产生"正""反"两种感受的日记。2b 记录了 Helen 和 Jim 前往科学博物馆的不同经历感受;而 3a 和 3b 则描写了 Bob 和 Linda 前往动

物园的不同旅行感受。

语篇功能(Why is it conveyed?)

游记类的日记属于私密性较强的记叙描写类文本,读者往往就是作者本人。作者通过记录旅行中的所见所闻,真实地发表自己的喜好和感悟。通过阅读 2b 和 3a、3b 两组持不同情感态度的文本,学生可以沉浸式地把握游记类日记的语篇功能。

语篇形式(How is it conveyed?)

作者在撰写日记的过程中有意或无意地运用语言修辞来加强细节描写,进而更真实地记录和抒发自己的情感。3a、3b 两篇文本虽短小精悍,但细节中也包含 interesting,boring,so expensive 等直观表达作者态度喜好的修饰类词汇。而 2b 的两篇文本相较于 3a、3b 的两篇文本则进一步运用了大量的修饰类词汇和细节性描写,在逻辑条理层面更好地支撑作者对于旅行的观点和喜好。

这样四篇框架清晰、语言特色有梯度的范文,为笔者引导学生调动批判性思维能力进行文本分析提供了优秀的素材。

(三)学情分析

本课的授课对象是七年级学生,各学生英语水平存在一定的差异。虽然大部分同学可以使用一些常用句型来描述事件或表达观点,但是词汇储备量相对较少,思维欠缺条理性。而学生对于本课话题学校旅行较为熟悉,可以联系刚刚经历过的学校春游,依托自己真实的情感经历发表感想和评论。

(四)教学目标

本课时设定的教学目标如下:求同——体裁结构剖析,培养解读推理能力;求异——语言特色对比,培养分析解释能力;求省——同伴互评反馈,培养评估和自我监控能力。

(五)过程图示

依据六项批判性思维认知技能制定思维能力培养目标,围绕情境、冲突和评价三大要素,尝试建构一个可实施的初中英语批判性思维能力培养写作教学流程(见图 8-15)。

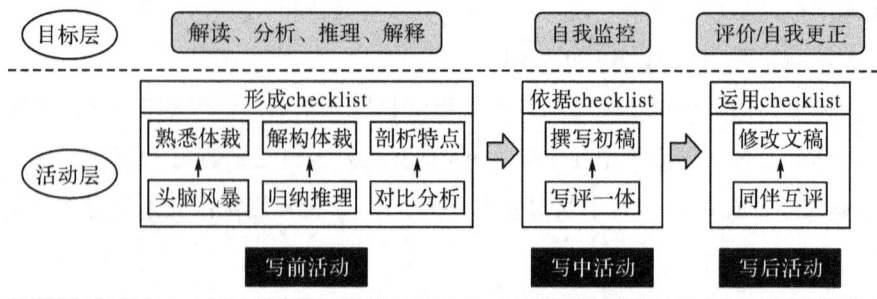

图 8-15　以批判性思维能力培养为导向的写作教学流程

　　教师在写前分析环节引导学生综合调动解读、分析、推理、解释等批判性思维认知技能，归纳范文的内容框架和语言特色并据此形成评价量表，为写作做好铺垫。学生在思维训练中归纳的评价量表，为其写作和写后互评阶段发展自我监控和自我更正技能搭设了思维的脚手架，从而可进一步提升写作质量。简言之，教师以学生自主归纳并运用评价量表的教学设计为抓手，实现了写作思维课堂活动层和目标层的有效互动——在发展学生写作能力的过程中渗透思维能力的训练，并通过思维能力的培养进一步促进写作水平的提升。

　　(六)写作课批判性片段解析

　　1. 输入理解阶段：导入主题，解构文本

　　(1)教师播放主人公 Bob 在线上应用程序上传图片、撰写日记的短视频，吸引学生注意力，使其沉浸于 Bob 记录学校旅游情况的真实情境中。教师引导学生仔细观察，依次解读视频中出现的三张课文图片，并要求学生展开头脑风暴，对 Bob 的日记内容进行预测。教师尽可能预设学生的各种预测结果，并依次呈现学生的回答。

　　T：Bob likes to write diaries in a diary app. Let's have a look. Can you have a guess? What may Bob write in his diary?

　　Ss：Where did he go? /How did he get there? /What did he do? /What did he see? /How did he feel? /How was the weather? (any possible answers)

【设计意图和策略评析】

导入环节中教师所创设的真实写作情境可以激发学生的好奇心和求知欲,引导积极的批判性思维倾向(法乔恩,2013)。学生自主观察和解读每张图片所代表的情境含义,并对日记内容进行预测。这样不仅可以在写作层面帮助学生熟悉学校旅行日记、为后续归纳内容框架做好铺垫,更有助于在思维层面引导学生调动批判性思维认知技能。学生努力确定并阐释图片所传达的意义的过程,就是运用解读的批判性思维能力和明智审慎的思维习惯的过程。

(2)学生自主完成 3a 和 3b 的文本填空任务。教师引导学生关注两篇文本作者的情感态度,然后利用图片和信息补全文本。

T:Did Bob/Linda like his/her trip? Can you find any sentences that show Bob's/Linda's feelings?

Ss:It was a great day. /It was a boring day.

(3)学生齐读 3a 和 3b 文本,教师引导学生自主分析两篇日记的内容特点,归纳概括学校旅行日记的内容框架。

T:After reading the two diaries, can you tell me when people write diaries about their school trips, and what do they usually write about?

Ss:They may write where they went/how they felt/what they did/how they got there/when they went there/how the weather was.

【设计意图和策略评析】

为了完成 3a 和 3b 的填空任务,学生需要查找文本依据来把握 Bob 和 Linda 的情感态度,并根据上下文语篇逻辑和语意连贯原则进行文本补全,这有助于培养学生细致审慎的思维习惯和分析推理的思维能力。由于导入的预测环节已为学生熟悉日记体裁做好铺垫,因此学生在完成任务后,可以依据两篇文本结构和内容的共同点,自主进行信息分类整合,并制作出关于学校旅行日记内容框架的评价量表。学生在这个过程中分析并识别相关联的文本要素,得出合理的框架结论,培养了归纳推理的核心思维能力。

2.表达内化阶段:聚焦语言,把握情感

(1)教师引导学生回顾 2b 的阅读文本,关注四位日记主人公对于学校旅行的情感态度，并以此为线索，进行文本归类。

T：We've read four diaries about two school trips. We learned about Bob and Linda's trip to the zoo. Do you still remember Helen and Jim's trip to the science museum? Now can you tell me who liked their trips?

Ss：Helen and Bob.

（2）以作者情感态度为分类依据，教师引导学生关注相同情感态度导向的 3a 写作文本和 2b 阅读文本。启发学生思考两场学校旅行的意义并发表看法，同时寻找文本依据进行解释和论证。

T：Let's read Helen's and Bob's diaries again. Do you think which school trip is more interesting? (Let's read Jim's and Linda's diaries again. Do you think which school trip is more boring?)

T：Why? Can you read some words and phrases that make you think so?

【设计意图和策略评析】

教师引导学生对情感态度一致的文本进行对比分析，并从文中找出论据论证他们对于不同作者笔下学校旅行的观点与看法，并借此让学生关注 2b 阅读文本相较于 3a 写作文本所独有的语言风格和修辞特色。在写作技能层面，这一过程可以让学生更深层次地感受日记的语篇功能及语言修辞特色对于作者情感态度的加持作用，进而归纳出语言修辞层面的评价量表。在思维能力层面，面对聚焦情感态度的问题，学生需要抛开个人喜好，审慎细致地查找和分析文本依据，并依此阐明语言风格对作者情感的渲染作用，进而得出理性的判断和结论。这样的思维论证过程提升了学生分析和解释的批判性思维认知技能。

3.输出运用阶段：真实情境，写评一体

（1）教师引导学生在写作学案的左边梳理内容提纲和语言特色板块，自主归纳形成评价量表（见图 8-16）。

（2）教师播放学生在现实生活中刚刚经历的学校春游视频，然后让学生进行 8 分钟左右的限时写作。

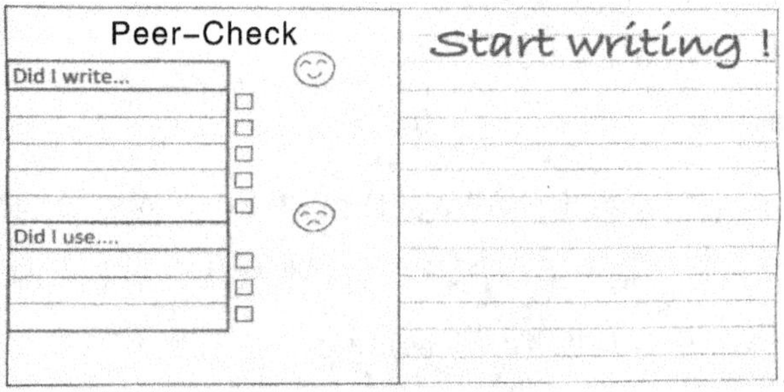

图 8-16 写作学案设计

【设计意图和策略评析】

观看春游视频,让学生重温自己参加学校旅行的真实情感经历,激发他们对于写作任务的积极性和表达欲。写前活动中教师引导学生自主梳理评价量表,不仅有助于提升学生谋篇布局的意识,还可以使学生自觉地依据评估细则在写作过程中开展有目的的自我监控和自我更正。学生不断地分析、确认和更正篇章架构,来培养批判性思维的自我监控技能。

(3)在同伴双方完成写作任务后,教师引导学生交换彼此的写作任务单,并且依据评价量表上的内容提纲和语言修辞评估准则,在习作上进行细致的圈划标注,评价同伴习作的完成度,并尝试给出合理的建议。

(4)在学生们完成同伴互评后,教师邀请几组同学上台分享自己的作品。由学生朗读自己的作品,同伴依据评价量表对文本进行细节评估,并给出综合性评价和建议。

(5)学生课后依据同伴反馈,对文本进行有针对性的后续修改。

【设计意图和策略评析】

在写后的同伴互评阶段,从评价者角度出发,学生需要依据评价量表解读和分析同伴文本,寻找文本依据,解释和论证文本在内容框架、语篇逻辑和语言风格上的特点,评估写作成果并给予修改意见。这一过程为学生综合调动各项批判性思维认知技能搭建了思维平台。从写作者角度出发,学生需要保有积极的思维倾向,吸纳不同角度的观点,针对合理的评估建议进行更正和修改。这一过程深化培养了学生进行自我反思和自我更正的核心思维技能。此外,同伴反馈还可以避免教师反馈中潜在的权威性对学生批判性思考的影响,鼓励学生更自由地论证自己的观点,进而发表独到、有建设性的意见,进一步激发课堂思维活力。

(七)案例综述

培养学生的批判性思维能力一直是提升学生核心素养的聚焦点。作为语言的输出环节,写作是非常适合培养学生批判性思维能力的教学阵地。常规写作课大多聚焦语言知识和写作技能的传授,忽略了对学生思维能力的培养,因此,教师需要在写作课中渗透批判性思维能力的培养。本课设立的是双维互动的教学目标:在写作技能层面,让学生学会如何写作学校旅行日记;在思维能力层面,让学生自主调动和运用批判性思维的各项认知技能服务于自己的写作产出。学生可以在写作的过程中锻炼批判性思维能力,而思维品质的提升又可以进一步促进写作水平的突破,相辅相成。以下是本课例为实现这个思维教学目标做出的几点努力。

1. 创设真实情境,激发思维求知欲

无论是导入环节的线上日记情境引入,还是写作任务前的真实春游经历回顾,都是教师为激发学生的思维兴趣所创设的真实情境。当学生置身于有情感联系的真实语言环境中,他们思维上的求知欲和探索欲才能被调动,而这是培养批判性思维中所需的积极的思维习惯,也是激发课堂思维活力的第一步。

2. 巧用体裁范文,培养思维子技能

单一的范文取材很难为思维型的写作课堂提供良好的素材。教师需要在课前对体裁范文从量和质的层面进行精准把控和深度挖掘,这样才能为在课堂引导学生综合调动各项思维认知技能进行写前分析并搭设思维平台。本课例中教师先选取了难度较低但结构清晰的两篇3a文本,为引导学生调动解读和归纳的思维认知技能、自主解构体裁提供了思维素材;而后利用难度进阶又极富语言特色的两篇2b文本巧设问题链,为学生在剖析语言特色的过程中调动分析和解释论证的思维认知技能,铺设了进一步的思维训练台阶。

3. 重视写评一体,开启思维监控力

突出思维课堂以生为本的特色,让学生在课堂上发挥思维探究的主体地位。在本课中,学生自主归纳写作任务的评价量表,并依据评价量表展开写作,实施自评和同伴互评。学生在写作中始终保持思维警觉性,有目的地进行反思与更正,并且在互评环节保持积极的思维倾向,从不同角度和同伴碰撞思维的火花。写评一体化为训练学生批判性思维的自我监控能力搭建了有效的脚手架。

总之,在教师的引导下,学生能积极调动批判性思维认知技能服务于写前分析、写中调控和写后评估和修改,最终实现在内容结构和语言修辞方面完成度较高的写作产出。但是教学前期在体裁结构和语言特色剖析活动中,教师虽然扮演的是思维的"启发者",但是在思维引导上的参与度还是比较高的,如果在后续的写作课教学设计中,教学活动可以完全依托于小组合作探究的模式,让学生更独立地进行分析和论证、评估和修改,可以更有效地培养学生批判性思维能力。

(本案例由杭州市杭州中学王超老师提供)

二、Volunteers needed for the 19th Asian Games in Hangzhou 写作复习课例

(一)案例背景

在英语学习中,写作一直是较难提高的语言技能之一。在初中阶段,学生"闻写作色变",究其原因在于其不知写什么及如何写。在历年的英语中考中,写作也一直是得分率较低的题型之一,即使对于高分段考生来说,写作也是横亘在其面前的一大难题。写作技能是英语语言运用能力的重要组成部分,是一种表达的技能。同时,写作也是学生思维能力的外在显现,对于培养其思维的批判性大有裨益。本节课聚焦于解决初中生在英语写作中主要出现的两个问题,即语言逻辑和语言延展的缺乏。在写作的教学过程中,教师通过设计具有高思维品质的教学活动来有效提升学习者的思维能力。教师与学生的思维互相碰撞,互相交织,激荡出无限的思维火花。

(二)文本解读

近年来,英语中考作文多聚焦于应用文的写作,话题情景的设置趋于生

活化、实用化。教师结合地域实情创设了"2022 年杭州亚运会的志愿者招募"这一情境，此外，*Go for it*！八下 Unit 2 对"志愿者"这一话题进行了教学，学生已具备一定的话题认知度和写作基础。教师首先通过一则亚运会志愿者的招募邮件要求学生进行头脑风暴，以期引导学生通过不同角度来分析写作元素。经过讨论，学生明晰了回信中应包含的两部分内容，即自我介绍和申请志愿服务的种类。在讨论如何写自我介绍时，让学生通过自由交谈的方式畅所欲言，并对核心要素进行归纳总结。在具体的教学指导中，教师采用对比法激活学生的思维，通过对范例中的不足之处进行分析引出本节课的教学重点。学生在感知语言的过程中不断内化，并逐步调整写作思维、优化写作过程。

（三）学情分析

本次授课的对象为九年级学生。他们具备一定的综合语言运用能力和写作基础，但应用文的写作能力较为欠缺，尤其存在语言逻辑混乱及难以进行语言扩展的问题。同时，学生对于应用文写作的基本规范与格式也不够了解，需要得到有效提高。

（四）教学目标

基于以上学情，本节课的教学目标设定如下：掌握应用文写作的基本结构，并能在文章开头与结尾部分熟练运用相关句型；了解应用文写作中语言的得体性和适切性；构建清晰的语言逻辑，并就观点或现象做进一步的合理阐述；运用写作评价量表对文章进行自评或他评。

（五）过程图示

依据批判性思维认知技能，并结合本节课的教学设计，可将写作教学过程分为三个阶段：写作前，学生在教师的引导下运用解读与分析这一思维认知技能将志愿者招募邮件进行信息解码，并归纳写作重点。同时，为了拓宽写作思路，促成个性化写作，学生需对文本进行信息挖掘，并结合个人经历进行阐述说明，以此充实写作语料。写作标准的制定与后续实施则是批判性思维认知技能中评价与自我监控的重要外显载体。在评判标准的指导下，学生不仅锤炼了写作技巧，懂得如何对自己及他人的文章进行科学、客观的评价，其思维能力也随之得到了提高(见图 8-17)。

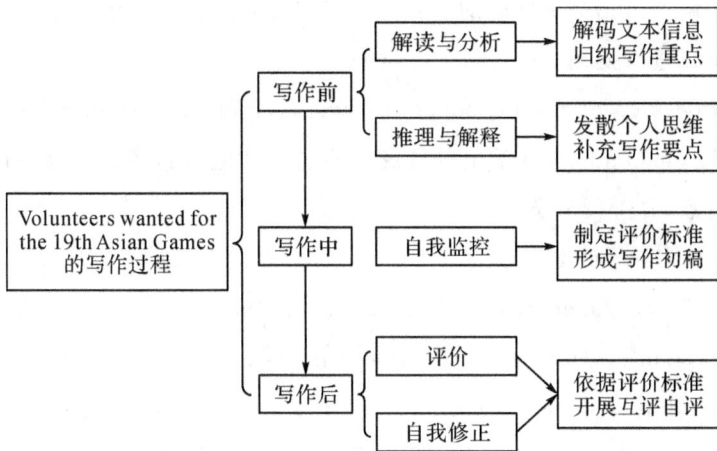

图 8-17　以批判性思维能力培养为导向的写作复习教学流程

(六)片段解析

1.输入理解阶段:分析文本信息,发散个人观点

教师向学生展示一封由亚运会组委会所发布的志愿者招募邮件(见图 8-18),提问学生在回信中该包含哪些信息点。

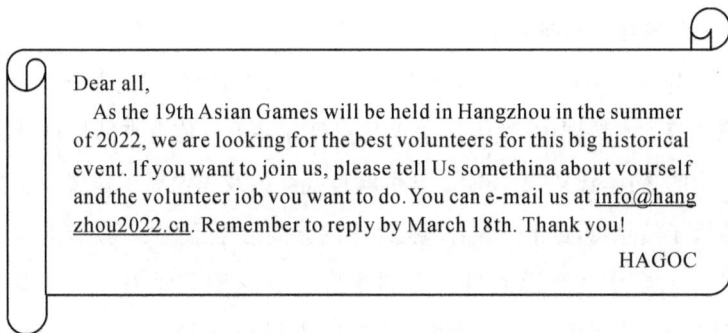

Dear all,
    As the 19th Asian Games will be held in Hangzhou in the summer of 2022, we are looking for the best volunteers for this big historical event. If you want to join us, please tell Us somethina about vourself and the volunteer iob vou want to do. You can e-mail us at info@hang zhou2022.cn. Remember to reply by March 18th. Thank you!

HAGOC

图 8-18　分析邮件信息

T:Recently, HAGOC has released an e-mail to look for some volunteers for the 19th Asian Games in Hangzhou. If you want to be a volunteer for this big historical event, what should we write about in the reply?

Ss:We should write about self-introduction and the volunteer job we want to do.（学生分析邮件信息，破译信息要素。）

学生解读出招募邮件中的信息点后，教师就自我介绍与志愿者工作这两个话题继续进行挖掘。

T：Speaking of self-introduction，what would you like to write about?

S1：Name and age.（学生对自我介绍这一话题进行思维发散，提炼出若干子信息点，并进行分类。）

S2：Hobbies and interests.

S3：Maybe the address and telephone number.

S4：I don't agree with S3，it's dangerous to tell others about your address and telephone number. It'll be safer to tell others your e-mail address.（同伴间进行相互评价，并陈述理由。不盲目接受他人观点，通过科学论证形成个人观点。）

T：As for the volunteer job，what should we write about?

S1：Which kind of job do you want to do?（学生对于话题进行思维延伸，并进行分类归纳。）

S2：When are you free to do the job?

S3：Why do you want to do the volunteer job?

【设计意图和策略评析】

批判性思维六项认知技能包括若干子技能，其中，"解读"包含分类、破译含义及澄清意义等。本节课中，教师让学生就招募邮件进行信息点的提炼及归纳，符合"解读"中的"破译含义"子技能。学生就自我介绍及志愿者工作展开头脑风暴，概括出若干子信息点，也十分契合"解读"中的分类与"澄清意义"子技能。

学生 4 对学生 3 所说的自我介绍中应包含家庭住址及个人电话提出疑问，并陈述理由及建议，这与"解释"技能中强调对自身结论提出有说服力的论证不谋而合。在批判性思维的培养过程中，不盲目接受他人观点，通过科学系统的论证来形成自我观点显得尤为重要。在课堂教学过程中，教师应鼓励学生在充分的思考论证后提出个人观点，并能对他人观点做出评价。

2.表达内化阶段：给予留白空间，形成多样观点

为了使回复的邮件更具说服力，教师设置了问题 How do you make your

reply more convincing? 学生们给出了不同答案。

T：In order to make your reply more convincing, what else can we write about?

S1：Probably，we can write about our personalities. Different jobs need volunteers with different personalities.（学生提出观点，并验证观点与话题的相关性及适切性。）

S2：We can write about some past volunteer's experience to show we're suitable for this job.

S3：Maybe we should tell them which school we come from. Our educational background.

【设计意图和策略评析】

此教学环节旨在发散思维、打破学生的思维定势。在批判性思维认知技能中，分析和推理密切相关，学生首先对已知信息进行充分的分析，找出理由和论断，而在分析的过程中，推测其他方案的可行性，利用归纳推理得出结论，因此，适时的"留白"有时也能激发学生的思维。在写作主题的统领下，教师应鼓励学生从多角度、多维度进行写作，形成不同的写作焦点。

3.输出运用阶段:量化评价标准,丰富评价方式

学生在课堂中限时完成作文后，在教师的指导下运用写作评价量表进行互评。写作评价量表对文章的评判进行了细致的量化（见表8-2），分别从文章内容、文章结构及写作要素展开。学生对同伴的作文进行评价，并依据评价表给出客观评价及相应的修改建议。

表 8-2　写作评价

In my classmate's e-mail, I can know	
1. His/her personal information	Yes/No
2. Which volunteer job he/she wants to do	Yes/No
3. When he/she is free to do the volunteer job	Yes/No
4. Why he/she wants to do the volunteer job	Yes/No
In my classmate's e-mail, I can find following features（特征）	
1. Starter/Closure	Yes/No

续　表

In my classmate's e-mail, I can know	
2. Further explanation about a certain topic	Yes/No
3. Clear logics	Yes/No

【设计意图和策略评析】

写作后的评价对于写作技能的提高至关重要。一般来说，学生的作文交由教师修改，并由教师给出相应的改进建议，这是一种由教师所主导的评价机制，学生的参与性及积极性并不高。教师如能将师生评价调整为同伴互评，则会极大地激发学生的写作内驱力。在批判性思维的认知技能中，评价和自我监控也是其重要的组成部分。运用写作评价量表是提高评价推断可信度的有效手段，使评则有理、评则有据。与此同时，学生也能使用评价量表进行自评，实现自我监控与自我更正。因此，在评价过程中，运用写作评价量表进行他评与自评能促进学生的批判性思维形成。

（七）案例综述

《普通高中英语课程标准（2017年版）》指出，英语课程应特别注意提高学生用英语进行思维和表达的能力。写作是英语的核心技能之一，写作教学也承担着培养学生思维能力的重任。因此，今后的写作教学设计应从以下几个方面展开。

1. 创设真实情境，激发思维活跃

在设计写作课时，教师应首先考虑创设贴近学生生活的写作情境，使学生的思维在其所熟悉的话题中发展。本节课创设了"2022年杭州亚运会志愿者招募"这一场景，无论是时间或是空间上都与学情符合。同时，学生对于志愿者这一话题较为熟悉，语言知识储备也较为丰富，为其在写作过程中思维能力的提高做足了铺垫。

2. 提倡教学留白，助力思维提升

在关注批判性思维认知技能培养的同时，也应重视批判性思维倾向和思维习惯的提升。教师在进行写作教学时，除了教授语言知识与写作技巧外，也应在课堂中讲究"留白"艺术。例如,在本课中谈及"如何让回复的邮件更具说服力"这一话题时,教师并未在第一时间给出指导并框定学生的答案,而是鼓励学生结合自身经历畅所欲言,助力其思维提升。

3.优化评价方式,助推思维建构

在写作教学中,教学评一致的重要性不容忽略。教师应提供可量化的评价标准,将写作评价落到实处。同时,教师也应适时优化评价方式,使单一的评价方式变得多样化,从教师主评逐渐向同伴互评或自我评价演变。在批判性思维的形成过程中,评价和自我监控不可或缺,而这些技能又能在写作后的评价过程中得到提高。

批判性思维并不指一味反驳或质疑他人的观点,而是指对他人或自己的观点、做法或思维过程进行评价、质疑、修正,并通过分析、比较、综合来达到对事物本质更为准确和全面认识的一种思维活动。在本节写作课中,教师通过比较、分析、评价及监控等批判性思维认知技能进行教学,以期学生通过此课逐步学会用批判性思维进行思考。学生的作文产出是思维的一种外显形式,也是锻炼学生批判性思维的有效手段之一。教师需从写作前期的准备过程,到写作中期的指导过程,再到写作后期的修正评价过程时时培养学生的批判性思维。

（本案例由杭州市开元中学徐震老师提供）

第五节　拓展性课程教学案例

一、诗歌欣赏课 *Thanksgiving Delights* 课例

（一）案例背景

诗歌教学是拓展性课程中的一种。诗歌是语言艺术的精华，不仅语言凝练、韵律感强、意境优美，而且渗透了大量的英语语言文化和人文底蕴。但正因其语言精练，学生在理解文本和对文本的整体架构进行把握上缺少足够的思维能力，联系实际生活进行创作更是不得其法。现借助一堂诗歌拓展课，探讨如何在诗歌教学中渗透对学生批判性思维能力的培养。

（二）文本解读

本课材料选自浙江教育出版社出版的《走进诗歌——英语诗歌欣赏八年级》中 Joanna Fuchs（乔安娜·福克斯）的一首感恩诗。Joanna Fuchs 是一位享有盛誉的诗人，迄今为止创作了 800 多首诗歌，主题包括赞美教师、赞美友谊、表达感恩之情等。本课例选取的是表达感恩之情的 *Thanksgiving Delights*。

Thanksgiving Delights

By Joanna Fuchs
On Thanksgiving Day we're thankful for
Our blessings all year through,
For family we dearly love,
For good friends, old and new.

For sun to light and warm our days,
For stars that glow at night,
For trees of green and skies of blue,
And puffy clouds of white.

We're grateful for our eyes that see
The beauty all around,
For arms to hug, and legs to walk,
And ears to hear each sound.

The list of all we're grateful for
Would fill a great big book;
Our thankful hearts find new delights
Everywhere we look!

语篇内容(What is conveyed?)

本诗歌内容难度不大,生词量适中,共分四个诗节,前面三节作者罗列了众多令人感恩的人、事、物,最后一节升华了主题:只要心怀感恩之情,生活处处可见新的喜悦。

语篇功能(Why is it conveyed?)

诗歌的文字通常不多,但文字背后才是作者想要传达给读者的满满的情感。作者通过列举生活中虽小却常被遗忘的事例,鼓励读者进行分析、判断、创造,并与自己的生活相联系,最后明白"The list of all we're grateful for would fill a great big book."的道理常怀感恩的人,眼睛所及均是喜悦。

语篇形式(How is it conveyed?)

在前面三个诗节中,作者用了不同的方法呈现感恩事例。比如在第一诗节中,作者列出了生活中的家人和朋友;在第二诗节中借助颜色词汇展现了大自然的馈赠,为读者呈现了一个多彩的世界;在第三诗节中,用一系列动词呈现生活中容易被遗忘的寻常事物。最后一个诗节通过总结归纳,引导读者联想到自己生命中所感恩的对象,并表达感恩之情。整个语篇帮助学生学会从整体到局部,再从局部到整体进行思考。

(三)学情分析

此课例中的授课对象学习英语的兴趣浓厚,基础较为扎实,敢于展示和表达,但学生是首次接触此次类诗歌。当然,中文诗歌的学习如押韵等对本课的学习也有一定的迁移作用。此外,学生在日常阅读学习中习得的语篇概括能力、篇章结构分析能力和理解能力也能帮助其快速掌握该诗歌内容。

(四)教学目标

结合本诗歌的文本特点和初中学生批判性思维品质的培养要求,本课时的教学目标为:学生能理解和分析诗歌的基本内容,感受英语语言之美;学生能联系自己的实际生活,写出有个性特点的诗行或诗节;学生能解读诗歌想要表达的意思,对诗歌内涵做出判断,并能激发对日常生活的感恩之情,辩证地看待幸福。

(五)过程图示

如图 8-19 所示,*Thanksgiving Delights* 诗歌拓展课分四个阶段:话题导入、阅读思考、赏析批判和拓展迁移。学生在这个过程中,了解英文诗歌的基本要素,分析、理解和赏析诗歌内容,并联系自己的生活进行创造,实现知识的拓展迁移。教师在整体教学过程中,帮助学生提升批判性思维能力。

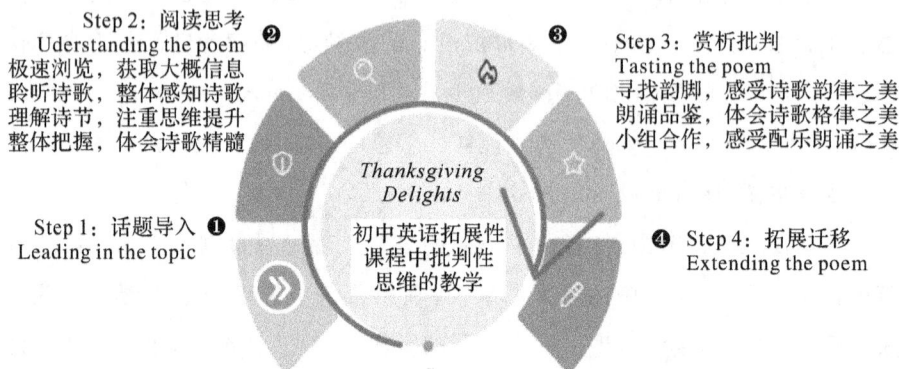

图 8-19　以批判性思维能力培养为导向的诗歌拓展课教学流程

(六)片段解析

1.输入理解阶段:理解诗节,注重分析解读能力

教师带领学生进行每一诗节的学习。随着问题的深入,学生在逐步理解每个诗节内容的同时,不断将自身情况进行代入,教师注重诗歌内容与读者实际生活的联结。

比如,阅读第一诗节时,教师引导学生寻找 What is the writer thankful for? 而面对生词 blessing,教师给了自己生活中的例子,再向学生提问:What kind of blessings did you have this year? 借助例子,学生提升了英语思维能力。

T:This morning, my mother cooked breakfast for me. What kind of blessings did you have this year?

S1:My dad drives me to school every day.

T:Wow, that's your blessing.

S2:My mother washes clothes for me.

T：I agree. What about the blessings at school?

S2：My classmates help me when I have trouble.

S3：…

阅读第二、三诗节时,教师鼓励学生体会一系列动词的力量,并通过前后文猜测 glow 的词义。面对富含力量的动词和五彩缤纷的颜色词汇,一幅平凡而美好的生活画卷在学生面前展开。

T：We are grateful for the sun to light and warm our days. What do you feel from the words "light" and "warm"?

Ss：Power.

T：Then can you give an explanation of the word "glow" in the second line?

S1：Shine.

T：Great! That's a wonderful replacement. Can you find more powerful verbs in these two stanzas?

S2：See，hug，walk，hear.

T：But what about trees，skies and clouds? How does the writer help us to imagine the wonderful picture?

S3：Green trees，blue skies and white clouds.

T and Ss：Yes，the writer uses these colors to show the beauty.

阅读第四诗节时,教师呈现两个问题:How shall we read the stanza? What is the great big book? 在英语理解中,断句对学生理解复杂句是至关重要的。通过一遍遍朗读,学生做出了正确的判断,发现句子应该断为:The list of/all we're grateful for/Would fill a great big book; Our thankful hearts/find new delights/Everywhere we look!

T：What is the great book?

S1：I think it's a dictionary.

S2：It's a diary.

S3：I think it's our life.

…

【设计意图和策略评析】

在此阅读理解过程中，学生除了需要基本理解诗歌内容外，更关键的是能有一定的代入感，即注重诗歌内容与实际生活的联结。如对 blessing 的猜测，教师给出例子，学生进行判断后形成自己的理解，做出了更广泛的回应。只有在一次次的代入和判断中，学生才能体会到诗歌所要表达的那份感恩之情。

2. 表达内化阶段：整体把握，培养分析概括能力

学生再次朗读诗歌，教师借助问题引导学生进行整体把握：What's the structure of the poem, A or B?

Ss：Structure B is right.

T：You are right. But why is that? What's the main idea of each stanza?

S1：The writer is thankful for different things in stanza one, two and three, but stanza four is not.

T：I agree. Let's make it clearer. In stanza one, Joanna Fuchs is thankful for things and people. And in stanza two, …

S2：She is thankful for the nature.

S3：In stanza three, the writer is thankful for the healthy body.

S4：Stanza four is summary.

T：Stanza four is the conclusion. But is that all? Is Joanna just thankful for the three kinds of things?

Ss：…

T：Let's read stanza four together again.

…

S5：The writer is thankful for many things, because she says our thankful hearts find new delights everywhere we look!

T：As long as we have thankful hearts. Maybe that's what Joanna wants to show to readers.

【设计意图和策略评析】

教师引导学生对诗歌进行整体概括。在阅读理解过程中,概括是思维能力中不可或缺的部分,也往往是学生较为薄弱的地方。在此过程中,教师逐步引导学生探索作者的写作目的,抓住诗歌精髓。

3.输出运用阶段:联系实际,提升迁移改编能力

在此课例中,教师鼓励学生结合自身实际和体验,在赏析后进行大胆改编和创作,实现知识的拓展和迁移。在这个过程中,教师也鼓励基础好的学生运用本课所学的诗歌要素(如押韵等),帮助学生提升思维能力:Write two lines or a stanza about what you're grateful for. Try to use rhymes in it.

以下为其中一个学生所写:We're thankful for/on this special day/for family who give us love and warmth/for teachers who teach us patiently. / There are so many things we want to say.

【设计意图和策略评析】

在诗歌拓展学习中,教师引导学生通过层层学习,联系自身实际,从不同角度去思考语言表达,发挥自己的创造力,提升批判性和创造性思维能力。

(七)案例综述

语言是思维的媒介,而教师的思维聚焦点便是引领学生思维发展的生长点。总的来说,本课例从以下几个方面为学生批判性思维提升做了尝试。

1.丰富朗读形式,加强分析理解能力

诗歌是语言的精华,是语言的音乐,对任何语言教学来说,都是不可多得的资源。在本课例中,教师引导学生进行多种形式的朗读,如模仿录音朗读并标注重音;学生试着朗读并提出自己的观点;小组合作朗读等。"文读百遍,其义自见",英语阅读同样如此。理解是所有阅读学习的前提,而学生在诗歌学习过程中,尤其需要借助朗读感知诗言美,不断提升理解能力,为分析、判断和深度理解文本,进而开展批判性思维做好准备。

2.指向文本解读,注重批判概括能力

尽管诗歌文本与平常的阅读文本有所不同,但阅读思维能力是整体认知能力,是阅读能力的一种体现。因此,在诗歌阅读过程中,教师注重文本解

读，并不断引导学生在阅读中进行思考，在思考中提高自己的阅读思维能力。比如，在此课例中，教师引导学生根据前后诗句猜测单词 glow 的意思，分析概括每诗节的意思等。根据上下文猜测词义、概括大意等都是学生阅读思维的体现，也是学生需要在不断地练习实践中提升的思维能力。

3. 体悟文本内涵，激发思辨运用能力

阅读之于人有意义是因为人赋予了其思想。因此，对于任何文本，如果仅仅是孤立式阅读，人们容易忘记。只有深入人心的阅读才能让人有更多的感悟和更具阅读意义。也正因此，诗歌阅读过程中需要教师引导学生联系生活实际，体悟诗歌内涵。在此课例中，在统观全篇时，教师引导学生发现感恩的事例是数不胜数的，只要心怀感恩，所到之处皆是欢喜，原来，幸福就在自己的内心。如果学生能体悟到诗歌的内涵，那么文字则不再仅仅是文字，它的力量远超字面想要表达的意思，而这，不就是阅读带给人的意义吗？

（本案例由浙江省杭州第六中学杨国燕老师提供）

二、整本书阅读指导课 *Robinson Crusoe* 课例

（一）案例背景

阅读课是培养学生批判性思维的重要阵地。目前的初中英语阅读教学存在着活动设计仅考查浅层信息和阅读文本理解不充分等问题。如何在阅读课中培养学生的批判性思维能力是教师需要探索的课题。现以上海外语教育出版社黑布林英语阅读初二年级第 2 辑中的 *Robinson Crusoe* 为例，分析如何在初中英语阅读课中培养学生的批判性思维，并提出了英语阅读中增强学生批判性思维的策略，以便提高英语阅读的效率。

（二）文本解读

本课例选自上海外语教育出版社黑布林英语阅读初二年级第 2 辑中的 *Robinson Crusoe*。

语篇内容（What is conveyed?）

小说描写的是一个 19 岁的少年鲁滨逊为了实现航海的<u>梦想</u>，毅然放弃了安定舒适的生活，最终踏上航海征途的故事。在一次海难中，他被巨浪冲到

了一座荒岛上,从此开始了艰辛而漫长的孤岛生涯。鲁滨逊并没有被困难吓倒,而是敢于向自然挑战、向死亡挑战,搭帐篷、围篱笆、筑"城堡"、制器具、种粮食、养牧畜、与野人决战,一个人在荒岛上创造了种种奇迹。

语篇功能(Why is it conveyed?)

这是一部叙事体小说,主要讲述鲁滨逊的航海冒险故事。该小说创作于18世纪,当时英国正处于资本主义的鼎盛时期,并确立了自己作为殖民霸主的地位。作家丹尼尔·迪福受资本主义发展的影响,创作了一个以航海冒险和开发无人居住的岛屿为主题的小说,小说反映了欧洲殖民者扩张海外土地并进行殖民的情况,实际上是英国殖民时期殖民主义的缩影。

语篇形式(How is it conveyed?)

小说运用第一人称叙述,让读者有很强的代入感。写作手法多样,作者采用了叙事性描写、对话描写、内心独白等方法展开故事叙述,使得小说情节生动、引人入胜。通过对小说中几个重要故事情节的深度剖析,让学生对该小说有更为深刻的理解和认识,这个过程也有助于培养学生的批判性思维能力。

(三)学情分析

授课对象是某公办初中八年级的学生。他们对叙事类的文章较感兴趣。作为八年级学生,他们已有一定的英语基础,但是英语水平参差不齐。其中部分学生具备了把握文章整体脉络、解读文本语言及非语言信息的基本能力,但是大部分学生还需要在老师的帮助和引导下厘清文本结构、分析人物形象。

(四)教学目标

通过阅读名著片段分析人物性格,培养学生解读、分析文本的能力;根据故事情节发展,推测主人公情感变化,培养学生推理、解释能力;学习鲁滨逊热爱生命、永不放弃等美好品质,培养自我监控能力。

(五)过程图示

以培养学生的批判性思维能力为目标,从教学环节、教学活动、能力培养三个维度出发进行整体设计,尝试在整本书阅读课中探索一种更具操作性的初中英语批判性思维培养模式。具体流程如图 8-20 所示。

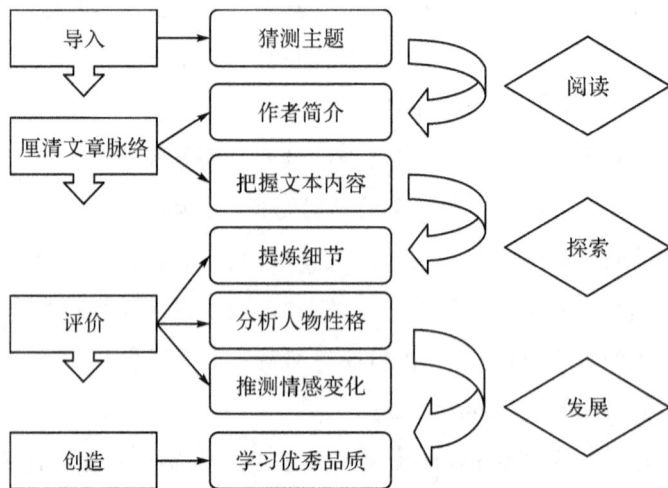

图 8-20　以批判性思维培养为导向的整本书阅读课教学流程

在导入和厘清文章脉络环节,教师引导学生综合运用解读、分析等批判性思维认知技能,先对全书内容有一个概括性的了解。之后教师引导学生运用评价、推理、解释等批判性思维认知技能对小说的细节内容和人物性格进行评价,推测人物情感变化,提出自己观点并给出理由。最后,引导学生学习人物的优秀品质,运用自我监控和自我更正的批判性思维认知技能促进自身的提高与发展。

(六)片段解析

在初中英语阅读课堂教学中,如果问题的设置只停留在表面、答案过于统一的低层次水平上,不利于培养初中生的批判性思维能力,也不能调动起他们的学习主动性与积极性。现以 *Robinson Crusoe* 的阅读课为例,谈谈如何将批判性思维的培养融入初中英语的阅读课堂。

1.输入理解阶段:人物性格解读

教师先让学生独立阅读小说27—32页,找出鲁滨逊遇到的困难及其解决方法。学生不难发现鲁滨逊遇到的困难主要是:没有食物和住所,无法判断时间。他通过到船上找食物、自己搭建帐篷、自己做日历的方式将所遇到的难题一一化解。

教师请学生思考:从鲁滨逊的这些行为可以推测出他是一个怎样的人? 为什么? 学生根据文中描写鲁滨逊行为的句子,几经思索,踊跃表达自己的看法。

T: So from the ways he solved the problems, what do you think of Robinson Crusoe? And why?

S1: I think he is very smart, because although he had many problems, he came up with so many ways to solve them.

S2: I think he is brave. Although both of his partners died, he still tried his best to find food and save his own life.

...

【设计意图和策略评析】

在这一教学片段中,教师让学生先阅读文本找出鲁滨逊遇到的困难及其解决困难的方法,此处运用了批判性思维认知技能中的解读技能。再根据文本中所描述的鲁滨逊的行为来分析他的个性特征,并要求学生在表达观点时给出自己的理由,运用了批判性思维认知技能中的分析技能。这样做的目的是培养学生解读、分析文本的能力,使学生养成批判性思考的习惯,促进批判性思维的发展。

2.表达内化阶段:人物行为分析

教师先让学生找出鲁滨逊对自己所处形势的判断并朗读(见图 8-21)。读后问学生:What have you found?

图 8-21 人物行为分析

教师引导学生进行简单的分类，并观察这两张表有何不同点。其目的是让学生关注为什么鲁滨逊列出的优势比劣势多，以此推断出鲁滨逊的性格特点：他有积极良好的心态。

教师抛出第二个问题：What is the advantage of comparison? 让学生知道鲁滨逊将优劣进行比较是为了让重要的事情一目了然。

最后教师提出一个极具思维含量的开放性问题：What can you learn? 最终引导学生明白：We can always find something good in a bad situation if we look for it!

T：What have you found from these two lists? Which one is longer?

Ss：The second one.

T：What is the advantage of comparison like this?

Ss：It can show something important easily.

T：Excellent! So what can you learn from this experience?

Ss：We can always find something good in a bad situation if we look for it!

【设计意图和策略评析】

在该教学片段中，首先，教师利用了批判性思维认知技能中的解读技能，让学生将鲁滨逊对自己当时形势的分析进行分类，有助于学生更清晰地了解鲁滨逊当时所处的形势。其次，教师利用了批判性思维认知技能中的分析技能，让学生对鲁滨逊所写的内容进行分析，引导学生思考并体会鲁滨逊积极的人生态度。再次，教师引导学生评价鲁滨逊比较优势和劣势的行为，让学生明白通过比较，重要的事情就可以一目了然。最后，教师提出开放性问题：What can you learn? 有利于学生积极思考，培养学生的批判性思维能力。

3. 输出运用阶段：学习美好品质

学生根据人物经历推测人物的情感变化，并用画图的方式进行直观展示（见图 8-22）。本节课的第二个环节，教师要求学生先快速阅读第 7 页的简介部分，提炼四个小标题，让学生对全书的主要内容有一个整体的把握。学生学会借助作品梗概了解名著的主要内容，也是为读后分析打下基础。

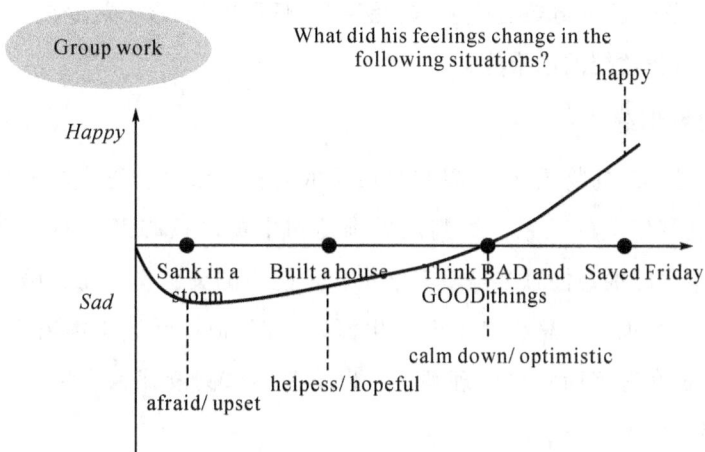

图 8-22　推测情感变化

教师提出问题:Why did his feelings change so much? 让学生先通过小组合作的方式进行讨论,再分享观点。

学生表达观点后,教师提出问题:What can we learn from him? 让学生学习主人公的美好品质,培养自我监控的思维能力。

T:Why did his feelings change so much? Now, you can work in group of four to have a discussion and tell us your opinions.

Ss:When he sank in a storm, he must be afraid. Because at this time, all of his partners died, this island is strange to him, he had no food, no house, and had many other problems. He needed to save himself at once…

T:So what can we learn from him? Discuss with your partner.

Ss:Whatever happened, we should be positive and hopeful…

【设计意图和策略评析】

在这一环节中,教师让学生先进行小组讨论,然后分享观点、陈述讨论结果,此处运用了解释这一批判性思维认知技能。小组讨论的模式使批判性思维的培养更具操作性,学生也更乐于参加。之后,教师让学生通过画图的方式来展现鲁滨逊内心情感的变化。学生通过分析鲁滨逊的行为,推测其可能出现的感受和情感变化,运用了推理这一批判性思维认知技能。画图的方式可以使人物形象更为饱满,同时也能让学生更加直观地感受人物丰富的内心世界,从而学习鲁滨逊热爱生活、热爱生命、坚强乐观、永不放弃的意志品质,培养学生自我监控的思维能力。

(七)案例综述

语言是思维的物质外壳,思维是语言的内核。语言和思维之间是一种相辅相成、互相依赖的关系。批判性思维是初中英语核心素养的重要组成部分,培养学生的批判性思维是培养学生各种能力的突破口。在英语阅读教学中培养学生的批判性思维有助于学生深入了解、把握阅读文本内容,让阅读不仅仅停留在对字面意思的理解上。以下是本节阅读课上为培养学生批判性思维能力而做的一些尝试。

1.设计明确目标,指引阅读方向

设定教学目标是整个教学设计的重中之重。本课教学设计的改进紧紧围绕着提升学生批判性思维能力这一教学目标进行。在进行阅读教学时,教师针对性地选择了几个故事片段让学生进行深入阅读、分析,使学生能够深入理解语篇背后作者想要传达的内容。例如,教师通过引导学生分析鲁滨逊对优势和劣势进行比较的行为,启发学生领悟鲁滨逊积极向上的人生态度,学习鲁滨逊热爱生活、热爱生命、坚强乐观、永不放弃的意志品质。这样的设计促进了学生深层思考,培养了推理和解释的思维能力,能够达到润物细无声的作用。

2.更新教学环节,培养思维技能

在英语阅读教学过程中,教师需要充分锻炼学生运用批判性思维的能力。更新教学环节,转变教师主体地位。阅读教学过程中教师给学生布置相应的任务,鼓励学生进行自主探究,调动学生学习积极性和参与度。例如,在读后推理环节,教师让学生根据人物经历推测人物的情感变化,并用画图的方式进行直观展示。学生先以小组合作的形式进行讨论,再分享观点。在学生进行小组合作探究的过程中,不同观点之间可能会有碰撞和冲突。这种合作探究的方式能够发散学生思维,培养学生自我监控、自我更正的思维能力。

(本案例由杭州市勇进实验学校孟丽娜老师提供)

三、英语戏剧拓展课 Robin Hood 课例

(一)案例背景

《义务教育英语课程标准(2011年版)》五级目标中关于技能"说"的标准之一是:学生能用英语表演短剧。英语戏剧情景式的学习活动有利于开发学生的思维潜能,帮助学生发展批判性思维能力。而在日常课堂教学中,教师普遍强调语言知识和阅读技能,缺少激发学生英语学习兴趣、拓宽学生视野的课外拓展内容,教学评价趋于片面简单化,欠乏对学生批判性思维的培养,不利于发展学生的思维品质。

现以英语戏剧拓展课 Robin Hood 为例,思考如何构建以培养学生批判性思维为导向的戏剧课堂。

(二)文本解读

本课例的教学内容来源于浙江教育出版社《走进戏剧——英语戏剧表演 Robin Hood》。该剧本内容浅显易懂,故事情节简洁明了,语言真实地道,寓意富有正能量。

语篇内容(What is conveyed?)

剧本共十幕,开篇第一幕(Scene I *New Year's Day in Nottingham*)讲述了新年政府增加赋税,百姓疾苦,以 Robin Hood 为首的绿林好汉集结。Robin 带领同伴,营救被州长掳走的 Marion,越挫越勇,最终假借参加射箭比赛(第七幕 Scene VII *Robin Wins the Archery Competition*),成功救出被关押的 Marion。King Richard 回归,为 Robin 与 Marion 指婚(第十幕 Scene X *A Big Day*),但后续将如何发展,故事戛然而止。剧情紧凑,悬念迭起,有利于开展学习活动,培养解读、分析和推理等批判性思维认知技能。

语篇功能(Why is it conveyed?)

剧本主人公 Robin Hood 是英国民间传说中的英雄人物,一生行侠仗义,是一位劫富济贫、惩恶扬善的绿林好汉。赏析剧本,学生可以身临其境地感受 Robin Hood 的奇闻逸事,分析和鉴别中外文化差异,为提高批判性思维能力提供平台。

语篇形式（How is it conveyed?）

剧本语言符合学生认知水平，有利于学生表达观点，发展分析和评价技能。同时，因故事发生在 13 世纪，剧中人物的语言在发音和语法上均与现代标准英语相去甚远，有些台词相对晦涩。难以理解的台词一定程度上可以激发学生通过评判、质疑等活动，审慎思考，进而改编台词，为发展分析、推理和解释等技能提供了契机。

（三）学情分析

授课对象为七年级学生，尽管他们的英语语言水平不高，但在认知上仍需要有挑战性的活动，以此激发学生的思维。英语戏剧表演为学生营造了活跃、有趣的学习氛围，寓教于乐，激发学生的学习兴趣和参与热情。构建以批判性思维培养为导向的戏剧课堂，可以开发学生的思维潜能，充分发其挥想象力和创造力，提高学习成效，也能解决前英语课堂教学内容单一、语用实践不足的问题，有利于提升学生的思维层次。

（四）教学目标

本课的教学目标如下：通过阅读剧本，了解剧本的整体框架和背景，厘清内部逻辑关系，培养解读和分析能力；通过研读剧本，进行台词改编、结局续写等活动，培养评价和推理能力；通过运用语调、停顿等朗读技巧以及表演技巧，演绎剧本，培养解释和自我监控能力。

（五）过程图示

英语戏剧拓展性课程的开展与实施以国家课程标准为纲，立足于提高学生核心素养。教学活动遵循学生的认知发展规律，由易到难，由浅入深，循序渐进。教师甄选剧本，确保内容符合学生的认知水平和英语表达能力，且具有表演和评价的空间。通过在准备阶段——开启思维、研读阶段——发展思维、表演阶段——演绎思维和总结阶段——创新思维四个阶段（见图 8-23），设计不同的任务，以此促进学生批判性思维的发展。

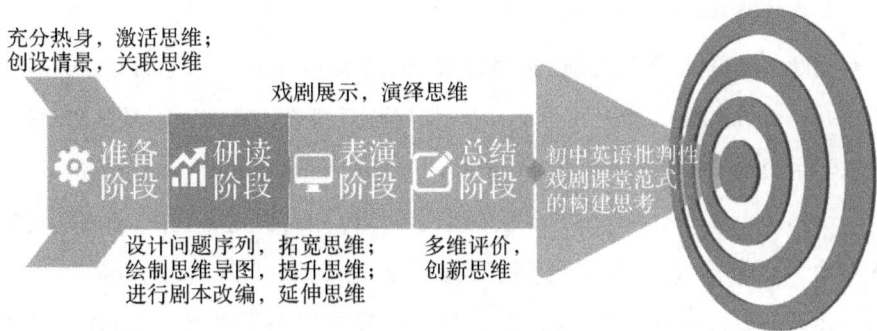

图 8-23　指向批判性思维提升的戏剧拓展性课程教学流程

具体来说,首先,精心设计热身环节,联系学生原有知识和生活经验,创设与场景相关联的生活情境,组织操作性强的活动,让学生身临其境,引起共鸣,激活已知信息,激发思维。其次,设计有层次性、逻辑性的问题链,帮助学生理解台词和情境,厘清角色关系,加深对剧本背后蕴含的中西方不同思维方式的理解。结合图像、文字等呈现剧本的关键词、细节等内容,引导学生思考和分析,促进他们深入理解剧本,绘制思维导图、改编剧本。再次,组织学生角色扮演、选择道具,明确表演要领,让戏剧课堂教学回归生活,促使学生批判性思维能力的发展落到实处。最后,采取多维量化的评价体系,结合学生自评、互评和教师评价,促使学生进行自我监控和自我更正。

(六)批判性思维培养片段解析

1. 输入理解阶段:绘制人物关系图

《走进戏剧——英语戏剧表演 Robin Hood》涉及人物众多,在通读完整个剧本后,教师指导学生进行小组合作,以思维导图的形式梳理主要人物关系,帮助学生厘清人物关系,增进他们对剧本的理解,提升解读和分析能力。

【设计意图和策略评析】

教师结合图像、文字等呈现剧本的关键词和人物等内容,引发学生思考和分析。引导学生绘制思维导图,将思维过程可视化,加深学生对剧本的理解,有利于发展学生解读和分析能力。同时,帮助他们打开思维,助其立足于全局更好地理解剧本,为后续戏剧的编排顺利开展奠定思维基础。

2.表达内化阶段：开展个性演绎

教师组织学生角色扮演、选择道具，明确表演要领。第七幕（Scene VII *Robin Wins the Archery Competition*）如何凸显射箭比赛的激烈是难点，教师要求学生思考并讨论：How can you act your character naturally and make the competition impressive? 学生分组交流如何让人物更加立体，使表演更富感染力。以下是学生表演的例子：为了表现 Malcolm（the best archer in England）的傲慢，扮演 Malcolm 的学生在比赛中或单手叉腰，或目光充满了蔑视，狂妄的个性被演绎得淋漓尽致，最后却败给 Robin。随后，扮演 Malcolm 的学生脸色消沉，与之前的盛气凌人形成了鲜明对比。他们的表演赢得了阵阵掌声。

【设计意图和策略评析】

在编演过程中，学生观察、判断语言是否有感染力、肢体动作是否有张力、表演是否有表现力，学会运用分析、评价、推理、解释等批判性思维认知技能，促进了分析、评价等多项批判性思维认知技能的发展。

3.输出运用阶段：实施多维评价

教师采取多维量化的评价体系，包括学生自评、学生互评和教师评价。学生分组表演第五幕（Scene V *Robin Fights the Sheriff*）中 Robin 与 Sheriff 的冲突选段，展示结束后开展多维度评价。

经过综合评价，Creative 组取得了 9.6 的高分，小组成员热烈拥抱、激动欢呼，教师也感受到他们发自内心的喜悦与成就感，更为他们感到欣慰，也为他们的表现点赞。而 Thinking 组取得了 7.6 分，教师发现他们有点低落，但是组长 Tim 依然鼓励组员，同时反思存在的问题。让教师惊讶的是，Thinking 组请求再给一次表演的机会。教师也和其他组都被他们不屈不挠的精神打动，一致同意再给他们一次机会，对他们充满期待。

【设计意图和策略评析】

戏剧表演不同于常规的课堂教学，无法通过测试进行评价，而是需要所有戏剧活动参与者共同感受。此环节旨在引导学生在理解剧本内涵的基础上，提出评估意见，用批判的眼光评价表演。在评价的过程中，学生进行自我监控和自我更正,评价的过程就是发展解释、自我监控技能的过程。

(七)案例综述

英语戏剧拓展性课程的开发与实施顺应新时代教育目标,担负培养学生思维品质的重任,此外,批判性思维能力作为高阶思维能力,对个人和社会发展都起着极其重要的作用,因此,尝试构建以培养初中学生批判性思维能力为导向的戏剧课堂范式。在英语戏剧教学中,批判性思维认知技能具体体现在以下方面(见表 8-3):解读技能是理解剧本意义,对相关文化背景、台词等进行解读;分析技能是识别剧本表达的意义,找出观点等的逻辑关系;评价技能是多维度评价陈述观点和表演;推理技能是利用归纳、演绎等进行故事情节的推测和假设;解释技能强调精准演绎剧本;自我监控技能是分析和修正自己的观点和表演。在戏剧教学中,批判性思维六大认知技能是相互联系的,共同构成批判性思维的核心能力。

表 8-3　戏剧课堂批判性思维认知技能

解读	分析	评价	推理	解释	自我监控
1.了解相关文化背景 2.厘清内部逻辑关系,理解剧本	1.分析人物角色特点 2.剖析剧本意义	1.对剧本和人物进行评价 2.多维度评价观点和表演	1.推测故事发展后续 2.运用归纳或演绎进行表演	1.证明观点的可信度 2.精准表演剧目	1.小组表演,自我监控 2.自评、互评,自我更正

教师依托英语戏剧拓展性课程培养批判性思维能力进行了以下几点尝试。

1.遵循原则,设定目标,发展解读和分析能力

教学目标是课堂教学实施和教学评价的重要依据,思维目标序列的设定遵循目标细化的 SMART 原则,即目标必须具体和详细、是可以衡量的、以行动为导向、实际可行、有时限性。教师根据不同的场景,设计不同的思维目标序列,引导学生观察、推理、分析和概括,推动解读和分析技能培养目标的实现。

2.设计问题序列,绘制思维导图,提升推理和评价能力

问题序列可以帮助学生形成思维的路径,引导他们理解剧本、深入思考、

体会情感。而有层次性、有逻辑性的思维导图可以帮助学生理解台词和情境，学会批判性地评价人物，有理有据地表达自己的观点，有助于学生养成积极的批判性思维习惯，为后续评价和推理提供沃土。

3. 戏剧展示，多维评价，突破解释和自我监控思维

教师组织学生角色扮演、选择道具，力求精准表演，让课堂教学回归生活。在戏剧编、排、演的过程中，学生相互协作，在交流和活动中碰撞出智慧的火花，学会站在质疑、证实自己观点的立场，解释和审视自己的判断，促使学生批判性思维能力的发展落到实处。

但是，培养学生批判性思维能力的英语戏剧课堂的探索实践才刚起步，在课堂准备阶段，要精心设计热身活动，为后续研读剧本和表演服务，不能为热身而热身；在研读阶段，要引导学生分析故事情节的发展，充分利用思维导图，促使其质疑、评判、反思，从而科学发展批判性思维；在表演阶段，要让学生在真实的情境中演绎剧本，不拘泥于形式，创造性地表演；在总结阶段，开展多维评价，增强自我监控与自我更正。批判性思维认知技能的培养是相互关联、密不可分的。比如，剧本改编时，既要考虑故事情节的合理性，即培养解读、分析和推理能力，又要有评价、质疑的空间，即培养评价、解释和自我监控能力，六大认知技能多维互动。

总之，教师要在后续的英语戏剧课堂中，聚焦学生批判性思维的培养，把握课堂的思辨点和发散点，设计有思维梯度的活动，提升思维的层次，在实践中不断发展学生的批判性思维认知技能，培养其思维品质，为他们的终身发展奠定坚实的基础。

（本案例由杭州市江城中学闵丽媛老师提供）

参考文献

Cindy M G，Catherine A L，Ashley N R，et al. An investigation of elementary teachers' use of follow-up questions for students at different reading levels ［J］. Journal of Advanced Academics，2014，25(2)：101－128.

Goodman K S. Reading：A psycholinguistic guessing game[J]. Journal of the Reading Specialist，1967(1)：16－27.

Hafner L E. Improving Reading in Middle and Secondary Schools[M]. New York：Macmillan Publishing Co.，Inc.，1974.

Richards J C，Farrell T S C. Professional Development for Language Teachers：Strategies for Teacher Learning ［M］. London：Cambridge University Press，2005.

Savignon S. Communicative Competence：Theory and Classroom Practice ［M］. Mass：Addison-Wesley，1983.

Spache G D，Berg P C. The Art of Efficient Reading[M]. New York：Macmillan Publishing Co.，Inc.，1984.

Waters A. Thinking and Language Learning ［J］. ELT Journal，2006(4)：319－327.

包丰.初中英语阅读教学中培养学生批判性思维的实践[J].中小学外语教学(中学篇)，2019(1)：8－13.

陈开池.中学英语戏剧教学：从传统模式转向基于语用的模式——以人教版必修3"百万英镑"为例[J].中小学英语教学与研究，2016(11)：25－28.

陈素萍.培养批判性思维能力的解构式英语小说阅读教学[J].中小学外语教学(中学篇)，2015(10)：27－31.

陈瑶.课堂·课程：初中英语核心素养培养的实践[M].杭州：浙江教育出版

社,2019.

陈瑶.阅读教学中使用可视化工具培养学生批判性思维的实践[J].中小学英语教学与研究,2021(9):34—38.

陈则航,王蔷,钱小芳.论英语学科核心素养中的思维品质及其发展途径[J].中学外语教与学,2019(4):49—53.

陈则航,王蔷.在小学英语阅读教学中培养学生的批判性思维[J].中小学外语教学(小学篇),2016(5):1—5.

程晓堂,赵思奇.英语学科核心素养的实质内涵[J].课程·教材·教法,2016(5):79—86.

程晓堂.英语学习对发展学生思维能力的作用[J].课程·教材·教法,2015(6):73—79.

褚辉.论中小学生批判性思维的培养与开发[J].辽宁教育研究,2005(6):38—39.

董毓.角逐批判性思维[J].人民教育,2015(9):13—19.

法乔恩.批判性思维,思考让你永远年轻[M].李亦敏,译.北京:中国人民大学出版社,2013.

葛炳芳.英语阅读教学的综合视野:内容、思维和语言[M].杭州:浙江大学出版社,2014.

贡太雷,朱佩林,王揆鹏.清单式课堂教学模式的理论探究[J].当代教育理论与实践,2016(6):38—40.

郭宝仙,章兼中.英语学科中思维能力的培养[J].课程·教材·教法,2017(2):80—85.

郭洪洁,宋维华.思维品质在英语教学中存在的问题与对策[J].中小学英语教学与研究,2019(6):30—34.

何其莘,段桐生,黄源深,等.关于外语专业本科教育改革的若干意见[J].外语教育与研究,1999(1):25—29.

何晓东,兰良平.基于思维品质培养的英语课堂提问实施[J].中小学外语教学(中学篇),2019(4):13—17.

教育部.普通高中英语课程标准(2017年版)[M].北京:人民教育出版

社,2018.

教育部.义务教育英语课程标准(2011年版)[M].北京:北京师范大学出版
社,2011.

孔晓玲.教师教学思维转型:从学习目标的设计开始[J].中小学管理,2021
(9):17—20.

李冬梅,陈瑶,王晓春,等.走进戏剧:英语戏剧表演 The Little Mermaid[M].
杭州:浙江教育出版社,2018.

李冬梅.走进戏剧:英语戏剧表演 Robin Hood[M].杭州:浙江教育出版
社,2018.

李丽君.学术论文写作与批判性思维培养[J].教育教学论坛,2016
(16):199—200.

李学书.批判性思维培养的思考[J].教育学术月刊,2011(1):13—16.

李政涛.判断教师思维品质的八个基本维度[J].中小学管理,2021
(9):10—11.

保罗,埃尔德.批判性思维工具[M].焦方芳,译.北京:人民邮电出版社,2014.

林崇德,胡卫平.创造性人才培养模式的探索[N].各界导报,2014-02-22
(004).

刘儒德.批判性思维及其教学[J].高等师范教育研究,1996(4):62—67.

吕国光.教师批判性思维倾向量表(TCTS)的修订[J].黄冈师范学院学报,
2007(6):63—67.

马扎诺.培育智慧才能:学习的维度教师手册[M].盛群力,何晔,张慧,译.福
州:福建教育出版社,2015.

梅德明,王蔷.普通高中英语课程标准(2017年版)解读[M].北京:高等教育
出版社,2018.

牟金江.SMART原则下的高中英语写作教学与评价[J].课程·教材·教法,
2011(5):60—64.

沙龙.批判性思维与戏剧教育[J].内蒙古大学艺术学院学报,2019
(4):80—85.

施瓦茨.科学学习[M].郭曼文,译.北京:机械工业出版社,2018.

斯苗儿.小学数学"三段十步"改课的教研范式探析[J].课程·教材·教法，2020(9):81—87.

孙有中.突出思辨能力培养,将英语专业教学改革引向深入[J].中国外语，2011(3):49—58.

唐玉婷.思维导图在高考英语说明文阅读理解中的使用策略[J].中小学外语教学(中学篇),2020(2):17—22.

王后雄."问题链"的类型及教学功能:以化学教学为例[J].教育科学研究，2010(5):50—54.

王蔷,钱小芳,桂洲,等.以戏剧教学促进小学生英语学科能力的发展:北京市芳草地国际学校英语戏剧课探索[J].课程·教材·教法,2016(2):93—99.

王蔷.促进英语教学方式转变的三个关键词:"情境""问题"与"活动"[J].基础教育课程,2016(5):45—50.

文秋芳,周燕.评述外语专业学生思维能力的发展[J].外语学刊,2006(5):76—80.

吴显友,刘士川.记叙文:体裁模式与文本分析[J].重庆师范大学学报(哲学社会科学版),2009(4):82—87.

武宏志.论批判性思维的核心元素:论证技巧[J].延安大学学报(社会科学版),2016(1):5—20.

夏谷鸣.英语学科教学与思维品质培养[J].英语学习,2017(2):9—13.

夏雪梅.项目化学习设计:学习素养视角下的国际与本土实践[M].北京:教育科学出版社,2018.

谢小庆.关于审辩式思维教学与测试的共识[J].湖北招生考试,2015(3):51—55.

邢文骏.在阅读教学中利用思维地图培养学生英语学科核心素养的实践[J].中小学外语教学(中学篇),2019(4):23—27.

徐晨红,蔡亚萍.概念图、思维导图和思维地图的辨析[J].科教文汇,2010(11):101.

徐德均,钟志华.概念图的特点及其在数学理解中的作用[J].中学数学月刊,

2015(12):12—14.

杨昌周,范蔚.中学英语教材中思维导图的功能负载及提升路径[J].中小学外语教学(中学篇),2017(1):9—15.

杨国燕.初中英语诗歌拓展性课程的教学实践与思考:以 Thanksgiving Delights 为例[J].英语教师(津),2020(1):26—29.

杨柳,张寅,于炜.教育戏剧:一种创新的教学方法[J].教育发展研究,2013 (2):68—72.

杨晓钰,候云洁,李振来,等.中学英语课堂教学的目标分析分享与达成 DIY [J].英语学习,2017(10):23—32.

杨永林.英语写作研究的范式转变与理论传承[J].外语教学与研究,2005(1): 15—20.

张志敏.儿童批判性思维培养的两种模式[J].延安大学学报(社会科学版), 2013(2):13—21.

郑鸿颖.核心素养视域下中学英语思维可视化教学策略研究[J].中小学外语教学(中学篇),2019(9):7—12.

郑颖.在高中英语读写课上运用思维型课堂理论的实践探索[J].中小学外语教学(中学篇),2019(5):20—25.

钟启泉."批判性思维"及其教学[J].全球教育展望,2002(1):34—58.

附　录

附录 1：

初中生在阅读学习中运用批判性思维认知技能的情况调查

亲爱的同学：

您好！为了解初中生在阅读学习中运用批判性思维认知技能的情况，特邀您参加此次问卷调查。本问卷采用匿名的方式，您的回答没有对与错，与您的成绩无关。我们会对您所填的信息严格保密，因此请不必有任何顾虑，请您认真、如实地回答！感谢您的支持与配合！

您的性别：男□　女□

第一部分：

下列问题均为单选题，请根据自己的实际情况从五个选项中做出选择。

1.你喜欢上英语阅读课吗？

A.非常喜欢　　　　　　　B.比较喜欢　　　　　　C.一般

D.不太喜欢　　　　　　　E.很不喜欢

2.你认为英语阅读重要吗？

A.非常重要　　　　　　　B.比较重要　　　　　　C.一般

D.不太重要　　　　　　　E.一点也不重要

3.老师在课堂上会教授一些阅读策略吗？

A.总是　　　　　　　　　B.经常　　　　　　　　C.有时

D.偶尔　　　　　　　　　E.从不

4.老师在课堂上所提的问题具有启发性吗？

A.总是　　　　　　　　　B.经常　　　　　　　　C.有时

D. 偶尔　　　　　　　　E. 从不

第二部分：

以下是关于英语阅读策略的单选题,请您认真阅读下列问题,选择符合实际情况的选项,请不要多选或漏选。

1. 我会在阅读前根据标题或副标题预测文章内容

　　A. 总是　　　　　B. 经常　　　　　C. 偶尔　　　　　D. 从不

2. 我会在阅读前先了解与文章相关的背景知识

　　A. 总是　　　　　B. 经常　　　　　C. 偶尔　　　　　D. 从不

3. 我会在阅读中根据上下文语境猜测生词词义

　　A. 总是　　　　　B. 经常　　　　　C. 偶尔　　　　　D. 从不

4. 我会在阅读中找出每一段的主题句

　　A. 总是　　　　　B. 经常　　　　　C. 偶尔　　　　　D. 从不

5. 我会在阅读中归纳出每一段的大意

　　A. 总是　　　　　B. 经常　　　　　C. 偶尔　　　　　D. 从不

6. 我会在阅读中识别文章体裁

　　A. 总是　　　　　B. 经常　　　　　C. 偶尔　　　　　D. 从不

7. 我会注意分析作者所使用的语言,从而提高自己的语言表达和写作能力

　　A. 总是　　　　　B. 经常　　　　　C. 偶尔　　　　　D. 从不

8. 我会注意判断作者的语气和态度,推测其言外之意

　　A. 总是　　　　　B. 经常　　　　　C. 偶尔　　　　　D. 从不

9. 我会在阅读中利用过渡词或其他线索来帮助自己掌握篇章的组织结构,思考段落间的衔接

　　A. 总是　　　　　B. 经常　　　　　C. 偶尔　　　　　D. 从不

10. 我会在阅读时写下阅读中的问题及对文章的评论

　　A. 总是　　　　　B. 经常　　　　　C. 偶尔　　　　　D. 从不

11. 我会在阅读中停下来思考作者的观点并与我自己的观点做对比

　　A. 总是　　　　　B. 经常　　　　　C. 偶尔　　　　　D. 从不

12.我会边读边做笔记或在文章中做标注

    A.总是   B.经常   C.偶尔   D.从不

13.我会在阅读后回顾文章内容,尝试口头陈述文章梗概,或与自己的预测进行比较

    A.总是   B.经常   C.偶尔   D.从不

14.我会在阅读后与同学或老师讨论文章内容

    A.总是   B.经常   C.偶尔   D.从不

15.我会在阅读后总结所用的方法和策略是否有助于文章理解

    A.总是   B.经常   C.偶尔   D.从不

附录 2:

初中英语教师批判性思维情感倾向调查问卷

尊敬的老师:

您好!

谢谢您在百忙之中抽出时间参加问卷调查。本次调查旨在了解您对于批判性思维的想法和做法,以便我们更好地开展批判性思维方面的教研和培训活动。问卷答案没有好坏对错之分,您只要根据自己的真实想法和实际情况填答即可。您真实的回答将为我们提供建设性信息。

感谢您的配合!

第一部分:基本信息(请根据实际情况作答,并将相应代号填在横线上)

任教年级:_____ ①七年级 ②八年级 ③九年级

教　　龄:_____ ①5 年及以下 ②6—10 年 ③11—15 年 ④16—20 年 ⑤20 年以上

职　　称:_____ ①未定级 ②二级教师 ③一级教师 ④高级教师 ⑤正高级教师

学　　历:_____ ①大专 ②本科 ③硕士 ④博士

第二部分:批判性思维倾向调查

请选出最符合您实际情况或真实想法的选项。

1.我尝试采取不同的角度去思考同一个问题。

A.不曾　　　　B.几乎不会　　　　C.很少　　　　D.有时候

E.常常　　　　F.总是

2.在讨论中,我试着去尊重他人的观点。

A.不曾　　　　B.几乎不会　　　　C.很少　　　　D.有时候

E.常常　　　　F.总是

3.在使用某一消息之前,我会先思考这一消息是否可靠。

A.不曾　　　　B.几乎不会　　　　C.很少　　　　D.有时候

E.常常　　　　F.总是

4.当证据不足时，我会暂缓做判断。

A.不曾　　　　B.几乎不会　　　　C.很少　　　　D.有时候

E.常常　　　　F.总是

5.在解决问题时，我试着考虑各种不同的解决方案并预测可能产生的结果。

A.不曾　　　　B.几乎不会　　　　C.很少　　　　D.有时候

E.常常　　　　F.总是

6.当有足够的证据显示我的观点偏激时，我会立即修正我的观点。

A.不曾　　　　B.几乎不会　　　　C.很少　　　　D.有时候

E.常常　　　　F.总是

7.在着手解决一个问题之前，我先试着去找出这一问题出现的原因。

A.不曾　　　　B.几乎不会　　　　C.很少　　　　D.有时候

E.常常　　　　F.总是

8.对于近来出现的争议性问题，我试着去了解其来龙去脉。

A.不曾　　　　B.几乎不会　　　　C.很少　　　　D.有时候

E.常常　　　　F.总是

9.当他人提出一个论点时，我试着去找出这个论点中所隐含的主要假设。

A.不曾　　　　B.几乎不会　　　　C.很少　　　　D.有时候

E.常常　　　　F.总是

10.我尝试去进一步探索新奇的事物和观点。

A.不曾　　　　B.几乎不会　　　　C.很少　　　　D.有时候

E.常常　　　　F.总是

11.我清楚地了解什么是批判性思维。

A.完全不符合　B.不太符合　　　　C.说不清　　　D.符合

E.完全符合

12.我清楚地了解批判性思维包含哪些具体技能。

A.完全不符合　B.不太符合　　　　C.说不清　　　D.符合

E.完全符合

13. 我清楚地了解应该通过什么方式培养学生的批判性思维。

A. 完全不符合　　B. 不太符合　　　　C. 说不清　　　D. 符合

E. 完全符合

14. 我有机会通过进修学习等方式知道如何培养学生的批判性思维

A. 完全不符合　　B. 不太符合　　　　C. 说不清　　　D. 符合

E. 完全符合

15. 我认为批判性思维的培养在英语教学中很重要。

A. 完全不符合　　B. 不太符合　　　　C. 说不清　　　D. 符合

E. 完全符合

16. 我会鼓励学生和我持不同观点或反对我的观点。

A. 完全不符合　　B. 不太符合　　　　C. 说不清　　　D. 符合

E. 完全符合

17. 我会鼓励学生挑战自己并帮助他们面对挑战。

A. 完全不符合　　B. 不太符合　　　　C. 说不清　　　D. 符合

E. 完全符合

18. 我会引导学生为自己的观点找到充足的理由。

A. 完全不符合　　B. 不太符合　　　　C. 说不清　　　D. 符合

E. 完全符合

19. 我会鼓励学生对教材文本或者作者观点做评价,并提出自己的看法。

A. 完全不符合　　B. 不太符合　　　　C. 说不清　　　D. 符合

完全符合

20. 我会要求学生对英语学习进行阶段性反思。

A. 完全不符合　　B. 不太符合　　　　C. 说不清　　　D. 符合

E. 完全符合

21. 我尝试过的培养学生批判性思维发展的手段有＿＿＿＿＿＿＿＿＿＿＿

后　记

　　思维课堂是上城区教育的一张金名片，而上城区初中英语对于思维课堂的研究也经历了将近十年的时间。这十年中，上城英语实现了从教师专业发展到学科课程建设，再到教与学内涵发展的三大跨越，而思维课堂研究是这三大跨越中最关键的一环。

　　在这十年中，我们先后经历了对学生思维能力培养懵懂的摸索期，多年的迷茫和阵痛期，而后思路逐步清晰。尤其当《普通高中英语课程标准（2017 年版）》正式提出英语学科核心素养主要包括语言能力、文化意识、思维品质和学习能力时，我们惊喜地发现以前走的都不是弯路。在课程标准的指引下，我们在这条路上走得越来越有底气，收获也越来越多。教师们也逐渐从观望犹豫加入研究实践的队伍中来。我们的队伍越来越壮大。

　　思维品质的培养一直是广大英语教师教学的盲点，大家的关注点更多集中在语言知识和技能层面。而育人为本的教育观，需要我们将关注点从学生课堂知识量的完成，转移到学生思维个性的培育。这不仅是教育发展的本质要求，也应该成为我们教师毕生的追求。作为初中阶段学生思维品质培养的要点，批判性思维同样也是教学实践上的难点。本书选择批判性思维这个切入点进行深入阐述，希望能引发一线教师对思辨重要性的认识，更希望通过本书给他们的教学方法和培养策略带来启示。

　　在此，我衷心感谢对我们的研究提出宝贵意见的专家，感谢李政涛教授、王莺院长、孔晓玲副院长和夏青博士后对上城区初中英语思维课堂研究的指导。感谢浙江省教研员李威锋老师在百忙之中对本书的撰写进行指导，并作序。感谢杭州市教研员周瑜、曹群珍老师对上城区英语一直以来的指引。

　　本书中不少案例来自上城一线教师的智慧，正是他们的实践探索，才使我们对初中英语思维课堂的认识日趋完善。他们的优秀成果与无私分享为我们前行的道路提供了很多启示，也给予了我们继续前行的动力。

真诚希望本书能为读者提供一些课堂教学和批判性思维培养的实践思路。由于作者水平有限,书中如有疏漏,敬请批评指正。

陈　瑶

2021 年冬